D0233980

LIVING ITALIAN
Third Edition

MARIA VALGIMIGLI

Formerly Lecturer in Italian,
College of Commerce, Manchester

With Revisions by
DAVID S. WATSON B.A.

HODDER AND STOUGHTON
LONDON SYDNEY AUCKLAND TORONTO

Tape-recordings of *Living Italian* are available from
Tutor-Tape Company Ltd, 2 Replingham Road,
London SW18

British Library Cataloguing in Publication Data

Valgimigli, Maria
  Living Italian.– 3rd ed.
  1. Italian language – Grammar
  I. Title   II. Watson, David S.
  458.2′421   PC1099

  ISBN 0 340 26030 0

First published 1961
Second edition 1969
Third edition 1982
Copyright © 1961 Maria Valgimigli
Revisions copyright © 1982 David S. Watson

Typeset by Macmillan India Ltd, Bangalore.
Printed in Great Britain for Hodder and Stoughton
Educational, a division of Hodder and Stoughton Ltd,
Mill Road, Dunton Green, Sevenoaks, Kent
by Hazell Watson & Viney Ltd. Aylesbury, Bucks

CONTENTS

ABBREVIATIONS

The following abbreviations have been used in the book:

abb.	abbreviated, abbreviation
adj.	adjective, adjectival
adv.	adverb, adverbial
cond.	conditional tense
conj.	conjugation
f.	feminine
fut.	future tense
imperf.	imperfect tense
impers.	impersonal
irr.	irregular
m.	masculine
past def.	past definite tense
perf.	perfect tense
pers.	person, personal
pl.	plural
pop.	popular
p.p.	past participle
pres.	present tense
pron.	pronoun, pronominal
sing.	singular
subj.	subjunctive mood

PREFACE

THIS Italian course is intended for students who are studying privately or attending Evening Classes. It is divided into three Sections, from Lessons I to X, XI to XX and XXI to XXX. At the end of each Section there are extra exercises in the form of a short test, which enable students to revise the work studied so far.

As it is important that students should acquire from the beginning an extensive vocabulary of everyday use, the Conversational Exercises at the end of each lesson should be carefully studied and put into practice. In all the Sections, it is recommended that Exercises A and B be done during the lesson, orally or in writing. Exercises C and D should be given as written homework and Exercise E as *preparation* for the following week. A short dictation of words or phrases from the lessons should be given by the teacher each week from the second lesson onwards, to enable the student to hear spoken Italian. From Lesson XI onwards, unseen dictations should be given, to prepare for the first examinations.

Once the student has mastered the first five lessons, Alphabet Games (*giochi dell'alfabeto*) such as the ones which appear at the end of Lessons VI and XII could serve as a revision of vocabulary.

In Sections II and III, in addition to the Grammar Rules, each lesson contains a list of words pertaining to Travel. Lessons XVII to XXIX take the student on a "Journey to Italy" and a little is mentioned about the places visited. With this extra vocabulary, students will have an opportunity to practise the conversation which is so essential in the study of a language.

It is hoped that when students have completed the course they will have acquired a love of the Italian language and will have been encouraged to continue with their study of Italy and her language.

M.V.

PREFACE TO THE THIRD EDITION

The revisions which have produced this third edition are extensive and detailed, involving not only the Lessons and Exercises in the body of the book, but also the Appendices and Vocabularies at the end. In addition to modifying the three original Appendices, (Appendices 5, 6 and 7 of the present edition), I have included four Appendices of my own, and the student should refer to all seven for a list of verb-forms, pronouns and explanations of some important grammatical points which the Lessons do not cover (the passive, the impersonal *si*, etc.). I apologise for the length and weight of Lesson XXVII. It has been completely rewritten and expanded in order to incorporate examples of most of the cases in which the subjunctive is required, so that the whole Lesson, like the Appendices, should be considered a point of reference.

All verbs listed in the Vocabularies, Verb Lists and general Vocabularies at the end of the book are conjugated in their compound tenses with *avere* unless indicated: * marks *essere*-conjugated verbs, while *† means that the verb may be conjugated with *essere* or *avere* according to context and meaning. Reflexive verbs (cf. Lesson IX) are all unmarked, since they all take *essere*, without exception. If in doubt, the student should consult a good dictionary, (especially since the general Vocabularies are far from exhaustive even in terms of the Lessons and Exercises in the book): the *Vocabolario della Lingua Italiana* (N. Zingarelli, pub. Zanichelli) and the *Grande Dizionario Inglese-Italiano/Italiano-Inglese* (M. Hazon, pub. Garzanti) are available in both full and shorter editions.

The philosophy behind the revisions is simple: I have tried to bear in mind at all times the concept of *living* Italian, i.e. the language as it is used today. In the case of alternative forms or versions, the more common version is given first, and the alternative is placed in brackets afterwards. This applies not only to the Lessons, Appendices and Vocabularies, but also to the Key to the Exercises which I have provided.

D.S.W.

INTRODUCTION

THE ALPHABET

The Italian alphabet consists of only 21 letters, which are as follows:

LETTER	PRONUNCIATION	LETTER	PRONUNCIATION
a	as *a* in c*a*r	n	ennay
b	bee	o	as *o* in n*o*t
c	chee	p	pee
d	dee	q	coo
e	ay	r	erray
f	effay	s	essay
g	dgee	t	tee
h	acca	u	oo
i	ee	v	voo
l	ellay	z	dzayta
m	emmay		

The letters **j** (i lunga), **k** (cappa), **w** (voo doppia), **x** (icks), **y** (*i*psilon), do not figure in the Italian alphabet; they are, however, used for the spelling of foreign words.[1]

y has been replaced by *i*:

    e.g.   gi*o*ia   *joy*   ra*i*on   *rayon*

k is generally replaced by *ch*:

    e.g.   chilogramma   *kilogramme*

The Greek combination ph has been replaced by *f*:

    e.g. alfabeto   *alphabet*   fotografia   *photograph, photography*

---

[1] *x* is also found in expressions such as *ex-presidente*, ex-president, *ex-cancelliere*, ex-chancellor, etc.

PRONUNCIATION

Vowels

a is pronounced *approximately* like *a* in *car*:

    e.g. sala *room*   caro *dear*

e has two sounds:
(1) like *e* in *bell* (known as the open *e*).

    e.g. bello *beautiful*   lento *slow*

(2) like *a* in *late* (known as the closed *e*).

    e.g. seta *silk*   meno *less* pineta *pine grove*

i is pronounced like *i* in *marine*:

    e.g. finire *to finish*   primo *first*

o has two sounds:
(1) like *o* in *not* (known as the open *o*).

    e.g. notte *night*   opera *opera, work*

(2) like *o* in *note* (known as the closed *o*).

    e.g. nome *name*   ora *hour*

u is always pronounced like *oo* in *moon*:

    e.g. uno one   musica *music*

Consonants

Of the sixteen consonants the following ten are pronounced approximately as in English: **b, d, f, l, m, n, p, q, t,** and **v.**

c has two sounds:
(1) like *c* in *can*, when followed by *a, o, u,* or by any consonant, including *h*.

e.g.	cane	*dog*	che	*what, that*
	con	*with*	chi	*who, whom*
	cura	*care, attention*	crudo	*raw*

(2) like *ch* in *chop*, when followed by *e* or *i*.

    e.g. cena *supper*   cima *top, summit*

cc before *e* or *i* is pronounced like *tch* in *match*:

 e.g. faccia *face*

g has two sounds:
 (1) like *g* in *go* when followed by *a, o, u,* or by any consonant, including *h*.

  e.g. galante *gallant*   grande *big, great*
    gola *throat*   ghirlanda *garland*
    gufo *owl*

 (2) like *g* in *ginger*, when followed by *e* or *i*.

  e.g. gentile *kind*   giardino *garden*

gg before *e* or *i* is pronounced like *dg* in *edge*:

 e.g. oggi *today*

h is always silent. Initial *h* is found only in:

 ho *I have*
 hai *you have* (familiar form)
 ha *he, she has, you* (polite sing.) *have*
 hanno *they have, you* (polite sing.) *have*

and in a few foreign words.

 The letter *h* prevents confusion between these four forms of the verb *avere* (to have) and *o* (or), *ai* (to the), *a* (to, at), *anno* (year).

 h is also found in a few exclamations:

e.g. ah! ahi! ahimè! *oh! ah! alas!*

q is always followed by *u* and has the same sound as *qu* in *quick*:

 e.g. quanto *how much* qui *here*
   questo *this*   quota *share, quota*

r *or* **rr** is trilled in Italian:

 e.g. carne *meat*   carro *cart*

s has two sounds:
 (1) like *s* in *sad*, when beginning a word before any vowel.

  e.g. sala *hall*   sito *site*
    sette *seven* sole *sun*

Also in compound words:

e.g. ventisei *twenty-six*   trentasette *thirty-seven*

or when doubled:

e.g. basso *low*   permesso *permission*

or before the consonants *f, p, q,* and *t*:

e.g. studio *study*   squadra   *team, group*
  spuntino *snack, light refreshment*

(2) but when intervocalic it *usually* sounds like *s* in *rose*:

e.g. rosa *rose*   vaso   *vase*

and similarly when the noun ends in *ione*:

e.g. divisione *division*   confusione *confusion*

and it is similarly pronounced before *b, d, g, l, m, n, r, v.*

Theoretically, there is a fine distinction between the two possible pronunciations of the intervocalic *s*, depending on the word in which it appears: cf. *reso* which, according to the pronunciation of the intervocalic *s* means a monkey of the Macacus genus (/rɛzo/) or *given back, rendered* (/reso/). However, the distinction has become so blurred by regional variations that it may well be safer to stick to the *z* sound, as in the English *rose* .

z *or* **zz** also has two sounds:

(1) like *ts* in *bits*.
  e.g. grazie   *thanks,*   terrazza   *terrace*
            thank you

(2) like *ds* in *adds*.
  e.g. pranzo   *dinner*   mezzo   *half*

The following combined letters are of great importance:

ch like *ch* in chemist⎫
          ⎬ can only be followed by *e* or *i*:
gh like *g* in *gun* ⎭

e.g. cherubino *cherub*   chiave   *key*
  Margherita *Margaret*   laghi   *lakes*

gli has a similar sound to *lli* in *million*:

e.g. luglio   *July*   Ventimiglia

except in a very few words where it has the same sound as in English:

e.g. Anglicano   *Anglican*   glicine   *wistaria*
     negligere   *to neglect*

gn has a similar sound to *ni* in *union* or *gn* in *mignonette*:

e.g. ogni   *each, every*   signora   *madam, lady*

gu before a vowel is always pronounced like *gw* in *Gwendoline*:

e.g. lingua   *language, tongue*   guida   *guide*

sc before *e* or *i* is pronounced like *sh* in *ship*:

e.g. scendere*   *to go down, descend*
     uscire*   *to go out*

but before *a, o, u,* and *h* it has a hard sound like *sk*:

e.g. scala   *staircase*   scopo   *aim, purpose*
     scuro   *dark*   scherzo   *joke*

It will be noticed that the Italian language has no nasal sounds.

PUNCTUATION

Punctuation Marks

The punctuation marks are the same in Italian as in English:

.	punto	—	lineetta
,	virgola	" "	virgolette
;	punto e virgola	( )	parentesi
:	due punti	[ ]	parentesi quadra
?	punto interrogativo	*	asterisco
!	punto esclamativo	}	graffa
...	punti sospensivi		

They are used much in the same way as in English, except that the *lineetta* denotes a change of speaker in written conversation.

The Apostrophe

The apostrophe is used when a letter has been elided:

e.g.   l'amica *instead of* la amica.   l'Italia *instead of* la Italia.

Syllabication

Italian words are divided into syllables. The main rules are:

(1) Any single consonant between two vowels belongs to the syllable which follows.

 e.g. matita (*pencil*) ma-ti-ta
    parola (*word*)   pa-ro-la

(2) All double consonants must be distinctly pronounced in Italian.

 e.g. bello (*beautiful*) bel-lo
    tetto (*roof*)   tet-to

ACCENTUATION

Written accents

Three accents are used in Italian: the grave (`) , the acute (´) and the circumflex (^).

(1) The grave accent is the one most frequently used. It acts mainly as a stress mark. This accent is used:

(a) to denote the open sound of *e*.

    e.g. è   *is, it is*   caffè   *coffee*

(b) on words which have the stress on the last syllable.

    e.g. città   *town, city*   virtù   *virtue*

(This category includes mainly words contracted from the Latin.)

(c) on the following five words.

ciò	*that*	più	*more*
già	*already*	può	*can* (third pers. sing.)
giù	*down*		

(d) on words of one syllable which otherwise would be confused with others of the same spelling but of different meaning.

e.g.	è	*is*	e	*and*
	dà	*gives*	da	*by, from*
	dì	*day* (poet.)	di	*of*
	sì	*yes*	si	(pronoun) himself, herself, itself
	là	*there*	la	(article) *the*
	sè	*himself, herself, itself*	se	*if*
	lì	*there*	li	(pronoun) them (m. pl)
	tè	*tea*	te	*thee (you)*

(2) The acute accent is sometimes seen written in a word over the letter *e*, when the *e* has a close sound.

    e.g. né   *nor*   perché   *why, because*

This accent is frequently replaced by the grave accent.

(3) The circumflex accent is very rarely used. It is written only on words which have been contracted; such words are found only in poetry.

    e.g. côrre   *for*   cogliere   *to gather*

Stress or tonic accent

(1) In Italian the stress on words usually falls on the last syllable but one:

    e.g. parola *word*   Milano   *Milan*

In this case the words are known as *parole piane*.

(2) The stress is also found on the last syllable but two:

    e.g. sabato   *Saturday* domenica *Sunday*
           tavola   *table*

These are known as *parole sdrucciole*.

(3) Sometimes it is even found on the last syllable but three:

    e.g. dimenticano *they forget* desiderano *they want*

This is more uncommon and occurs chiefly in verbal forms; these are known as *parole bisdrucciole*.

(4) And, finally, there are words with the stress on the last syllable, but in this case the stress is indicated by a grave accent, as already stated above:

    e.g. qualità   *quality*   carità   *charity*

These are known as *parole tronche*.

Throughout this book, if the stress occurs other than as indicated in (1) above, the stressed vowel is shown in italic type, or in roman type if the word itself is in italic.

CAPITAL LETTERS

Capital letters are used in Italian as in English for names of people, countries, towns, rivers and lakes:

e.g.   Roberto   Italia   Roma   Como

But small letters are used as follows:

(1) For the months of the year, days of the week, seasons and adjectives of nationality.

e.g.   aprile   *April*
       lunedì   *Monday*
       la primavera   *Spring*
       la lingua italiana   *the Italian language*

(2) For titles followed by a proper name.

e.g.   il signor Neri   *Mr. Neri*
       la contessa Valli   *Countess Valli*

(3) For the pronoun I, *io*, unless it begins a sentence.

e.g.   Io parlo italiano.   *I speak Italian.*
       Anch'io   *I, too.*

Note, however, that the pronouns *Lei* (singular form) and *Loro* (plural form), when meaning "you", are often written with a capital letter, although there is a contemporary tendency to write them with a small letter, especially since context usually rules out the possibility of confusion:

e.g.   Dove va Lei, signora?   *Where are you going, madam?*
       Io vado a Milano.   *I am going to Milan.*
       Anch'io.   *So am I.*

PRONUNCIATION PRACTICE

(1) Amica, regina, matita, caro, chiave, lago, laghi, grande, penna, ogni, figlio, quasi, Roma, Milano, Bologna, Vinci, Rapallo, Napoli, Verona, Genova, Firenze, Pisa, Torino, Venezia.

(2) Grazie. Prego. Permesso. Avanti. Presente. Assente. Buon giorno. Buona sera. Buona notte. Signore. Signora. Signorina.

(3) Uno, due, tre, quattro, cinque, sei, sette, otto, nove.

(4) Chi va piano va sano e va lontano.
Una rondine non fa primavera.
Il tempo fugge e non ritorna più.
Chi è paziente è sapiente.
La salute è la prima ricchezza.
A ogni uccello suo nido è bello.
Chi ben principia è alla metà dell'opera.
L'uomo propone e Dio dispone.
Bisogna battere il ferro mentre è caldo.
Acqua cheta rovina i ponti.

SECTION ONE

LESSON I

The Definite Article—*the*

The is translated by:

(*a*) *il* before a masculine noun in the singular beginning with a consonant, except *s* impure (that is, *s* followed by a consonant), *z* or *gn*.

    e.g. il libro   *the book*   il ragazzo   *the boy*

(*b*) *lo* before a masculine noun in the singular beginning with *s* impure, *z, gn* or *ps*.

    e.g. lo studente   *the student*   lo zio   *the uncle*
           lo gnocco   *the dumpling*   lo psicologo   *the psychologist*

(*c*) *la* before a feminine noun in the singular beginning with a consonant.

    e.g. la penna   *the pen*
           la studentessa   *the student*
           la zia   *the aunt*

(*d*) *l'* before a masculine or a feminine noun in the singular beginning with a vowel.

    e.g. l'alunno   *the pupil* (*m.*)
           l'alunna   *the pupil* (*f.*)

Gender of Nouns

In Italian there are only two genders; every noun must be either masculine or feminine.

As a preliminary guide, it is useful to know that:

(*a*) Nouns ending in *-o* are masculine.

    e.g. il libro   *the book*
           il quaderno   *the exercise book*

There are only a few exceptions to this rule, the most common being:

la mano   *the hand*   la radio   *the radio*

(*b*) Nearly all nouns ending in -*a* are feminine.

    e.g. la penna   *the pen*   la matita   *the pencil*

For masculine nouns ending in -*a* (e.g. *il poeta*, poet), see Lesson XVI.

(*c*) Nouns ending in -*ione* are feminine.

    e.g. la stazione   *the station*
          la televisione   *the television*

(*d*) Nouns ending in -*e* may be of either gender. Those denoting people are easy to remember.

    e.g. il padre   *the father*   la madre   *the mother*

    Others may cause confusion.

    e.g. la classe *the classroom*   il nome   *the name*
          l'animale (*m.*) *the animal*   la frase   *the sentence*

Because of this, the student should try, from the beginning, to associate all nouns with their corresponding articles.

To form the feminine of nouns which denote people and which end in -*o*, change the -*o* to -*a*.

    e.g. il maestro   *master*   → la maestra   *mistress*
        il ragazzo   *boy*   → la ragazza   *girl*

VOCABULARY

la classe	class, classroom	la stazione	station
il maestro	master, teacher	la televisione	television
la maestra	mistress	il nome	name
l'alunno	pupil (*m.*)	l'animale (*m.*)	animal
l'alunna	pupil (*f.*)	la frase	phrase, sentence
il tavolo	table	la radio	radio, wireless
la tavola	dining table	lo studio	study, studio
la sedia	chair	lo studente	student (*m.*)
la porta	door	la studentessa	student (*f.*)
il libro	book	lo zio	uncle
il quaderno	exercise book	la zia	aunt
la finestra	window	il padre	father
il banco	desk	la madre	mother
la penna	pen	e (*or* ed *before*	
la matita	pencil	a *vowel*)	and

è	is	mi passi	pass me
chi ha?	who has?	mi mostri	show me
dove?	where?	mi mostri	
dov'è?	where is?	per favore ⎫	please
ecco	here is, here are,	per piacere ⎬	sir, Mr.
	there is, there are	signore	madam, Mrs.
sopra	on, upon	signora	Miss
sotto	under	signorina	

NOTE—*Signore* (like all the other titles ending in *-ore*, such as *senatore, professore, dottore*), drops the final *-e* before a name or title.

CONVERSATION

Buon giorno.   *Good morning (day).*
Buona sera.   *Good evening.*
Come sta?   *How are you?*
Bene, grazie, e Lei?   *Well, thank you, and you?*
Molto bene, grazie.   *Very well, thank you.*

LA CLASSE

Ecco la classe. Ecco il maestro. Il libro è sopra il tavolo. Il quaderno è sopra il banco. Ecco l'alunno. L'alunno ha la matita. Ecco l'alunna. L'alunna ha la penna. Ecco la porta. Dov'è la finestra? Mi mostri la sedia, per favore. Ecco la sedia. Mi mostri il tavolo. Ecco il tavolo. Chi ha il libro? Il maestro ha il libro. Mi mostri il banco. Ecco il banco.

EXERCISES

A. Translate, and then answer in Italian, the following questions:

1. Dov'è il libro?
2. Dov'è la porta?
3. Chi ha il quaderno?
4. Chi ha la penna?
5. Dov'è la sedia?
6. Dov'è il banco?
7. Chi ha la sedia?
8. Chi ha la matita?
9. Dov'è l'alunno?
10. Dov'è l'alunna?

B. Put the correct form of the definite article in front of the following nouns:

1. — alunno
2. — maestro
3. — penna
4. — libro
5. — studente
6. — matita

7. — quaderno
8. — porta
9. — zio
10. — banco
11. — finestra
12. — zia

C. Translate into Italian:

1. The girl and the pencil.
2. The boy and the pen.
3. The master and the pupil (*m.*).
4. The mistress and the pupil (*f.*).
5. The door and the window.
6. The book and the exercise book.
7. Here is the student (*m.*).
8. Here is the student (*f.*).
9. Pass me the chair, please.
10. Thank you. Show me the table.

D. Translate into Italian:

1. Good morning, madam.
2. Good morning, sir.
3. How are you?
4. Well, thank you, and you?
5. Very well, thank you.
6. Where is the teacher (*f.*)?
7. Who has the book?
8. Show me the pencil, please.
9. Pass me the exercise book, please.
10. Thank you, madam.

E. Complete the following and then translate into English:

1. Il maestro ha — libro e — penna.
2. Mi mostri — televisione.
3. Dov'è — animale?
4. Per favore, signore, mi passi — sedia.
5. Il quaderno è sotto — tavolo.

6. La matita è sopra — radio.
7. Mi mostri — quaderno, per favore.
8. Ecco — studio.
9. La ragazza ha — matita.
10. Dov'è — studente?

LESSON II

The Indefinite Article—*a, an*

A, an is translated by:

(a) *un* before masculine nouns in the singular, except those beginning with *s* impure or with *z*.

e.g. un libro   *a book*   un amico   *a friend* (*m.*)

(b) *uno* before a masculine noun in the singular beginning with *s* impure, *z* or *gn*.

e.g. uno spillo   *a pin*   uno zio   *an uncle*
uno gnomo   *a gnome*

(c) *una* before a feminine noun in the singular beginning with a consonant.

e.g. una penna   *a pen*   una sala   *a room*

(d) *un'* before a feminine noun in the singular beginning with a vowel.

e.g. un'amica   *a friend* (*f.*)   un'ora   *an hour*

Cardinal Numbers

1	uno	5	cinque	9	nove
2	due	6	sei	10	dieci
3	tre	7	sette	11	undici
4	quattro	8	otto	12	dodici

NOTE.—*uno*, with its different forms *un, una, un'* as explained above, is the only number which changes its form according to the noun which follows.

Formation of the Plural of Nouns

(a) Masculine nouns ending in *-o*, *-a* or *-e* change the final vowel to *-i*.

e.g.   libro → libri   padre → padri
poeta → poeti

(b) To form the plural of nouns ending in *-io* omit the *-o*, unless the *-i-* is stressed, in which case change *-io* to *-ii*.

e.g.   figlio → figli BUT zio → zii

(c) Feminine nouns ending in -a change -a to -e.

(d) Feminine nouns ending in -e change -e to -i.

    e.g.   madre → madri

NOTE.—The plural of the feminine nouns *la mano* (hand), *l'arma* (weapon, arm) and *l'ala* (wing) are *le mani*, *le armi*, and *le ali* respectively.

VOCABULARY

una casa	house	un'amica	friend (*f.*)
un giardino	garden	un'ora	hour
una sala	hall, room	uno spillo	pin
un salotto	lounge, living-room	che?	what?
		c'è	there is; is there?
una sala da pranzo	dining-room	chi è?	who is?
una cucina	kitchen	che ha? *or* che cosa ha?	} what has?
un ragazzo	boy	questo, questa	this (*m.*), this (*f.*)
una ragazza	girl	a destra	to the right
un giornale	newspaper	a sinistra	to the left
una rivista	magazine	Maria	Mary
un amico	friend (*m.*)	Giovanni	John

CONVERSATION

Cos' è questo?   } *What is this?*
Che (cosa) è questo?

Permesso.   *Allow me; excuse me.*

Avanti.   *Forward, come in.*

Mi scusi.   *Excuse me.*

Prego.   *Please; don't mention it.*

UNA CASA

Ecco un giardino. Ecco una casa. Ecco una porta. A destra c'è la sala da pranzo. A sinistra c'è il salotto. Ecco la cucina. La casa ha quattro porte e sei finestre. Ecco il padre. Ecco la madre. Il padre ha un giornale. La madre ha una rivista. Ecco una ragazza. Ecco due ragazze. Ecco un ragazzo. Ecco due ragazzi. Chi è questa ragazza? È Maria. Chi è questo ragazzo? È Giovanni. Maria ha un libro. Giovanni ha un quaderno.

EXERCISES

A. Translate, and then answer in Italian, the following questions:

1. Dov'è la casa?
2. Dov'è la porta?
3. Che c'è a sinistra?
4. Che c'è a destra?
5. Chi è questa ragazza?
6. Chi è questo ragazzo?
7. Che ha il padre?
8. Che ha la madre?
9. Che ha Maria?
10. Che ha Giovanni?

B. Put the correct form of the indefinite article in front of the following nouns:

1. — zia
2. — casa
3. — amico
4. — porta
5. — amica
6. — rivista
7. — ragazzo
8. — zio
9. — sala
10. — giornale
11. — padre
12. — studente

C. Translate into Italian:

1. A boy and a girl.
2. A father and a mother.
3. A student (*m.*) and a pupil (*f.*).

4. A house and a garden.
5. To the right there is a door.
6. To the left there is a window.
7. Here is a dining-room.
8. Here is a lounge.
9. A newspaper is on the chair.
10. A magazine is under the table.

D. Translate into Italian:

1. Good evening, sir.
2. Good evening, madam.
3. Where is the dining-room?
4. To the right, madam.
5. Where is the lounge?
6. To the left, sir.
7. What is this?
8. It is a magazine.
9. What is this?
10. It is a newspaper.

E. Complete with a noun:

1. Ecco un —
2. Ecco una —
3. Ecco un' —
4. Mi mostri una —
5. Chi ha uno —
6. Mi passi tre —
7. Mi mostri due —
8. Ecco cinque —
9. Ecco sette —
10. Ecco nove —

LESSON III

Plural of the Definite Article

The plural of *il*	is	*i*
The plural of *la*	is	*le*
The plural of *l'* (*m*.)	is	*gli*
The plural of *l'* (*f*.)	is	*le*
The plural of *lo*	is	*gli*

e.g. il libro   →   i libri
la penna   →   le penne
l'alunno   →   gli alunni
l'alunna   →   le alunne
lo studente   →   gli studenti

NOTE.—*gli* generally becomes *gl'* before a word beginning with *i*: e.g. l'Italiano (*the Italian*) → gl'Italiani, but *gli Italiani* is also correct.

Agreement of Adjectives

All adjectives must agree in gender and number with the noun they qualify:

(*a*) If the adjective ends in -*o* the feminine is formed by changing the -*o* to -*a*.

e.g. nero   (*black*) (*m*.)   →   nera (*f*.)
italiano   (*Italian*) (*m*.)   →   italiana (*f*.)

The plural is formed by changing the -*o* to -*i* and the -*a* to -*e*.

e.g. un ragazzo italiano   →   due ragazzi italiani
una ragazza italiana   →   due ragazze italiane

(*b*) If the adjective ends in -*e*, it remains the same for the feminine singular. To form the plural for both genders change the -*e* to -*i*.

e.g. un ragazzo inglese   →   due ragazzi inglesi
una ragazza inglese   →   due ragazze inglesi

Position of Adjectives

The general rule for the position of adjectives is that they follow the noun, particularly where the adjective refers to colour, shape, nationality and religion.

e.g. un libro nero   *a black book*
     una penna nera   *a black pen*
     un libro quadrato   *a square book*
     una tavola rotonda   *a round table*
     un signore italiano   *an Italian gentleman*
     una signora italiana   *an Italian lady*
     un signore anglicano   *an Anglican gentleman*
     una signora cattolica   *a Catholic lady*

Ordinal Numbers

1st   primo   3rd   terzo   5th   quinto   7th   settimo
2nd   secondo 4th   quarto   6th   sesto

Ordinal numbers used as adjectives, agree with the noun they qualify and usually precede it.

e.g. il primo giorno   *the first day*
     la prima settimana   *the first week*
     i primi mesi   *the first months*
     le prime lezioni   *the first lessons*

NOTE.—Whereas English tends to use the present perfect in sentences of the type: "It is the first time I have seen him", Italian uses the present tense: *È la prima volta che lo vedo.*

Days of the Week—*i giorni della settimana*

     lunedì   *Monday*
     martedì   *Tuesday*
     mercoledì   *Wednesday*
     giovedì   *Thursday*
     venerdì   *Friday*
     sabato   *Saturday*
     domenica   *Sunday*

As already stated, days of the week are written with a small initial letter.

VOCABULARY

l'entrata	entrance	celeste	pale blue
l'albero	tree	azzurro (-a)	blue
il fiore	flower	blu	blue
l'erba	grass	bruno (-a)	dark brown
la foglia	leaf	marrone	brown
il garofano	carnation	grande	big
il papavero	poppy	piccolo (-a)	small
la rosa	rose	molto (-a)	much, a lot
la margheritina	daisy	molti (-e)	many
la farfalla	butterfly	sì	yes
il colore	colour	no	no
l'idea	idea	più	more
il mese	month	meno	less
la lezione	lesson	di (or d' before	
bianco (-a)	white	a vowel)	of
nero (-a)	black	ci sono	there are; are
giallo (-a)	yellow		there?
rosso (-a)	red	dovo sono?	where are?
verde	green	quanto (-a)	how much
		quanti (-e)	how many

CONVERSATION

Di che colore è questo?	*What colour is this?*
Che è questo?	*What is this?*
Che sono questi?	*What are these?*
Quanto fanno sette più tre?	*How many are seven plus three?* (lit. *How much make . . . ?*)
Sei meno cinque fanno uno.	*Six minus five are one.*

UN GIARDINO

Ecco un giardino. Questo giardino è piccolo. Ecco un albero. Sotto l'albero c'è un piccolo tavolo verde e ci sono due sedie verdi. Ci sono molti fiori in questo giardino, fiori rossi, gialli e celesti. Le foglie di questi fiori sono verdi. L'erba è verde. Ecco un piccolo ragazzo. Il ragazzo ha tre fiori. Questi fiori sono papaveri. Ecco una piccola ragazza. La ragazza ha dieci fiori, e questi fiori sono margheritine. La madre di questa ragazza ha quattro rose. Il padre ha due garofani. Ecco una farfalla; questa farfalla è gialla.

EXERCISES

A. Translate, and then answer in Italian, the following
   questions:

1. È grande il giardino?
2. Che c'è sotto l'*a*lbero?
3. Di che colore è l'erba?
4. Di che colore è la rosa?
5. Quanti pap*a*veri ha il ragazzo?
6. Quante margheritine ha la ragazza?
7. Chi ha quattro rose?
8. Chi ha due gar*o*fani?
9. Quanto fanno sei più due?
10. Quanto fanno nove meno quattro?

B. Translate into Italian:

1. Here is the garden.
2. Where is the entrance?
3. This table is round.
4. Where are the chairs?
5. There is a boy under the tree.
6. There are many butterflies in this garden.
7. What is this?
8. What are these?
9. Here is the teacher.
10. Here are the students.

C. Translate into English:

1. Questo signore è italiano.
2. Questa signora è inglese.
3. Questi ragazzi sono italiani.
4. Queste ragazze sono inglesi.
5. Ecco un quaderno rosso.
6. Ecco una matita gialla.
7. Ecco un libro verde.
8. Ecco due penne nere.
9. Dieci più due fanno d*o*dici.
10. *U*ndici meno due fanno nove.

D. Translate into Italian:

1. One red rose and two carnations.
2. One butterfly and three flowers.
3. Four tables.
4. Five gardens.
5. Six trees.
6. Seven flowers.
7. This red book.
8. This black pen.
9. These yellow flowers.
10. These green pencils.

E. Put the correct plural form of the definite article in front of the following nouns:

1. — fiori
2. — rose
3. — colori
4. — idee
5. — giorni
6. — studenti
7. — garofani
8. — zie
9. — case
10. — giardini

LESSON IV

Subject Pronouns

The personal subject pronouns are:

io	*I*
tu	*you (familiar form sing.)*
egli, lui, esso	*he, it*
ella, lei, essa	*she, it*
Lei	*you (polite form masc. and fem. sing.)*
noi	*we*
voi	*you (familiar form pl.)*
essi, loro	*they (masc.)*
esse, loro	*they (fem.)*
Loro	*you (polite form masc. and fem. pl.)*

In Italian the subject pronouns are usually omitted before the verb as nearly all the verbal forms may be recognized by their terminations. These pronouns must, however, be used in the following cases:

(*a*) For emphasis.

> e.g. Io non parlo italiano, signora.
> *I do not speak Italian, madam.*

(*b*) When there are two subjects in contrast.

> e.g. Carlo parla italiano, io parlo francese.
> *Charles speaks Italian, I speak French.*

(*c*) After the word *anche* (too, also, even).

> e.g. Roberto parla francese, anch'io parlo francese.
> *Robert speaks French, I too speak French.*

egli (fem. *ella*) and *lui* (fem. *lei*) are used only for persons.

egli and *ella* are used in writing, *lui* and *lei* in both conversation and writing, and for emphasis.

esso (fem. *essa*) is used for persons, animals or things and is more often found in writing than in speech.

NOTE.—*it*, used as a subject pronoun, is seldom expressed in Italian.

e.g. Dov'è il giornale? È sopra il tavolo.
    Where is the newspaper? It is on the table.
Dov'è   *Where is it?*

The translation of "you"

In Italian there are four ways of translating *you* as a subject pronoun, viz: *tu*, *Lei*, *voi* and *Loro*.

(*a*) *tu*, known as the "familiar" form, is used when speaking (or writing) to a relation, an intimate friend, a child or an animal. The plural of *tu* is *voi*.

    e.g. Tu parli italiano molto bene, Roberto.
        You speak Italian very well, Robert.
       Voi pronunciate bene queste parole, ragazzi.
        You pronounce these words well, children.

(*b*) *Lei*, known as the "polite" form, is used when addressing a lady or a gentleman with whom one is not on intimate terms. The plural of *Lei* is *Loro*. This form is derived from an old expression similar to *Your Lordship* or *Your Ladyship*. *Lei* must be followed by the verb in the third person singular, *Loro* by the verb in the third person plural. *Lei* and *Loro* are often spelt with a capital letter, and it must be remembered that they are, in any case, omitted more often than not.

    e.g. Lei è molto gentile, signora.
        You are very kind, madam.
       Loro sono molto gentili, signori.
        You are very kind, gentlemen.
       Come sta, signora? *How are you, madam?*
        (*Lei* being understood).
       Come stanno, signorine? *How are you, ladies?*
        (*Loro* being understood).

(*c*) *voi*, besides being the plural form of *tu*, is used in commerce, and in southern Italy and Sicily for addressing an individual.

    e.g. Il prezzo che (voi) domandate è alto.
        The price you are asking is high.
       Che fate (voi), signore?
        What are you doing, sir?

The Auxiliary Verbs *avere* and *essere*

Now let us study the present indicative of the auxiliary verbs *avere* (to have) and e*ssere* (to be) with all the subject pronouns.

PRESENT INDICATIVE

AVERE, *to have*

io ho	*I have*	
tu hai	*you have*	
egli, lui, esso⎫	*he, it has*	
ella, lei, essa⎬ha	*she, it has*	
Lei ⎭	*you have*	
noi abbiamo	*we have*	
voi avete	*you have*	
essi, loro⎫	*they have*	
esse, loro⎬hanno	*they have*	
Loro ⎭	*you have*	

ESSERE, *to be*

io sono	*I am*
tu sei	*you are*
egli, lui, esso⎫	*he, it is*
ella, lei, essa⎬è	*she, it is*
Lei ⎭	*you are*
noi siamo	*we are*
voi siete	*you are*
essi, loro⎫	*they are*
esse, loro⎬sono	*they are*
Loro ⎭	*you are*

NOTE.—To form the negative, place *non* in front of the verb:

e.g. io non ho *I have not* io non sono *I am not*

The interrogative is formed by leaving the verb and pronoun as they stand and **either** by inflecting the voice, as one sometimes does in English when denoting surprise:

e.g. Lei ha una macchina? *You have a car?*
Giovanni ha un telefono? *Has John got a telephone?*

or by using *non è vero?* (is it not?):

e.g. Il libro è caro, non è vero? *The book is dear, is it not?*
La tavola è rotonda, non *The table is round, isn't it?*
è vero?

(*Non è vero* is equivalent to the French *n'est-ce pas* and is frequently reduced to *vero?* in spoken Italian.)

Months of the Year—*i mesi dell'anno*

gennaio	*January*	luglio	*July*
febbraio	*February*	agosto	*August*
marzo	*March*	settembre	*September*
aprile	*April*	ottobre	*October*
maggio	*May*	novembre	*November*
giugno	*June*	dicembre	*December*

VOCABULARY

il pranzo	dinner	l'ora	hour, the time
la credenza	sideboard	il figlio	son
la tovaglia	tablecloth	la figlia	daughter
il tovagliolo	serviette, table	i figli	the children
	napkin		(sons and
il vaso	vase		daughters)
il piatto	plate, dish	pronto	ready
il coltello	knife	il signor Valli	Mr. Valli
la forchetta	fork	Mario	Mario
il cucchiaio	spoon	Pietro	Peter
il bicchiere	glass	quale or qual	which

UNA SALA DA PRANZO

Ecco una sala da pranzo. In questa sala c'è una grande tavola,
ci sono sei sedie ed una credenza a sinistra. Sopra la tavola c'è una
tovaglia bianca, e c'è un vaso di fiori; questi fiori sono rose. Ci sono
piatti, coltelli, forchette, cucchiai, bicchieri e tovaglioli. Il pranzo
è pronto. Ecco il padre, il signor Valli, la madre, la signora Valli,
e i due figli, Pietro e Mario.

EXERCISES

A. Translate, then answer in Italian:

1. Che c'è in questa sala da pranzo?
2. E che c'è sopra la tavola?
3. Quante sedie ci sono?
4. Che c'è a sinistra?
5. Che fiori sono in questo vaso?
6. Chi è il padre?
7. Chi è la madre?
8. Chi sono i due figli?
9. Qual è il primo mese dell'anno?
10. Qual è il secondo mese?

B. Put the subject pronoun before these verbal forms:

1. —abbiamo		6. —siete
2. —è		7. —sei
3. —ho		8. —sono
4. —siamo		9. —ha
5. —hai		10. —hanno

C. Put a suitable adjective after the following nouns:

1. Il padre è —
2. La madre è —
3. Ecco un fiore —
4. Ecco una tavola —
5. Questa sala da pranzo è —
6. Questo vaso è —
7. Questi fiori sono —
8. Queste sedie sono —
9. I papaveri sono —
10. L'erba è —

D. Translate into Italian:

1. I have
2. He has
3. We have
4. She is
5. We are
6. You (polite form sing.) are
7. They have
8. I am
9. You (polite form pl.) have
10. We are not

E. Translate:

1. Three knives
2. Four forks
3. Two glasses
4. Five hours
5. The second month
6. The fourth day
7. The first year
8. We have a small house.
9. You (sing.) are Italian.
10. I haven't a glass.

LESSON V

Interrogatives

Chi, *who, whom?*

Che
Che cosa } *what?* } are pronouns and they are invariable.
Cosa

e.g. Chi è questo ragazzo?   *Who is this boy?*
      Chi è questa ragazza?   *Who is this girl?*
      Chi sono queste signore? *Who are these ladies?*

The words *dove*, where? (usually *dov'* before a vowel), *come*, how? and *perchè* why? are also invariable.

e.g. Dov'è Maria?   *Where is Mary?*
      Dove'è Giovanni?   *Where is John?*
      Dove sono le signore?   *Where are the ladies?*
      Come sta?   *How are you?*
      Perchè non compra una villa *Why do you not buy a villa?*

NOTE.—*perchè* also means *because*:

Perchè (io) non ho denaro.   *Because I have no money.*

The following interrogatives may be used as pronouns or adjectives, but they are variable and therefore agree in number and gender with their nouns.

Quanto?   *How much?*   Quale? }
Quanti   *How many?*   Qual?   } *Which?*

Used adjectivally: Quanto denaro?   *How much money?*
                    Quanta carne?   *How much meat?*
                    Quanti giorni?   *How many days?*
                    Quante settimane?   *How many weeks?*
                    Qual giorno?   *Which day?*
                    Quali settimane?   *Which weeks?*
Used as pronouns: Quale?   *Which one?*
                    Quali?   *Which ones?*
                    Quanti?   *How many?*

e.g.   Ho due penne, quale preferisce?
         I have two pens, which one do you prefer?
         Ecco dei giornali inglesi, quali desidera?
         Here are some English newspapers, which ones do you want?

Plurals of Nouns ending in -co, -go, -ca, -ga

Nouns and adjectives ending in -co and -go generally insert *h* in the plural to keep the hard sound. The general rule is:

If the stress falls on the last syllable but one, insert the *h*, otherwise change the -o to -i in the normal way:

e.g.	il fuoco	*fire*	→	i fuochi
	lungo	*long*	→	lunghi
	tedesco	*German*	→	tedeschi
BUT	il medico	*doctor*	→	i medici
	magnifico	*magnificent*	→	magnifici

There are exceptions, however, two of which are:

| | l'amico | *friend* | → | gli amici |
| | greco | *Greek* | → | greci |

Feminine nouns and adjectives ending in -ca and -ga always take *h* in the plural:

e.g.	la barca	*boat*	→	le barche
	lunga	*long*	→	lunghe
	magnifica	*magnificent*	→	magnifiche

Conjugation of Regular Verbs

Italian verbs are divided into three conjugations; these are determined by their infinitive endings.

The First Conjugation ends in	*-are.*
The Second Conjugation ends in	*-ere.*
The Third Conjugation ends in	*-ire.*

e.g.	parlare	*to speak*
	vendere	*to sell*
	capire	*to understand*

The stem or root of all regular verbs never changes (the stem is the part preceding the infinitive ending:

e.g.   parl-are   vend-ere   cap-ire)

Different endings are added to the stem to denote the person, the number, the tense and the mood.

With *parlare* and *vendere* as model verbs of the first and second conjugations, now let us study the present indicative, together with the subject pronouns. The third conjugation will be studied in Lesson VI.

PRESENT INDICATIVE

PARLARE, *to speak*			VENDERE, *to sell*		
io parlo		*I speak*	io vendo		*I sell*
tu parli		*you speak*	tu vendi		*you sell*
egli ⎫		*he speaks*	egli ⎫		*he sells*
ella ⎬	parla	*she speaks*	ella ⎬	vende	*she sells*
Lei ⎭		*you speak*	Lei ⎭		*you sell*
noi parliamo		*we speak*	noi vendiamo		*we sell*
voi parlate		*you speak*	voi vendete		*you sell*
essi ⎫		*they (m.) speak*	essi ⎫		*they (m.) sell*
esse ⎬	parlano	*they (f.) speak*	esse ⎬	vendono	*they (f.) sell*
Loro ⎭		*you speak*	Loro ⎭		*you sell*

The Italian present translates not only the simple present "I speak", but also the progressive "I am speaking" and the emphatic "I do speak", although it is also possible to translate "I am speaking" by the progressive construction (*Io*) *sto parlando* (cf. Lesson XXI).

NOTE.—The verb "to do" used as an auxiliary is *not* translated in Italian.

Note the following common endings in the present indicative of all regular verbs:

The first person singular ends in	*-o.*
The second person singular ends in	*-i.*
The third person singular ends in	*-a* or *-e.*
The first person plural ends in	*-iamo.*
The second person plural ends in	*-ate -ete -ite* (Lesson VI)
The third person plural ends in	*-ano* or *-ono.*

Verbs conjugated like *parlare*:   and like *vendere*:

compare	to buy	ricevere	to receive
entrare	to enter	credere	to believe
	(followed by	ripetere	to repeat
	the preposition	perdere	to lose
	in before nouns)		
domandare	to ask		
mostrare	to show		
trovare	to find		

NOTE.—The infinitive of the above verbs in -*ere* has the stress on the third syllable from the end, like e*ssere*.

As already stated, the subject pronouns are rarely used in Italian, except for clarity or emphasis.

In conversation, *lui* (he) and *lei* (she) with the plural *loro* (they) are used in preference to the other third person pronouns. (Note the small initial letter, and do not confuse these pronouns with *Lei* and *Loro*, the polite forms for "you".)

VOCABULARY

la città (*pl.* città)	town	parlare	to speak
in città	in town, into town	vendere	to sell
l'edificio	building	le quattro stagioni	the four seasons
la cattedrale	cathedral (in general)	la primavera	spring
il duomo	*the* city cathedral (*e.g.*, Il Duomo *in Florence, Milan etc.*)	l'estate (*f*)	summer
		l'autunno	autumn
		l'inverno	winter
la chiesa	church	lungo	long
il municipio } il comune }	town hall	largo	wide
		corto	short
il museo	museum	stretto	narrow
la piazza	square	l'anno	year
il viale	avenue	dell'anno	of the year
la via	road, street	il denaro (*or* danaro)	money
la scatola	box		
il fazzoletto	handkerchief	i soldi (*m.pl., popular*)	money
la stagione	season		
tutto (-a)	all	il negozio	shop
alcuno, alcuni } alcuna, alcune }	some, any	l'ultimo	last
		con	with
altro	other		

IN CITTÀ

In una città ci sono molti edifici. In questa piazza, a sinistra c'è una cattedrale, a destra c'è un museo. In un'altra piazza c'è il municipio. Alcune vie sono lunghe, altre sono corte. I viali sono lunghi e larghi. Due signore entrano in un negozio e comprano una tovaglia bianca e dodici tovaglioli. Una signorina compra una scatola con sei fazzoletti. Le quattro stagioni dell'anno sono la primavera, l'estate, l'autunno, l'inverno. La primavera è la prima stagione, l'inverno è l'ultima.

EXERCISES

A. Translate, then answer in Italian:

1. Che c'è in questa piazza, a destra?
2. E che c'è a sinistra?
3. Dov'è il municipio?
4. Sono lunghe tutte le vie?
5. Sono stretti i viali?
6. Dove entrano le due signore?
7. Che comprano?
8. Che compra la signorina?
9. Quanti giorni ci sono in una settimana?
10. Quante stagioni ci sono in un anno?

B. Put a suitable subject pronoun in front of the following verbs and translate:

1. —compriamo
2. —parlo
3. —vende
4. —trovate
5. —non riceve
6. —credo
7. —non compra
8. —vendono
9. —mostri
10. —riceviamo

C. Translate into Italian:

1. I do not sell
2. We buy
3. She believes
4. I am speaking
5. They believe
6. We find
7. He speaks
8. I lose
9. They find
10. You (*tu, voi, Lei, Loro*) buy

D. Put into the plural:

1. Questo fazzoletto è bianco.
2. Questa scatola è bianca.
3. Il giardino è lungo.
4. La porta è larga.
5. Questo ragazzo è tedesco.
6. Questa ragazza è tedesca.
7. Questo signore compra la casa.
8. Questa signora parla italiano.
9. L'alunno passa il quaderno.
10. L'alunna ripete la lezione.

E. Translate into English:

1. A destra c'è il municipio.
2. A sinistra c'è un negozio.
3. Ci sono due chiese in questa via.
4. Mi passi la rivista francese, per favore.
5. Dov' è il museo, signora, per favore?
6. Mi scusi, signore, dov'è il duomo?
7. Che è questo?
8. È un giornale tedesco.
9. Che sono questi?
10. Sono due giornali tedeschi.

F. Translate into Italian:

1. How many fires are there?
2. These pens are German, but the boats are Greek.
3. This boat is magnificent.
4. These boats are magnificent.
5. These doctors are friends.

LESSON VI

Regular Verbs (*continued*)

In the third conjugation the verbs are in two groups:
(1) those conjugated like *capire*, to understand.
(2) those conjugated like *servire*, to serve.
The endings of the present indicative are the same for both groups, but those in the first group take -*isc*- between the stem and the ending in all the persons of the singular and in the third person plural.

Now let us study a model verb in each of the groups. (See pages 181–2 for further examples.)

PRESENT INDICATIVE

CAPIRE, *to understand*

io capisco		*I understand* or *I do understand*
tu capisci		*you understand*
egli		*he understands*
ella	capisce	*she understands*
Lei		*you understand*
noi capiamo		*we understand*
voi capite		*you understand*
essi		*they (m.) understand*
esse	capiscono	*they (f.) understand*
Loro		*you understand*

SERVIRE, *to serve*

io servo			noi serviamo	
tu servi			voi servite	
egli			essi	
ella	serve		esse	servono
Lei			Loro	

The *negative* is, as already stated, formed by placing *non* before the verb:

e.g.   (io) non capisco   *I do not understand*
       (io) non servo   *I do not serve*

The *interrogative* is formed **either** by placing the subject after the verb:

e.g. capisce (Lei)?   *do you understand?*
      capiscono i ragazzi? *do the boys understand?*

or by mere intonation of the voice.

Prepositions

a	*to, at*	su	*on*
da	*from, by*	per	*for*
di	*of*	con	*with*
in	*in*		

These prepositions are used in the normal way before the indefinite article:

e.g. a un ragazzo   *to a boy*
      da una signora *from a lady*

NOTE.—Do not elide *da*.

Contractions of Prepositions

However, when these prepositions precede the definite article, they are joined to it and form one word:

e.g. al ragazzo (a + il)   *to the boy*
      dalla signora (da + la) *from the lady*

Now let us take the preposition *a* with all the different forms of the definite article.

a + il	→	al	e.g.	al ragazzo
a + la	→	alla		alla ragazza
a + l'	→	all'		all'alunno
				all'alunna
a + lo	→	allo		allo studente
				allo zio
a + i	→	ai		ai ragazzi
a + gli	→	agli		agli studenti
				agli zii
				agli alunni

NOTE ALSO.—

from the,	da + il	→	dal
	da + la	→	dalla *etc.*
of the,	di + il	→	del
	di + la	→	della, *etc.*
in the,	in + il	→	nel
	in + la	→	nella, *etc.*
on the,	su + il	→	sul
	su + la	→	sulla, *etc.*

The prepositions *con* (with) and *per* (for) usually contract only with the masculine *il* and *i*, or they may be written as two words if desired—both ways are correct:

e.g.   col (*or* con il) ragazzo pel (*or* per il) ragazzo
       coi (*or* con i) ragazzi   pei (*or* per i) ragazzi

In writing all the other contractions with *con* and *per* are now obsolete, and the use of both *pel* and *pei* is tending to die out. At the spoken level, most of the contractions tend to be maintained.

This table will help the student to see, at a glance, the prepositions contracted with the definite article:

	+ il	+ la	+ l'	+ lo	+ i	+ le	+ gli
a (*to, at*)	al	alla	all'	allo	ai	alle	agli
da (*from, by*)	dal	dalla	dall'	dallo	dai	dalle	dagli
di (*of*)	del	della	dell'	dello	dei	delle	degli
in (*in*)	nel	nella	nell'	nello	nei	nelle	negli
su (*on*)	sul	sulla	sull'	sullo	sui	sulle	sugli
per (*for*)	pel *or* per il	per la	per l'	per lo	pei *or* per i	per le	per gli
con (*with*)	col *or* con il	con la	con l'	con lo	coi *or* con i	con le	con gli

Possession

In Italian, possession is shown by the use of the preposition *di* (usually *d'* before a vowel unless the vowel is the first letter of a proper name: cf. *un quarto d'ora* but *la penna di Anna*). There is no equivalent to the English apostrophe *s*.

e.g.   il libro di Maria   *Mary's book*
         il libro del ragazzo   *The boy's book*
         le penne dei ragazzi   *The children's pens*

VOCABULARY

la campagna	country
in campagna	in *or* into the country
il sole	sun
l'uccello	bird
la giornata	whole day
Che bella giornata!	What a beautiful day!
il cestino	basket
la cosa	thing
il pane	bread
il formaggio	cheese
il prosciutto	ham
la bottiglia	bottle
la limonata	lemonade
l'aranciata	orangeade
la frutta (*pl.* le frutta)	fruit
la (prima) colazione	breakfast
Roberto	Robert
Anna	Ann
vicino a (*usually used adverbially, i.e. without agreement*)	near
lontano da (*usually used adverbially, i.e. without agreement*)	far from
pieno	full
altrettanto a Lei	the same to you
dentro	inside
fuori	outside
ora, adesso	now
splendere* †	to shine
cantare	to sing
passare* †	to pass, spend (*time*)
aprire	to open
tirare	to draw, pull
tirare fuori	to pull out
cominciare	to begin
mangiare	to eat
vedere	to see
dice (*from* dire, *to say*)	(he) says
rispondere	to reply
la domanda	question
l'acqua	water

NOTE.—*vicino* (near) is followed by *a*:
e.g.   vicino a Lei   *near you*

entrare (to enter) is followed by the preposition *in* before a noun:
e.g.   entriamo in una casa   *we enter a house*

cominciare (to begin) is followed by the prepositions *a* before another verb:
e.g.   cominciamo a parlare   *we begin to speak*

IN CAMPAGNA

È primavera, il sole splende e gli uccelli cantano. Roberto e tre altri ragazzi passano la giornata in campagna. Ora sono sotto un albero e vicino all'albero hanno un cestino. Che c'è in questo cestino? Molte cose per il pranzo dei ragazzi. Roberto apre il cestino e tira fuori pane, formaggio, prosciutto, frutta e due bottiglie. Una bottiglia è piena di limonata, l'altra è piena d'aranciata. E l'ora di colazione—i ragazzi cominciano a mangiare. Una signora vede i ragazzi e dice (*says*)—Buon appetito.—Grazie, altrettanto a Lei, signora, rispondono i ragazzi.

EXERCISES

A. Answer in Italian:

1. Dove sono Roberto e gli altri tre ragazzi?
2. Che c'è vicino all'albero?
3. Che c'è nel cestino?
4. Chi apre il cestino?
5. Che c'è in una bottiglia?
6. E nell'altra?
7. Che dice la signora?
8. Che rispondono i ragazzi?
9. Capisce Lei questa lezione?
10. Chi risponde alle domande?

B. Translate into English:

1. Della signora	6. Con gli studenti
2. Sul libro	7. Per il signore
3. Dall'alunno	8. Con la zia
4. Nello studio	9. Nel giardino
5. Al maestro	10. Dagli zii

C. Translate:

1. I ragazzi capiscono quasi (*almost*) tutto.
2. Noi rispondiamo alle domande.
3. Il maestro non è nello studio.
4. I giornali sono sulla tavola.
5. La frutta è nel cestino.
6. Questa bottiglia è piena d'acqua.
7. Sotto questa sedia c'è una rivista.
8. Ecco i libri della ragazza.
9. Questo uccello canta bene.
10. I quaderni degli studenti sono sull'erba.

D. Translate into Italian:

1. There is a bottle on the grass.
2. There are two boys near the tree.
3. The sun is not shining now.
4. A bird is singing.
5. I do not see the bird.
6. We begin to speak Italian.
7. I do not understand.
8. Do you understand, Robert?
9. The students reply well.
10. Here is a book for you, Madam.

E. Translate:

(a)
1. The lady's basket	6. Far from the tree
2. The boy's hand	7. In the basket
3. Anna's lunch	8. Of the girl
4. Two bottles of lemonade	9. To the gentleman
5. Near the house	10. From the master

(b) Write the present indicative of *avere* and *essere* in the negative form, e.g. io non ho, *etc.*, io non sono, *etc.*

Il Primo Gioco dell' Alfabeto

This "Alphabet Game" is intended to help the student to revise the vocabulary studied in the lessons; the Italian translations of the given words will be found to be in alphabetical order.

e.g.   1. August   agosto
             2. (the) glass   (il) bicchiere
             3. (the) house   (la) casa, *etc.*

NOTE.—The article must not be omitted, but should be placed, in brackets, before or after the noun, as the student wishes.

Now translate into Italian:

1.		April	a . . . . . .
2.		white	b . . . . . .
3.	(the)	knife	c . . . . . .
4.		Sunday	d . . . . . .
5.		here is, here are	e . . . . . .
6.		February	f . . . . . .
7.	(the)	garden	g . . . . . .
8.		have you? (polite form)	h . . . . . .
9.	(the)	winter	i . . . . . .
10.		July	l . . . . . .
11.	(the)	pencil	m . . . . . .
12.		nine	n . . . . . .
13.		October	o . . . . . .
14.	(the)	first	p . . . . . .
15.		this	q . . . . . .
16.	(the)	rose	r . . . . . .
17.	(the)	student	s . . . . . .
18.	(the)	table	t . . . . . .
19.		eleven	u . . . . . .
20.		Friday	v . . . . . .
21.	(the)	uncle	z . . . . . .

LESSON VII

Direct Object Pronouns

The direct object pronouns are:

mi	*me*
ti	*you*
lo	*him* or *it* (*m.*)
la	*her* or *it* (*f.*)
La	*you* (*m.* or *f. sing., polite form*)
ci	*us*
vi	*you*
li	*them* (*m.*)
le	*them* (*f.*)
Li	*you* (*m. pl., polite form*)
Le	*you* (*f. pl., polite form*)

They are placed immediately before the verb except in a few cases which will be explained later.

NOTE.—The forms *Li* and *Le* are so rare in both speech and writing that it might be advisable to use *Loro* for both; unlike the other direct object pronouns, *Loro* follows the verb.

e.g.	*I see him* or *it*	io *lo* vedo
	I see her or it	io *la* vedo
	We see them (*m.*)	noi *li* vediamo
	We see them (*f.*)	noi *le* vediamo
	Mary sees me	Maria *mi* vede
	I have it	io *l'*ho
	We invite him	noi *l'*invitiamo
	You invite us	Lei *c'*invita

NOTE.—*mi, ti, lo, la* and *vi* drop the vowel and take an apostrophe before a verb beginning with a vowel or *h*; but *ci* becomes *c'* only before *e* or *i*, as otherwise the *c* would become hard.

The Partitive Construction—*some, any*

(*a*) "Some" or "any" before a noun is usually translated by *di* and the contracted form of the definite article, when it stands for a part of something:

e.g.
    del pane   *some bread*
    della carne   *some meat*
    degli spinaci   *some spinach*
    dell'acqua   *some water*
    Ha (Lei) del pane? *Have you any bread?*

However, it is omitted in negative sentences if the noun is collective or plural:

e.g. Non ho pane.   *I have no bread* or *I haven't any bread*.
Non abbiamo libri. *We have no books.*

It may also be omitted in cases of enumeration:

e.g. Ho penne, matite e libri.   *I have pens, pencils and books.*

(*b*) "Some" or "any" is translated by *alcuno*, with its different forms *alcuna* (*f.*) *alcuni* (*m. pl.*) and *alcune* (*f. pl.*), by *qualche*, when "some" or "any" indicates "a few", or by *un poco* (*un po'*), "a little":

e.g.   un po' di pane   *a little bread*

Alcuni (-e) agrees in gender with the noun to which it refers:

e.g.   alcuni libri   *some books*
    alcune penne   *some pens*

It should be noted that the singular form *alcuno* (*-a*) does not mean "some", but can be used as an alternative to the negative adjective *nessuno* (*-a*), as in *Non ho alcun/nessun amico* = "I haven't a (single) friend".

Qualche must be followed by a noun in the singular, and any adjective or verb used in connection with it must also be in the singular:

e.g.   qualche libro   *some books*
    Qualche libro italiano è sulla sedia.
    Some Italian books are on the chair.

VOCABULARY

il mare	sea	la famiglia	family
al mare	at the seaside	l'aria	air
la vacanza	holiday	il sole	sun

la salute	health	ma	but
il tempo	weather, time	l'asciugamano	towel
il bagno	bathe, bath	l'ombrellone	large umbrella
il costume da		la sedia a sdraio	deckchair
bagno	bathing costume	abbronzato	bronzed, tanned
il vino	wine	sano	healthy
il pane	bread	calmo	calm
la carne	meat	mosso	rough (sea)
lo zucchero	sugar	mare grosso	rough sea
la cabina	cabin	forte	strong
la spiaggia	beach	quasi	almost
la fine	end	molto tempo	long time
sempre	always	un poco or un	
spesso	often	po'	a little
durante	during	affittare	to rent, hire
una volta	once	portare	to carry, bring
due volte	twice	imparare	to learn
qualche volta	sometimes	dopo	after

AL MARE

Durante i mesi d'estate, giugno, luglio ed agosto, molte famiglie passano le vacanze al mare. L'aria del mare è sana. Sulla spiaggia ci sono cabine con tavoli e sedie. Alcune famiglie affittano una cabina per due o tre settimane; portano i costumi da bagno e gli asciugamani e passano molte ore sulla spiaggia. Il mare non è sempre calmo, qualche volta è mosso. Il sole è forte durante i mesi di luglio e d'agosto ma ci sono gli ombrelloni e, sotto questi ombrelloni, le sedie a sdraio. I ragazzi passano molto tempo nel mare e, dopo un bagno, hanno sempre buon appetito. Alla fine delle vacanze sono abbronzati dal sole.

EXERCISES

A. Answer in Italian:

1. Quali sono i mesi d'estate?
2. Dove passa (Lei) le vacanze d'estate?
3. È sempre calmo il mare?
4. Che c'è sulla spiaggia?
5. Che c'è sotto gli ombrelloni?
6. È sana l'aria del mare?
7. Che preferisce Lei, il mare o la campagna?
8. Dove passano molto tempo i ragazzi?

9. È lontano da questa città il mare?
10. È vicina la campagna?

B. Complete with the partitive article and translate:
 1. Maria ha — penne. *delle*
 2. Roberto ha — libri. *dei*
 3. Ecco — pane. *del*
 4. Ecco — frutta. *della*
 5. Io ho — acqua fresca. *del*
 6. Lei ha — vino rosso. *del*
 7. Questa signora compra — riviste. *delle*
 8. Questo signore compra — giornali. *dei*

C. Translate:
 1. Mary understands it (*f.*).
 2. John learns it (*m.*).
 3. We find them (*m.*).
 4. They lose them (*f.*).
 5. We see you (*familiar form*).
 6. Anna sees us.
 7. We have them (*f.*).
 8. I have them (*m.*).
 9. Anna has it (*f.*).
 10. They do not have it (*m.*).

D. Complete with a noun:
 1. Io ho del —
 2. Noi abbiamo della —
 3. Essi comprano dello —
 4. Il maestro mostra dei —
 5. Maria compra delle —
 6. Non capisco la —
 7. Anna compra un —
 8. La signora vede il —
 9. Il signore vede la —
 10. Noi affittiamo una —

E. Translate:
 1. We do not see the beach.

2. You find a cabin.
3. They speak to the lady.
4. He understands this lesson.
5. She buys some bread.
6. I buy some sugar.
7. Have you any Italian friends (*m.*)?
8. No, I have no Italian friends (*m.*).
9. Have they any English friends (*f.*)?
10. Yes, they have many English friends (*f.*).

F. Write the present tense of *comprare* and *vendere* in the negative form.

1. non compro, *etc.*   2. non vendo, *etc.*

LESSON VIII

Indirect Object Pronouns

The indirect object pronouns are:

mi	*to me*	ci	*to us*
ti	*to you*	vi	*to you*
gli	*to him*	loro	*to them* (*m.* and *f.*)
le	*to her*		
Le	*to you*(*m.* and *f.*)	Loro	*to you* (*m.* and *f.*)

These pronouns, with the exception of *loro* and *Loro*, usually precede the verb, except in certain cases which will be explained in a later lesson.

e.g.
Maria *mi* parla.	*Mary is speaking to me.*
(Io) *le* parlo.	*I am speaking to her.*
Roberto *ci* parla.	*Robert is speaking to us.*
(Noi) *gli* parliamo.	*We are speaking to him.*
Giovanni parla *Loro*.	*John is speaking to you* (*pl.*).
(Noi) parliamo *loro*.	*We are speaking to them.*
Io *gli* mando una lettera.	*I send him a letter.*

NOTE.—The object is indirect when it is preceded by *to* or when *to* is understood, as in the last example. Also *loro* as an indirect object pronoun following the verb can be, and often is (especially in the spoken language), rendered by *gli* preceding the verb. Thus the example above, *(Noi) parliamo loro* may be rendered *(Noi) gli parliamo*. This use is gaining ground at the written level, too, although it is still considered "inelegant".

Cardinal Numbers (*continued*)

13	tredici	18	diciotto
14	quattordici	19	diciannove
15	quindici	20	venti
16	sedici	21	ventuno
17	diciassette	22	ventidue

23	ventitrè	41	quarantuno
30	trenta	50	cinquanta
31	trentuno	60	sessanta
32	trentadue	70	settanta
33	trentatrè	80	ottanta
34	trentaquattro	90	novanta
40	quaranta	100	cento

NOTE.—

(a) *Venti* (20), *trenta* (30), *quaranta* (40), and so on up to 100 drop the final vowel when combined with *uno* and *otto*:

e.g.   ventuno (21), ventotto (28), trentuno (31), *etc.*

(b) The *e* of *tre* (3) when used by itself has no accent but when it is combined with another number a grave accent is placed over it:

e.g.   ventitrè, trentatrè, *etc.*

(c) *Cento* (100), has no plural form:

e.g.   duecento, *two hundred*

(d) *Mille* (1,000) has an irregular plural *mila*:

e.g.   cinquemila, *five thousand*

(e) "One" is not translated before *cento* and *mille:*

e.g.   milleseicentoquaranta, *one thousand six hundred and forty*

"And" is not translated between numbers.

(f) *Un milione* (plural *milioni*) (1,000,000).

Insert the preposition *di* or *d'* after *milione* when a noun follows:

e.g.   un milione d'abitanti, *one million inhabitants*

Dates

In Italian the cardinal numbers are used to express the days of the month, with the exception of *primo* (first). "On" and "of" are not translated, and the article *il* (*l'*) is omitted when preceded by the day of the week.

e.g.	il primo aprile (il l° aprile)	*on the first of April*
	martedì, due luglio	*Tuesday, July 2nd*
	l'otto dicembre	*December 8th*

il 1900	1900
nel 1944	*in* 1944
nel settembre del 1960	*in September* 1960

NOTE.—In Italian, there are two ways of expressing centuries; "The seventeenth century", for example, can be translated *il diciassettesimo secolo* or *il Seicento* (cf. "the 1600s" in English).

Age

Age is expressed by means of the verb *avere*.

e.g.	Quanti anni ha Roberto?	*How old is Robert?*
	Ha nove anni.	*He is nine years old.*
	Quanti anni ha Lei?	*How old are you?*
	Ho diciannove anni.	*I am nineteen years of age.*
	Quanti anni ha il padre di Maria?	*How old is Mary's father?*
	Ha quarantasette anni.	*He is forty-seven.*

VOCABULARY

il villaggio	village	fresco	fresh, cool
la collina	hill	freddo	cold
la montagna	mountain	profondo	deep
il bosco	wood	alto	high
il lago	lake	basso	low
il temporale	storm	difficile	difficult
il piacere	pleasure, favour	facile	easy
il sentiero	path, footpath	di solito	usually
l'ombra	shade	ogni	each, every
all'ombra	in the shade	durare* molto	to last a long time
la cartolina	postcard		
la fine	end	cambiare	to change
l'anno bisestile	leap year	diventare*	to become
la parola	word	camminare	to walk
la data	date	preferire	to prefer
la pagina	page	nuotare	to swim
il numero	number	mandare	to send

LA MONTAGNA

L'aria di montagna è fresca e sana. Alcune famiglie preferiscono la montagna al mare. Ci sono dei piccoli villaggi, delle colline, dei boschi e dei laghi di montagna. L'acqua di questi

laghi è molto fredda. Qualche volta ci sono dei temporali, ma, di solito, non durano molto. Alla fine d'estate le foglie degli alberi cambiano colore e diventano gialle, quasi rosse. Il sole è forte, ma è un piacere camminare nei sentieri dei boschi, all'ombra degli alberi.

EXERCISES

A. Answer in Italian:

1. Parla italiano (Lei)?
2. Capisce tutte le parole (Lei)?
3. È difficile la lingua italiana?
4. Che data è oggi?
5. Quanti giorni ci sono nel mese di settembre?
6. Di che colore sono le foglie in autunno?
7. Cammina molto (Lei)?
8. Nuota (Lei)?
9. Preferisce il mare alla montagna?
10. Quanti giorni ci sono in un anno bisestile?

B. Translate:

1. On June 1st.
2. On December 11th.
3. There are twenty-eight days in the month of February.
4. There are three hundred and sixty-five days in a year.
5. Today is October 28th.
6. This year is not a leap year.
7. This leaf is nearly yellow.
8. This path is short.
9. These lakes are very deep.
10. These mountains are high.

C. Translate:

1. I speak to her.
2. We speak to him.
3. She speaks to me.
4. You speak to them.
5. We send him a newspaper.
6. She sends us a postcard.
7. I send her a box of handkerchiefs.
8. Maria sends me a letter.
9. The children send us some flowers.
10. You send him a magazine.

D. Translate:

1. Quanti anni ha questo ragazzo?
2. Ha quasi sette anni.
3. Quanti anni ha Lei?
4. Ho diciotto anni.
5. Giovedì, quindici maggio.
6. Nel millenovecentoquarantasei.
7. Ci sono tre mesi in ogni stagione.
8. Ci sono duecentosei pagine in questo libro.
9. L'Italia ha cinquanta milioni d'abitanti.
10. In un anno bisestile ci sono trecentosessantasei giorni.

E. Translate:

1. This mountain is high.
2. This hill is low.

3. The month of February is short.
4. The air is fresh.
5. Here is a wood.
6. These leaves are nearly yellow.
7. Each season lasts three months.
8. Friday, July 10th, 1959.
9. Four hundred and thirty-eight.
10. Two thousand seven hundred and sixty.

F. Write the present indicative of:

1. *diventare**   to become
   io divento,
   tu diventi, *etc*.
2. *credere*   to believe
   io credo,
   tu credi, *etc*.
3. *preferire*   to prefer
   io preferisco,
   tu preferisci, *etc*.
4. *sentire*   to hear
   io sento,
   tu senti, *etc*.

LESSON IX

Reflexive Verbs and Reflexive Pronouns

Reflexive verbs are those whose subject and object are the same person or thing.

e.g.   *I* wash *myself*; *she* enjoys *herself*; *it* stops *itself*.

Sometimes a verb is reflexive in Italian and not so in English; these verbs are easy to recognise in Italian as they always have the reflexive pronoun *si* (oneself) appended to the infinitive. Note that the final *-e* of the infinitive is omitted:

e.g.   lavare   *to wash*
       lavarsi   *to wash oneself*
       divertire   *to amuse*
       divertirsi   *to enjoy oneself*

Whereas the reflexive pronoun is often omitted in English, it must always be used in Italian:

e.g.   Io mi preparo.   *I am getting ready.*
       Lei si avvicina alla stazione. *She is/You are* (polite form sing.) *approaching the station.*

NOTE. Not only the reflexive pronoun *si* but any of the conjunctive pronouns, except *loro* and *Loro*, may thus be appended to the infinitive of a verb:

e.g.   Vado a comprarlo.   *I am going to buy it.*
       Andiamo a vederli.   *We are going to see them.*
       Vado a parlargli.   *I am going to speak to him.*

Here are the reflexive pronouns:

       mi   *myself*
       ti   *yourself*
       si   *himself, herself, itself, yourself*
       ci   *ourselves*
       vi   *yourself, yourselves*
       si   *themselves* (*m.* and *f.*), *yourselves*

NOTE.—*Mi, ti, si,* etc., can also mean "to/for myself", "to/for yourself", "to/for himself, herself, itself, themselves", etc.

Conjugation of Reflexive Verbs

PRESENT INDICATIVE

LAVARSI, *to wash oneself*	DIVERTIRSI, *to enjoy oneself*
io mi lavo	io mi diverto
tu ti lavi	tu ti diverti
egli ⎫	egli ⎫
ella ⎬ si lava	ella ⎬ si diverte
Lei ⎭	Lei ⎭
noi ci laviamo	noi ci divertiamo
voi vi lavate	voi vi divertite
essi ⎫	essi ⎫
esse ⎬ si lavano	esse ⎬ si divertono
Loro ⎭	Loro ⎭

In the negative and interrogative form of all reflexive verbs *non* is placed before the reflexive pronoun:

e.g. Io non mi diverto. ⎫ *I am not enjoying myself.*
Non ti diverti (tu)? ⎬
Non si diverte (Lei)? ⎭ *Are you not enjoying yourself?*

NOTE.—The pronoun *si*, apart from its uses as "himself", "herself", "themselves", etc., is widely used as an impersonal pronoun, thereby providing a partial alternative to the passive (cf. Appendix 3).

Irregular Verbs—*andare, dare, fare, stare*

Having studied the present indicative of the regular' verbs ending in *-are*, now let us take the *only* four irregular verbs which end in *-are*.

andare   *to go*   dare   *to give*   fare   *to make, do*
stare   *to be (a temporary condition, health); to stay, to remain*

PRESENT INDICATIVE

ANDARE	DARE	FARE	STARE
to go	*to give*	*to make, do*	*to be, stay*
vado	do	faccio	sto
vai	dai	fai	stai
va	dà	fa	sta

andiamo	diamo	facciamo	stiamo
andate	date	fate	state
vanno	danno	fanno	stanno

Note.—The third person singular of the verb *dare* has a grave accent over the vowel; and in the third person plural note the *-anno* in all four verbs. Note also the peculiar use of *fare* in the construction *far fare qualcosa* ("to have something done"); cf. Lesson XXX under **FARE**.

The Conjunctive Pronoun *ne*

Another conjunctive pronoun to be studied is *ne*, meaning "some, any, some of it, any of it" *when referring to a substantive previously mentioned*. Used as an adverb, *ne* means "from there".

e.g. Ha dei libri Lei? Sì, ne ho molti.
Have you any books? Yes, I have many (of them).
Ha delle penne Maria? Sì, ne ha due.
Has Mary any pens? Yes, she has two (of them).

In English *of them* is understood, but *ne* must not be omitted in an Italian sentence when an adjective of quantity or a number follows the verb.

Note.—The pronouns *mi, ti, lo, la, ci, vi, li, le* and *ne* can be appended to the interjection *ecco* ("here is/are/am, there is/are/am") and to its derivative *riecco*:

e.g. (ri)eccomi   *here/there I am (again)*
      (ri)eccoti   *here/there you are (again)*
      (ri)eccolo   *here/there he/it is (again), etc.*

VOCABULARY

l'incontro	meeting	l'entrata	entrance
la vetrina	shop window	il ristorante	restaurant
la compera	purchase	l'orologio	watch or clock
il guanto	glove	il genitore	parent
il colletto	collar	la biblioteca	library
la sciarpa	scarf	la borsa	bag, purse
il prezzo	price	nuovo	new
l'articolo	article	poi	then
il nailon	nylon	puro	pure
la seta	silk	verso	towards
l'uscita	exit	insieme	together

davanti a	in front of	far la spesa	to do the shopping
tutt'e due	both	fare colazione	to have lunch
tutt'e quattro	all four	fare una	
ammalato	ill	passeggiata	to go for a walk
alzarsi	to get up	finire	to finish
desiderare	to want	*e*scono (*from*	
incontrare	to meet	uscire*, *irr*.)	they go out
fermare }	to stop	mentre	while, whilst
fermarsi }		quando	when
conversare	to chat	Caterina	Catherine
riposarsi	to rest	Margherita	Margaret
far delle spese }	to do some		
far delle compere }	shopping		

UN INCONTRO

Anna incontra un'amica, Maria, in città e tutt'e due fanno delle compere insieme. Si fermano davanti ad un negozio per qualche minuto. Nella vetrina di questo negozio vedono guanti, colletti e sciarpe, ma non c'è il prezzo di questi articoli. Le due signorine entrano nel negozio e domandano il prezzo delle sciarpe. Anna desidera una sciarpa verde, di nailon, Maria ne desidera una celeste, di seta pura. Le comprano, poi vanno verso l'uscita. Mentre escono incontrano due altre amiche, Caterina e Margherita, conversano un poco insieme, poi entrano tutt'e quattro in un ristorante a mangiare.

EXERCISES

A. Answer the following:

1. Dove vanno Anna e Maria?
2. Dove si fermano?
3. Che c'è nella vetrina?
4. Ci sono i prezzi degli articoli?
5. Che fanno le signorine?
6. Che compra Anna?
7. Che compra Maria?
8. Preferisce Lei il nailon alla seta?
9. Chi incontrano quando escono dal negozio?
10. Dove vanno tutt'e quattro?

B. Replace the infinitive by the correct form of the present indicative of each verb:

1. Questa ragazza (alzarsi) presto.
2. Rosa (comprare) molte cose.
3. Noi (divertirsi) molto.
4. Loro (ricevere) una lettera.
5. Io (finire) la lezione.
6. Lei (divertirsi) oggi.
7. Carlo (avere) dei libri.
8. Giovanni e Roberto (essere) contenti.
9. Anna e Caterina (parlare) italiano.
10. Maria (capire) questa lezione.

C. Translate:

1. I have some new gloves. Here they are.
2. Mary has some letters. Here they are.
3. Where are the silk scarves?
4. There they are in the window.
5. Where are you going?
6. What are you doing?
7. How are you, ladies?
8. We are all well, thank you.
9. I stay at home (a casa) every Tuesday.
10. These children are not well.

D. Place the reflexive pronoun before the verbs and translate:

1. —diverte
2. —alziamo
3. —divertono
4. —lavate
5. —alzano
6. —divertite
7. —lavano
8. —alzo
9. —lavi
10. —divertiamo

E. Translate:

1. Questo ragazzo si diverte.
2. Maria non va in città ogni giorno.
3. Questa sciarpa non è di nailon.
4. Questa lezione non è facile.
5. Questi ragazzi non stanno bene.
6. Noi ci divertiamo al mare.

7. Anna va spesso ai negozi.
8. Facciamo una passeggiata in campagna.
9. Si diverte Lei, signorina?
10. Sì, grazie, mi diverto molto.

LESSON X

Possessive Adjectives and Pronouns

Italian uses the possessives both as adjectives and as pronouns. They are usually preceded by the definite article, and they agree with the thing or person possessed, not with the possessor as in English.

e.g.

il mio libro	*my book*	il mio	*mine*
i miei libri	*my books*	i miei	*mine*
la sua penna	*his* or *her pen*	la sua	*his* or *hers*
le sue penne	*his* or *her pens*	le sue	*his* or *hers*

MASCULINE		FEMININE		MEANING	
singular	plural	singular	plural	adjective	pronoun
il mio	i miei	la mia	le mie	*my*	*mine*
il tuo	i tuoi	la tua	le tue	*your*	*yours*
il suo	i suoi	la sua	le sue	*his, her, its*	*his, hers, its*
il Suo	i Suoi	la Sua	le Sue	*your*	*yours*
il nostro	i nostri	la nostra	le nostre	*our*	*ours*
il vostro	i vostri	la vostra	le vostre	*your*	*yours*
il loro	i loro	la loro	le loro	*their*	*theirs*
il Loro	i Loro	la Loro	le Loro	*your*	*yours*

It will be noticed from the Table, and the examples given, that each possessive has four forms:

Masculine singular   Masculine plural
Feminine singular   Feminine plural

Il suo, la sua, may refer to four persons, *his, her, its* and *your* (polite form, frequently spelt *il Suo*, etc.).

If there is any doubt as to the person referred to, confusion may be avoided by using *di lei* ("of her") or *di lui* ("of him").

e.g.   Maria legge il suo giornale. *Mary is reading her newspaper.*

But if we wish to say *Mary is reading* his *newspaper*, we may then translate thus:

Maria legge il giornale di lui.

The article is *not* used before the possessive when it precedes a noun denoting family relationships, provided that:

(*a*) the noun is in the singular
(*b*) the noun is not qualified by an adjective
(*c*) the noun is not a diminutive
(*d*) the possessive is not *loro* or *Loro* (their *or* your)

e.g.   mia madre, mio padre   *my mother*, *my father*

BUT   la mia buona madre   *my good mother*
       la mia piccola sorella ⎫
       la mia sorellina   ⎬   *my little sister*
       i miei fratelli   *my brothers*
       il loro padre   *their father*
       la Loro madre   *your mother*

The article should be used when one is speaking of the following relations:

nonno   *grandfather*   nonna   *grandmother*
mamma *mother*   papà ⎫
                               babbo ⎬ dad, daddy

NOTE.–Although *il mio nonno/babbo/papà* and *la mia nonna/ mamma* are technically more correct, the student will also hear *mio nonno/babbo/papà* and *mia mamma/nonna* fairly often.

The indefinite article may also be used before a possessive:

e.g. un mio libro   *a book of mine* or *one of my books*
      due miei libri   *two of my books*
      molti miei amici   *many of my friends*

Of is not translated.

Relative Pronouns

The most frequently used relative pronouns in Italian are *che* and *cui*:

            che   *who, whom, which, that*
            cui   (*to, etc.*) *whom, which*

Both are invariable and both are used for persons or things. *che* is used as subject or direct object of a verb; although often omitted in English, it may never be omitted in Italian:

e.g. la signora *che* parla   *the lady who is speaking*
    il libro *che* compro   *the book I am buying*

cui is used when the relative is an indirect object or when it is governed by a preposition:

e.g. la signora *a cui* parlo   *the lady to whom I am speaking*
    il libro *di cui* parlo   *the book of which I am speaking*

NOTE.—The preposition *a* is the only one which may be omitted with *cui*, i.e. "The lady to whom I am speaking" may be translated by both *La signora cui parlo* and *La signora a cui parlo*, whereas the preposition is compulsory in the Italian translation of "The lady of whom I am speaking": *La signora DI cui parlo*.

There is also another relative pronoun which refers to persons or things, viz: *il quale* (fem, *la quale*, with the plurals *i quali* and *le quali*). This pronoun is used instead of *che* or *cui* to avoid ambiguity. When *il quale* is governed by a preposition, this preposition and the article combine to form one word as already shown in Lesson VI.

e.g. La sorella del professore, alla quale ho mandato la cartolina.
    The professor's sister to whom I sent the postcard.

The relative pronoun *whose* is translated by *il cui*, *la cui*, etc. The article agrees with the noun which follows:

e.g. Questa ragazza, il cui cane è perduto, è triste.
    This girl, whose dog is lost, is sad.

Ordinal Numbers (*continued*)

8th	ottavo	13th	tredicesimo, etc.
9th	nono	20th	ventesimo
10th	decimo	21st	ventunesimo
11th	undicesimo	22nd	ventiduesimo
12th	dodicesimo	30th	trentesimo, etc.

Ordinal numbers, except 1st to 10th, are formed by dropping the final vowel of the cardinal number and adding -*esimo*:

e.g. *u*ndici   11   →   undic*e*simo   11th
    d*o*dici   12   →   dodic*e*simo   12th
    venti   20   →   vent*e*simo   20th, etc.

but the last vowel of 23, 33, 43, etc., being a stressed vowel, is not omitted:

e.g. ventitrè   →   ventitreesimo
     trentatrè   →   trentatreesimo, etc.

From 11th onwards the ordinals may also be translated thus:

11th	decimo primo
12th	decimo secondo
13th	decimo terzo, etc.

However, such forms are now archaic and therefore tend to be highly stylised if used outside a literary context, e.g. *Canto Decimo Terzo* of Dante's *Inferno*.

Remember that ordinal numbers are adjectives and must agree with the noun:

e.g. il secondo mese   *the second month*
     la prima stagione   *the first season*
     i primi giorni   *the first days*
     le prime settimane   *the first weeks*

Ordinal numbers are used in Italian without the article after names of rulers:

e.g. Enrico quinto   *Henry V*
     Pio decimo   *Pius X*

They are also used after a few words such as *canto, capitolo, volume, lezione,* etc.

e.g. Canto settimo   *Canto 7*   Volume secondo   *Volume 2*
     Capitolo quarto   *Chapter 4*   Lezione nona   *Lesson 9*

Fractions

Fractions are formed as in English by using the cardinal numeral as the numerator and the ordinal numeral as the denominator:

e.g. un terzo   *one third*   quattro quinti   *four-fifths*
     tre quarti   *three-quarters*

mezzo (or *mezz'*) "half", when used as an adjective agrees with the noun:

e.g.   una mezza bottiglia   una mezz'ora

but is usually invariable when the noun comes first:

e.g.   una bott*i*glia e mezzo   un'ora e mezzo

However, *una bottiglia e mezza* and *un'ora e mezza* are acceptable alternatives and quite common.

NOTE.—The noun "half" is *la metà*.

VOCABULARY

il mercato	market	il melone	melon
il dom*e*stico ⎫	servant	il coc*o*mero	water melon
la dom*e*stica ⎭		la maced*o*nia di	
la macelleria	butcher's shop	frutta	fruit salad
il macell*a*io	butcher	il(la) nipote	nephew (niece)
il manzo	beef	l'eserc*i*zio	exercise
il vitello	veal, calf	il tipo	type
l'agnello	lamb	qui, qua	here
il pesce	fish	poi	then
il pesciv*e*ndolo	fishmonger	caro	dear, expensive
la s*o*gliola	sole	crudo	raw
il merluzzo	cod	c*o*tto	cooked
la tr*i*glia	mullet	o	or
la verdura	vegetables	o . . . o	either . . . or
il pisello	pea	eccetera (*abb.*	
il fagiolino	French bean	ecc.)	etcetera (etc.)
lo zucchino	small marrow	gradito	welcome
gli spinaci	spinach	estivo	summer (*adj.*)
il fruttiv*e*ndolo	fruiterer	mi dica	tell me
la pera	pear	stare* a casa	to stay at home
la mela	apple	vuole (*from*	he, she, it wants, you
la pesca	peach	volere* † *irr.*)	(*polite sing.*) want
l'uva	grapes	Rosa	Rose
		Enrico	Henry

NOTE.—The word *la frutta* is a collective term meaning fruit in general, although the student may well hear *una frutta* (a fruit). Technically, this is an unacceptable term, although, paradoxically, the *plural* form, *le frutta* (i.e. treating *frutta* as a countable noun) is quite regular. *Frutto* is largely a metaphorical term: *I frutti del mio lavoro*: "The fruits of my labour".

AL MERCATO

Ogni mattina, Rosa, la domestica della signora Valli, si alza presto e va al mercato. Vicino al mercato c'è una macelleria dove Rosa compra la carne: manzo, vitello o agnello.

Quando la signora Valli vuole del pesce, Rosa lo compra dal pescivendolo: sogliola, merluzzo, triglia, ecc.

Guarda i prezzi della verdura; piselli, fagiolini, zucchini; poi della frutta: mele, pere, uva, meloni e cocomeri.

La frutta è buona per la salute, e non è cara nei mesi estivi: così ogni famiglia ne mangia molta, o cruda o cotta. La macedonia di frutta è sempre gradita, non è vero?

Ogni domenica la signora Valli prepara una macedonia di frutta e invita i suoi nipoti a pranzo.

Buon appetito a tutti!

EXERCISES

A. Answer in Italian:

1. Chi è Rosa?
2. Dove va ogni mattina?
3. Che compra al mercato?
4. Mangia molta carne Lei?
5. Preferisce il pesce?
6. Mi dica i nomi di tre frutta.
7. E i nomi di tre tipi di verdura?
8. Dov'è la porta?
9. Dove sono i libri?
10. Dove sono le sedie?

B. Translate the word in brackets:

1. Ecco (*my*) giardino.
2. Ecco (*his*) casa.
3. Dov'è (*your*) sorella?
4. Dov'è (*their*) fratello?
5. Ecco (*my*) penna.
6. Ecco (*her*) libro.
7. Dove sono (*your*) genitori?
8. Dove sono (*his*) zii?
9. Queste sono (*her*) sorelle.

10. Questi sono (*my*) fratelli.

C. Translate:

1. The first house.
2. Chapter three.
3. Henry VIII.
4. Volume six.
5. Lesson five.
6. The ladies who are speaking Italian are English.
7. The gentlemen of whom you are speaking are French.
8. The boy to whom I give the book.
9. The girl from whom I receive a letter.
10. The students who are in this classroom.
11. Half of this pear is for you (*polite form*).
12. Thirty minutes make half an hour.

D. Translate:

1. Mio fratello va alla biblioteca.
2. Scrivo l'esercizio nel mio quaderno.
3. Gli studenti studiano le loro lezioni.
4. Rispondo alla lettera di mia madre.
5. Scrivo una cartolina alla mia amica.
6. Io sto bene ma mia sorella è ammalata.
7. Il fratello del mio amico è al mare.
8. I miei genitori stanno bene.
9. Ecco l'orologio di mio padre.
10. Ecco la borsa di mia madre.

E. Translate:

1. I am not going to the market.
2. My father is going to town.
3. Margaret is not here today.
4. How are you, Charles and Robert?
5. We are very well, thank you.
6. My sister is not well.
7. My brothers are in the country.
8. Our friends are at the seaside.
9. Have you any brothers, Mary?
10. Yes, I have two brothers and three sisters.

REVISION TEST

A. Translate and put into the plural:

  1. This book
  2. The door
  3. The idea
  4. The uncle
  5. The lesson

  6. The garden
  7. The window
  8. The name
  9. The student (*m.*)
10. The student (*f.*)

B. Complete with a suitable noun:

  1. Il —— italiano
  2. La —— francese
  3. I —— inglesi
  4. Le —— gialle
  5. I—— rossi

  6. L' —— italiana
  7. Le —— tedesche
  8. I —— tedeschi
  9. Molti —— lunghi
10. Molte —— lunghe

C. Translate:

  1. Mary and John have many friends.
  2. Ann and Robert are Italian.
  3. Margaret and Charles speak French.
  4. We receive a postcard.
  5. You receive a letter.
  6. Their children are well.
  7. I do not understand all these words.
  8. We understand our lesson because it is easy.

D. Answer in Italian:

  1. Come sta, signorina (*o* signore)?
  2. Dov'è il Suo quaderno?
  3. Qual è il terzo mese dell'anno?
  4. Qual è la quarta stagione dell'anno?
  5. Di che colore è l'erba?
  6. Di che colore è Suo dizionario?
  7. Capisce (Lei) questa lezione?
  8. Capiscono (Loro) tutte le parole?
  9. Quanto fanno tredici più due?
10. Quanto fanno diciannove meno tre?

E. Translate:

1. In my box
2. On the tree
3. For the lady
4. In their garden
5. At your house
6. With our student (*m.*)
7. From the friend (*m.*)
8. Of his uncle
9. To the student (*f.*)
10. Of the master

F. Put the answers to Exercise E into the plural.

G. Write in letters:

28, 35, 49, 52, 69, 100, 460, 1000, 5800, 1,000,000, $\frac{2}{3}$, $\frac{1}{4}$, $\frac{3}{4}$, $\frac{1}{5}$.

H. Translate:

1. On the 6th of May
2. On the 1st of July
3. In 1949
4. This is the third watch I have bought.
5. This is the first time I have seen him.

I. Complete with a suitable adjective:

1. I ragazzi sono——
2. Le ragazze sono——
3. Questo giardino è——
4. Questa casa è——
5. Questi signori sono——

J. Translate:

1. I see the master, I see him.
2. We see the mistress, we see her.
3. Mary speaks to him.
4. John speaks to her.
5. The teachers speak to us.

SECTION TWO

LESSON XI

Formation of the Past Participle

To form the past participles of regular and some irregular verbs, change the infinitive endings as follows:

-*are* to -*ato*   -*ere* to -*uto*   -*ire* to -*ito*

e.g.   parlare, parlato   potere*† (*irr.*), potuto
        vendere, venduto   uscire* (*irr.*), uscito
        capire, capito

Note that the characteristic *e* of the verbs in the second conjugation has changed to *u*.

The compound tenses are formed by using one of the auxiliary verbs *avere* or *essere* together with the past participle. *Avere* is used in conjugating all transitive and some intransitive verbs.[1]

Perfect Tense

	PARLARE,	*to speak*	
ho	parlato	(*I spoke,*	Similarly:
hai	”	*I have spoken,*	VENDERE, ho venduto,
		etc.)	*etc.*
ha	”		CAPIRE, ho capito, *etc.*
abbiamo	”		
avete	”		
hanno	”		

Use of the Perfect Tense

The perfect tense expresses an action which happened in the past but has reference to the present, or an action whose effects are still lasting:

e.g.   Roberto ha venduto la casa.   *Robert has sold the house.*
        Oggi non ho ricevuto una lettera.   *I did not receive a letter today.*

---

[1]Transitive verbs are those which take an object, e.g. *comprare, vendere*, etc. Intransitive verbs are those used without an object, e.g. *arrivare, restare*, etc. Compare the footnote to **Past Participles** (*continued*) in Lesson XII.

NOTE. In the north of Italy, the perfect tense is used in preference to the past definite, which means that the use of the past definite, and therefore the important difference between the perfect and past definite, is virtually unknown at the spoken level (cf. Lesson XXIV).

Disjunctive Pronouns

me	*me*
te	*you*
lui *or* esso	*him, it*
lei *or* essa	*her, it*
Lei	*you*
sè	*himself, herself, itself, themselves*
noi	*us*
voi	*you*
loro *or* essi	*them*
loro *or* esse	*them*
Loro	*you*

These pronouns, except *lui*, *lei*, *loro* when used as emphatic subject pronouns (e.g. *lui* dice che, *he* says that . . . , *loro* dicono che, *they* say that . . .) usually follow the verb and are often separated from it by a preposition.

They are most commonly used:

(*a*) after prepositions:

   e.g. Ecco una lettera per me.   *Here is a letter for me.*
   Vado con lui.   *I am going with him.*

(*b*) when a verb has two direct or indirect objects:

   e.g. Abbiamo visto te e lei oggi.   *We saw (have seen) you and her today.*
   Parliamo a Lei ed a lui. *We are speaking to you and to him.*

(*c*) for emphasis:

   e.g. Questa cartolina è per loro, non per noi.   *This postcard is for them, not for us.*

Time—*l'ora*

In Italian the definite article precedes the hour:

e.g.   Che ora è ? *or* Che ore sono?   *What time is it?*
   É l'una.   *It is one o'clock.*

Sono le due.   *It is two o'clock.*

è is used only with one o'clock, midday and midnight; *sono* is
used with all the other hours.

e.g. È mezzogiorno.   *It is midday, noon.*
     È mezzanotte.   *It is midnight.*
BUT Sono le tre.   *It is three o'clock.*
     Sono le otto.   *It is eight o'clock.*

NOTE—Both the articles and the verb agree: in *è l'una, sono le
due*, etc., the articles are feminine singular *or* feminine plural, the
words *ora* and *ore* being understood.

alle tre e un quarto	*at* 3.15 *a.m./p.m.*	
alle tre meno un quarto	*at* 2.45 *a.m./p.m.*	*depending*
alle otto e mezzo	*at* 8.30 *a.m./p.m.*	*on*
(alle otto e mezza *is also acceptable*)		*context*
alle nove e venti	*at* 9.20 *a.m./p.m.*	

The twenty-four hour system is used in Italy in official
language, e.g. times of trains, theatre performances, etc., hence 4
p.m. is translated *sedici*, at 11 p.m. *alle ventitrè*.

e.g. Il treno arriva alle diciannove e dieci.   *The train arrives at*
     7.10 *p.m.*

VOCABULARY

il teatro	theatre	lo strumento	instrument
la giornata	day (*the whole day*)	il pianoforte	piano
		il violino	violin
la festa	birthday party, public holiday	il violoncello	cello
		il tenore	tenor
l'onomàstico	saint's day *or* name day	il soprano	soprano
		il basso	bass
il compleanno	birthday	il bis	encore
il biglietto	tícket	due volte	twice
il posto	seat *or* place	bravo	clever, able
l'*o*pera	opera	vero	true, real
il secondo	second	suonare	to play (*an instrument*)
il silenzio	silence		
il direttore		giocare	to play (*a game*)
d'orchestra	the conductor	guardare	
la direzione	direction	attorno	to look around
la sorpresa	surprise	potere* † (*irr.*)	to be able
		uscire* (*irr.*)	to go out

salutare	to greet, to say hello to	chiamare	to call
		già	already

AL TEATRO

Oggi è una bella giornata per Maria Bertipacini perchè è il suo onomastico. I suoi genitori hanno comprato i biglietti per l'opera, e hanno invitato Margherita, l'amica della loro figlia. Alle otto, tutti e quattro vanno insieme al teatro. L'opera comincia alle nove meno venti, e finisce a mezzanotte.

Eccoli ora ai loro posti; guardano attorno alla vasta sala, vedono amici e li salutano. L'opera che danno è la *Norma* di Vincenzo Bellini.

Dopo alcuni secondi di silenzio, l'orchestra, sotto la direzione del direttore, comincia a suonare. I genitori di Maria hanno già sentito quest' opera ma per Maria e la sua amica è una vera e bella sorpresa.

EXERCISES

A. Answer the following:

1. Chi ha comprato i biglietti per l'opera?
2. Perchè?
3. Come si chiama l'amica di Maria?
4. Dove vanno tutti e quattro?
5. Quale opera vanno a vedere?
6. Di chi è quest'opera?
7. Chi ha già visto la *Norma*?
8. Ha visto un'opera italiana, Lei?
9. Canta Lei?
10. Suona uno strumento?
11. A che ora comincia l'opera?
12. E a che ora finisce?

B. Give the past participle of:

1. finire
2. cantare
3. partire
4. ricevere
5. potere
6. suonare
7. vendere
8. servire
9. credere
10. giocare

C. Translate:

1. I have not bought the tickets for them.
2. We have sold the house to you, not to him.
3. Robert has received a letter today from her.
4. Charles and Peter received a postcard from us.
5. I have finished my lunch.
6. This child has not understood the opera.
7. Have you (*pl.*) heard this tenor?
8. These children have spoken Italian to me.
9. Mario has bought a piano.
10. My mother has invited some friends.

D. Translate:

1. La signora apre il libro e lo legge.
2. Il signore compra una macchina per loro.
3. Noi abbiamo ricevuto due cartoline da lui.
4. Margherita ha suonato il violino per noi.
5. Il mio onomastico è il 15 agosto.
6. Ma il mio compleanno è il 6 ottobre.
7. Questo direttore d'orchestra è molto bravo.
8. Chi ha sentito quest'opera?

LESSON XII

Past Participles (*continued*)

The past participle of *avere* is *avuto*, and that of *essere* is *stato*. As already stated, *avere* is used to form the compound tenses of all transitive and some intransitive verbs. *Essere* is used with most intransitive verbs, all reflexive verbs and the verb *essere* itself.[1]

NOTE.—The past participles of verbs conjugated with *essere* (apart from reflexive verbs) always agree with the subject in gender and number:

e.g.	Il ragazzo è arrivato.	*The boy has arrived.*
	La ragazza è arrivata.	*The girl has arrived.*
	I ragazzi sono arrivati.	*The boys have arrived.*
	Le ragazze sono arrivate.	*The girls have arrived.*

NOTE.—The modal verbs *dovere* (to have to), *volere* (to want) and *potere* (to be able to)—cf. the verb list, Appendix 7—are variably conjugated in the perfect and other compound tenses, i.e. they take *avere* or *essere* according to the conjugation of the verb with which they are used:

[1]The following are examples of verbs conjugated with *essere* in the compound tenses. Note that many of these are verbs of motion.

andare	*to go*	partire	*to depart*
arrivare	*to arrive*	restare	*to remain, stay*
cadere	*to fall*	rimanere (*p.p.*rimasto) *to remain*
diventare	*to become*	salire	*to go up*
entrare	*to enter*	scendere (*p.p.*sceso) *to descend*
morire (*p.p.* morto) *to die*		uscire	*to go out*
nascere (*p.p.* nato) *to be born*		venire (*p.p.* venuto) *to come*

Verbs like *correre, vivere, saltare, passare* take *essere* when the sense is intransitive (cf. *Siamo vissuti in Italia*/We have lived in Italy; *Sono saltato in aria*/I jumped in the air; *Le ragazze sono passate di qua*/The girls came this way); and *avere* when the sense is transitive, i.e. when the verb takes a direct object (cf. *Maria ha vissuto una vita interessante*/Mary has lived an interesting life; *Giovanni ha saltato la siepe*/John jumped the hedge; *Hai passato molto tempo in Italia?*/Have you spent a lot of time in Italy?) In practice, however, sentences like *Abbiamo vissuto in Italia* or *Ho saltato in aria* are often heard, even in "cultured" circles. The student is reminded that such verbs, as well as modals, are marked* † in the vocabulary lists of the lessons, and in the general vocabularies and verb lists at the back of the book.

e.g.   Hai dovuto compare una macchina nuova.
       You had to buy a new car.
BUT   Siete dovuti partire presto.
       You (m.pl.) had to leave early.

In the first example *dovere* is conjugated with *avere* because *comprare* takes *avere* in its compound tenses; while *partire* in the second example is conjugated with e*ssere*, so that the modal also takes e*ssere*.

When the verb is conjugated with *avere*, the past participle may or may not agree with its direct object. It does not normally agree when the object follows the verb (i.e. *Ho comprata la macchina* may be heard at the popular level but is, strictly speaking, incorrect), it usually agrees when the object precedes the verb; it must always agree when the direct personal pronoun precedes the verb.

e.g.   Abbiamo comprato una casa.   *We have brought a house.*
       Ecco la casa che abbiamo comprato (comprata *is possible but less common*).   *Here is the house we have bought.*

The past participle may be used adjectivally, in which case it is known as a verbal adjective. It then follows the same rules of agreement as an adjective:

e.g.   le vacanze passate a Roma   *the holidays spent in Rome*
       i libri scritti dal Manzoni   *the books written by Manzoni*

Perfect Tense of the Auxiliaries

AVERE		ESSERE	
ho avuto	*I have had,*	sono stato (a)	*I have been,*
hai avuto	etc.	sei stato (a)	etc.
ha avuto		è stato (a)	
abbiamo avuto		siamo stati (e)	
avete avuto		siete stati (e)	
hanno avuto		sono stati (e)	

Perfect Tense of Reflexive Verbs

LAVARSI, *to wash oneself*

mi sono lavato (a)	*I washed (myself),* etc.
ti sei lavato (a)	
si è lavato (a)	Similarly:

ci siamo lavati (e)   DIVERTIRSI, *to enjoy oneself:*
vi siete lavati (e)   mi sono divertito (a), *etc.*
si sono lavati (e)

The past participle of reflexive verbs usually agrees with the direct object.

In the negative and the interrogative forms *non* precedes the reflexive pronoun:

e.g. Non mi sono divertito (a).   *I did not enjoy myself*, etc.
      Non ti sei divertito (a).
      Non si è divertito (a).
      Non ci siamo divertiti (e).
      Non vi siete divertiti (e).
      Non si sono divertiti (e).
      Non mi sono divertito (a) io?   *Did I not enjoy myself*, etc.
      Non ci siamo divertiti (e) noi?   *etc.*

NOTE. Since all reflexive verbs are conjugated with *essere* in the compound tenses, it follows that the modal verbs (cf. Note on modals under **Past Participles** (*continued*)) will automatically take *essere* when used with reflexives:

e.g. Ci siamo dovuti(e) alzare.   *We had to get up.*
      Si sono voluti(e) divertire.   *They wanted to enjoy themselves.*

However, forms such as *Hanno voluto divertirsi* and *Abbiamo dovuto alzarci* are not wrong, and are often used. For a more detailed analysis of reflexive verbs and their agreement, cf. Appendix 1.

Position of Adjectives (*continued*)

Most adjectives, as already stated in Lesson III, follow the noun they qualify. There are, however, adjectives of common use which usually precede the noun, unless they are modified by an adverb or used emphatically. Here is a list of these adjectives.

bello	*beautiful*	lungo	*long*
brutto	*ugly*	corto, breve	*short*
grande	*big*	giovane	*young*
piccolo	*small, little*	vecchio	*old*
buono	*good*	ricco	*rich*
cattivo	*bad, naughty*	povero	*poor*
santo	*holy*		

Some adjectives vary in meaning according to their position:

e.g.	un grand'uomo	*a great man*
BUT	un uomo grande	*a tall man*
	una povera donna	*an unfortunate woman*
BUT	una donna povera	*a poor woman*

Irregular Adjectives

The adjectives

bello	*beautiful, lovely, fine*
buono	*good*
grande	*big, great*
santo	*saint*

undergo various changes when they precede the noun.

Bello has similar forms to the definite article:

e.g.	un bel cavallo	*a beautiful horse*
	una bella rosa	*a beautiful rose*
	un bell'albero	*a lovely tree*
	una bell'isola	*a beautiful island*
	(*although* una bella isola *is acceptable*)	
	un bello specchio	*a lovely mirror*
	due bei bambini	*two beautiful children*
	due belle rose	*two beautiful roses*
	due begli alberi	*two lovely trees*

Buono in the singular has forms similar to those of the indefinite article, but it is quite regular in the plural forms:

e.g.	un buon ragazzo	*a good boy*
	una buona ragazza	*a good girl*
	una buon'amica	*a good friend* (*f.*)
	(*although* una buona amica *is acceptable*)	
	un buon amico	*a good friend* (*m.*)
	un buono stipendio	*a good salary*
BUT	due buoni ragazzi	*two goods boys*

Grande and *santo* become *gran* and *san* before a masculine noun in the singular beginning with any consonant except *s* impure or *z*, in which case its full form is kept (*San Zeno* being a notable exception). They become *grand'* and *sant'* before a noun beginning with a vowel (note that *grande* is often found in its full form, no matter what the noun following: *un grande favore*, etc.; this is quite common, and perfectly acceptable, especially at the spoken level and/or when it is done for emphasis.)

e.g.		
	un gran favore	*a great favour*
	un grande scrittore	*a great writer*
	un grand'albero	*a large tree*
	una grand'epoca	*a great epoch*
	Sant'Antonio	*St. Anthony*
	San Pietro	*St. Peter*
	Santo Stefano	*St. Stephen*
	Sant'Anna	*St. Anne*

Santo, however, is not irregular when it means "holy" or "blessed":

e.g.		
	il santo Padre	*the Holy Father (the Pope)*
	Disputano tutto il santo giorno	*They argue the whole blessed day*

NOTE. These adjectives are always written in their full form when they come after the noun they qualify or are separated from it.

e.g.	Ecco un bel duomo.	*Here is a beautiful cathedral.*
BUT	Questo duomo è bello.	*This cathedral is beautiful.*
	Questo duomo è molto bello.	*This cathedral is very beautiful.*

VOCABULARY

la fattoria	farm	la stalla	cow-shed
alla fattoria	on the farm	il bue, *pl.* buoi	ox, *pl.* oxen
il parente	relation	la mucca	cow
il marito	husband	il maiale	pig
la moglie, *pl.* mogli	wife	il mulo	mule
il cognato	brother-in-law	l'asino	ass, donkey
la cognata	sister-in-law	l'oca	goose
il (la) cugino (-a)	cousin	l'anatra	duck
il contadino	peasant, farm worker	il gallo	cock
		la gallina	hen
il cavallo	horse	il pulcino	chick
il cane	dog	il coniglio	rabbit
il gatto	cat	la partenza	departure

l'animale domestico	domestic animal	seguire	to follow
ogni tanto	every now and again	il campo	field
		il legno	wood
		la legna	firewood (*collective*)
mentre	while, whilst	il genero	son-in-law
dappertutto	everywhere	la nuora	daughter-in-law
conversare } chiacchierare }	to converse, chat	aiutare	to help
		notare	to note, to notice

ALLA FATTORIA

Il signor Moscari, fratello del padre di Carlo, abita in campagna con sua moglie e i loro due figli Roberto e Pietro. Hanno una fattoria, e ogni tanto Carlo ed i suoi genitori passano una giornata con i loro parenti. Mentre la madre di Carlo conversa con sua cognata e il padre visita la fattoria, i tre ragazzi si divertono insieme. I due cani, Pilù e Buffi, li seguono dappertutto. A questa fattoria ci sono oche, anatre, galline, pulcini, conigli e gatti. I ragazzi visitano le stalle dove sono le mucche, poi vedono i maiali. Notano i buoi che lavorano nei campi ed i muli che portano la legna. Parlano con i contadini che incontrano. Che bella giornata! Carlo è sempre un po' triste quando arriva l'ora di partire per la città.

EXERCISES

A. Answer in Italian:

1. Chi è il signor Moscari?
2. Abita in città?
3. Come si chiamano i suoi due figli?
4. Dove passano una giornata, ogni tanto, Carlo e i suoi genitori?
5. Che fa la madre di Carlo?
6. Che fa suo padre?
7. Che fanno i tre ragazzi?
8. Chi lavora bene nei campi?
9. Ha capito bene questa lezione?
10. Chi ha capito ogni parola?

B. (a) Put the correct form of *buono* in front of the following nouns:

    1. —— amico   4. —— amiche
    2. —— amici   5. —— ragazzo
    3. —— amica

(b) Put the correct form of *grande* in front of the following:

    1. Il —— edificio   4. Una —— biblioteca
    2. La —— sala   5. Due —— uccelli
    3. Un —— viaggio

C. Translate:

1. We do not live in the country.
2. Robert's father has a farm.
3. He has horses, cows, pigs and many other domestic animals.
4. This little dog follows me everywhere.
5. This donkey is called Morella.
6. There are many rabbits on this farm.
7. The children enjoyed themselves.
8. They have helped their father.
9. They got up early this morning.
10. The peasants have worked well today.

D. (a) Complete with the correct form of *bello*:

    1. Un —— cielo   4. Delle —— rose
    2. Una —— bambina   5. Un —— uccello
    3. Dei —— fiori

(b) Complete with the correct form of *santo*:

    1. —— Rita   4. —— Stefano
    2. —— Giuseppe   5. —— Elisabetta
    3. —— Antonio

E. Translate the words in brackets:

1. I cavalli (*that*) vediamo.
2. La ragazza (*who*) lavora bene.
3. Lo zio (*with whom*) parliamo.
4. I fiori (*that*) vedo.
5. La contadina (*of whom*) parlano.

6. L'uccello (*that*) guardo.
7. La zia (*from whom*) ho ricevuto la lettera.
8. La signora (*to whom*) ho mandato una cartolina.
9. I ragazzi (*who*) abitano in campagna.
10. I cani (*that*) sono davanti alla porta.

F. Write in full the perfect tense of the following verbs:

    parlare   ricevere   partire

Il Secondo Gioco dell' Alfabeto

This time the definitions are in Italian, but the answers to the definitions will be in alphabetical order:

1. L'ottavo mese dell'anno   a . . . . . .
2. Il contrario di *alto*   b . . . . . .
3. Un numero cardinale   c . . . . . .
4. Una chiesa importante   d . . . . . .
5. Una stagione dell'anno   e . . . . . .
6. Il contrario di *difficile*   f . . . . . .
7. Nome di un ragazzo   g . . . . . .
8. Gli abitanti d'Italia   i . . . . . .
9. Il contrario di *corto*   l . . . . . .
10. Nome di una ragazza   m . . . . . .
11. Un numero ordinale   n . . . . . .
12. Il decimo mese dell'anno   o . . . . . .
13. Una stagione dell'anno   p . . . . . .
14. Quanto fanno trenta più dieci?   q . . . . . .
15. Un fiore   r . . . . . .
16. Un giorno della settimana   s . . . . . .
17. Quanti giorni ci sono nel mese d'aprile?   t . . . . . .
18. Quanto fanno sedici meno cinque?   u . . . . . .
19. Un colore   v . . . . . .
20. Un parente   z . . . . . .

LESSON XIII

Demonstrative Adjectives

There are three demonstrative adjectives:

Questo	this
Codesto	that
also written *cotesto*	
Quello	that
Questo	usually refers to somebody or something near the person who is speaking.
Codesto	refers to somebody or something near the person spoken to (but it is rarely used nowadays except in Tuscany).
Quello	refers to somebody or something far from both the person who is speaking and the person spoken to.

Questo and *codesto* drop the final vowel and take the apostrophe before a noun in the singular beginning with a vowel.

e.g.		
	questo libro	*this book*
	quest'alunno (alunna)	*this pupil*
	codesto quaderno	*that exercise book*
	codest'inchiostro	*that ink*

Quello has various forms similar to those of the definite article and the adjective *bello* (see Lesson XII):

e.g.		
	quel ragazzo	*that boy*
	quella ragazza	*that girl*
	quell'alunno (alunna)	*that pupil*
	quello studente	*that student*
	quei libri	*those books*
	quelle signore	*those ladies*
	quegli alunni } quelle alunne }	*those pupils*
	quegli studenti	*those students*
	quegli zii	*those uncles*

Irregular Verbs—*tenere, dire*

As already stated, there are only four irregular verbs ending in -*are*, viz:

andare*	*to go, p.p.* andato
dare	*to give, p.p.* dato
fare	*to do, make, p.p.* fatto
stare*	*to be, stay, p.p.* stato

Having studied the present indicative of the four irregular verbs ending in -*are* (see pages 68–9), now let us study some in -*ere* and -*ire*.

PRESENT INDICATIVE

TENERE, *to hold* (*p.p.* tenuto)   DIRE, *to say, tell* (*p.p.* detto)

tengo	dico
tieni	dici
tiene	dice
teniamo	diciamo
tenete	dite
tengono	dicono

Many of the irregular verbs ending in -*ere* and -*ire* are only irregular in certain tenses.

The verbs *leggere*, to read; *scrivere*, to write; *aprire*, to open and *chiudere*, to shut, are quite regular in the present tense, but have very irregular past participles:

leggere,	*p.p.* letto
scrivere,	*p.p.* scritto
aprire,	*p.p.* aperto
chiudere,	*p.p.* chiuso

All these verbs except *andare** and *stare** are conjugated with *avere* in the compound tenses.

e.g. Sono andato a casa ed ho letto un libro.
     I went home and read a book.
Ho scritto la lettera e ne sono stato contento.
     I wrote the letter and was pleased with it.

VOCABULARY

il Lago Maggiore	Lake Maggiore	numeroso	numerous
il Lago di Como	Lake Como	specialmente	especially
il Lago di Garda	Lake Garda	forte	strong, bright
la vista	view	profondo	deep
la gita, il giro	tour, excursion	preferibile	preferable
il vaporetto	steamer	che . . .!	what a . . .!
la macchina, l'automobile (f.)	car	quanti(e)! (in exclamations)	what a lot of . . .!
in macchina	by car	splendere* †	to shine
il pullman	coach, touring car	leggere (p.p. letto)	to read
in pullman	by coach	scrivere (p.p. scritto)	to write
la galleria	tunnel, arcade		
la luce	light	dire (p.p. detto)	to say, tell
il cielo	sky	aprire (p.p. aperto)	to open
il caldo	heat		
il tramonto	sunset	tenere (p.p. tenuto)	to hold
il pomeriggio	afternoon		
la sera	evening	chiudere (p.p. chiuso)	to shut, close
stasera	this evening		
intorno a	around	si (pron. indef.)	one, people, they
lontano da	far from	attraverso	through

I LAGHI

In Italia ci sono molti bei laghi, grandi e piccoli. Non lontano da Milano i tre laghi più importanti si chiamano Lago Maggiore, Lago di Como, e Lago di Garda. La vista delle montagne intorno al Lago di Garda è magnifica. Si fanno belle gite con il vaporetto sul lago, o in macchina sulla strada attraverso le numerose gallerie. Quanti bei giardini con begli alberi e fiori di molti colori! La luce è forte, il bel sole splende nel cielo azzurro ed è un piacere essere vicino all'acqua. Molti fanno gite in pullman. Con il gran caldo che fa nei mesi estivi è sempre preferibile partire la mattina presto, riposarsi durante le ore calde del pomeriggio e ritornare la sera. Spesso ci sono tramonti magnifici, specialmente nei mesi di agosto e di settembre. Siamo sempre contenti di vedere un bel tramonto.

EXERCISES

A. Translate the reading passage *I Laghi*.

B. Translate:

1. That lake is deep.
2. These steamers are not very big.
3. We have seen many beautiful flowers.
4. The sunset is beautiful this evening.
5. Have you seen Lake Garda?
6. No, but I have been to Lake Maggiore.
7. Today we are going to Lake Como.
8. It is a pleasure to visit the three lakes.
9. What a blue sky!
10. What a lot of tunnels!
11. That rose, near you, is beautiful.
12. The light is not bright today.

C. Give the third person singular of the present and perfect tense of the following verbs:

1. andare   6. scrivere
2. dare   7. dire
3. fare   8. aprire
4. stare   9. tenere
5. leggere   10. finire

D. Translate:

1. Il sole è stato forte oggi.
2. Il tramonto è magnifico stasera.
3. Ho fatto una gita in pullman.
4. Dov'è stato Lei?
5. Intorno al lago.
6. Ha letto il giornale?
7. Sì, l'ho letto questo pomeriggio.
8. Carlo ha scritto tre cartoline.
9. Caterina ha aperto la finestra.
10. Noi abbiamo dato la lettera alla signora.
11. Che cosa ha detto Maria?
12. Che cosa ha detto, Maria?

E. Answer the following twenty questions on grammar:

1. How many letters are there in the Italian alphabet?
2. How many genders are there?
3. How do masculine nouns ending -o and -e form their plurals?
4. How do masculine nouns ending in -io form their plurals?
   Give examples.
5. What are the different forms of the definite article?
6. What are the different forms of the indefinite article?
7. How many forms has an adjective ending in -o?
   Give examples.
8. How many forms has an adjective ending in -e?
   Give examples.
9. How do nouns and adjectives ending in -co and -go form their
   plurals? Give examples.
10. How many conjugations of verbs are there in Italian?
    Give an example of each.
11. Is the present indicative of verbs ending in -ire the same for all
    verbs?
12. Name the subject pronouns.
13. In Italian are the subject pronouns always expressed?
14. Give all the contracted forms of the prepositions da and the
    definite article.
15. Which two prepositions are used separately, or may only be
    contracted with il and i?
16. Name the masculine possessive adjectives and pronouns in
    the singular and plural.
17. Name the feminine possessive adjectives and pronouns in the
    singular and plural.
18. Name the reflexive pronouns, and two reflexive verbs.
19. How are the past participles of regular verbs formed?
20. Name the only four irregular verbs ending in -are.

LESSON XIV

Future Tense

To form the future tense, and the conditional which will be studied later, certain endings are added to the infinitive less the final vowel. Regular verbs ending in -*are* undergo a slight change, viz. the *a* of the infinitive ending is changed to *e*. The endings of the future tense of all verbs, regular and irregular, are the same, and are as follows:

First person singular	-ò
Second person singular	-ai
Third person singular	-à
First person plural	-emo
Second person plural	-ete
Third person plural	-anno

Note the grave accent on the First and Third persons singular.

Now let us study the future tense of the three model verbs.

FUTURE TENSE

PARLARE		VENDERE	
parlerò	*I shall* or *will*	venderò	*I shall* or *will*
parlerai	*speak*, etc.	venderai	*sell*, etc.
parlerà		venderà	
parleremo		venderemo	
parlerete		venderete	
parleranno		venderanno	

CAPIRE	
capirò	*I shall* or *will understand*, etc.
capirai	
capirà	
capiremo	
capirete	
capiranno	

Some verbs have a slight irregularity in the future (and conditional) tense:

	andare*	*to go*	andrò
	vedere	*to see*	vedrò
	potere* †	*to be able*	potrò
also	avere	*to have*	avrò

Essere is very irregular; it changes the stem completely and becomes *sarò* (see below).

The other three irregular verbs in *-are* do not change the letter *a* to *e*:

dare	*to give*	darò
fare	*to do, make*	farò
stare*	*to be*	starò

Future Tense of the Auxiliaries

AVERE		ESSERE	
avrò	*I shall* or *will*	sarò	*I shall* or *will*
avrai	*have*, etc.	sarai	*be*, etc.
avrà		sarà	
avremo		saremo	
avrete		sarete	
avranno		saranno	

Use of the Future Tense

(a) As in English, it is used to denote what is going to happen. Whereas in English the future idea is often conveyed by the present tense, in Italian the future tense must be used.

e.g. *When I am rich, I shall buy a beautiful house.*
   Quando sarò ricco, comprerò una bella casa.
   If Charles writes to me at the end of the month I will reply to him.
   Se Carlo mi scriverà alla fine del mese io gli risponderò.
(Note, however, the conversational *Ci vado stasera.* Also, at the spoken level, a sentence like *Se Carlo mi scrive alla fine del mese io gli risponderò* is acceptable.)

(b) It is used to express what is probable:

e.g. *This coffee is too strong (probably) for you, Charles.*
   Questo caffè sarà troppo forte per te, Carlo.

Irregular Verbs—*andare, dare, are, stare*

PRESENT INDICATIVE

POTERE, *to be able, p.p.* potuto

posso   *I am able, I can, I may,* etc.
puoi
può
possiamo
potete
possono

Note the grave accent on the third person singular.

VOLERE, *to want, to be willling, p.p.* voluto

voglio   *I want, I am willing,* etc.
vuoi
vuole (*or* vuol)
vogliamo
volete
vogliono

NOTE.—The *e* in *vuole* may be omitted:
> e.g.   Vuole (*or* vuol) venire con me?
>   *Do you want to come with me?*
>   Vuol aspettarmi un momento?
>   *Will you wait for me a moment?*
>   Egli vuol stare a casa.
>   *He wants to stop at home.*

The future of *volere* is *vorrò, vorrai,* etc.

VENIRE, *to come, p.p.* venuto

vengo   *I come, I am coming,* etc.
vieni
viene
veniamo
venite
vengono

The future of *venire* is *verrò, verrai,* etc. (see page 143).
Verbs in *-ciare* and *-giare* drop the *i* before *e* or *i*:

> e.g.   COMINCIARE   *to begin*
>   io comincio

BUT tu cominci, noi cominceremo, *etc*.
    VIAGGIARE   *to travel*
    io viaggio
BUT tu viaggi, noi viaggeremo, *etc*.

VOCABULARY

il viaggio	journey	potere* †	to be able
il passaporto	passport	volere* †	to want
l'itinerario	itinerary	venire* (*p.p.*	to come
il saluto	greeting	venuto)	
la fine	end	sapere (*irr*.)	to know; *so*, I
in ordine	in order		know
ecco perchè	that is why	contento	pleased
libero	free	essere occupati	
ultimamente	lately, recently	(*or* indaffarati	
sinceramente	sincerely	*or* impegnati,	
viaggiare	to travel	cf. Appendix 3,	
preparare	to prepare, get	note 1)	to be busy
	ready	l'ufficio	office
cominciare	to begin	domani	tomorrow
decidere (*p.p.*	to decide	se	if
deciso)			

UNA LETTERA

43, Albert Square,
Londra.
4 aprile 1960.

Caro Mario,

Non ho potuto visitarla ultimamente perchè sono stato molto occupato, ecco perchè le scrivo questa lettera.

Quando avrà le vacanze? Le mie cominceranno alla fine di luglio, avrò tre settimane quest'anno; e lei, quante settimane avrà?

Ho deciso di fare un altro viaggio in Italia ed ho già preparato un bell'itinerario. Potrà venire con me? So che ha sempre voluto fare un secondo viaggio in Italia.

È in ordine il suo passaporto? Io sarò in città questo sabato, e se lei sarà libero potremo parlare insieme delle nostre vacanze.

Uscirò dal mio ufficio a mezzogiorno e un quarto.

Tanti saluti a lei ed alla sua famiglia.

Sinceramente suo,
Giovanni.

EXERCISES

A. Answer in Italian:

1. Chi ha scritto una lettera?
2. A chi è scritta?
3. Perchè Giovanni non ha potuto visitare il suo amico?
4. Quando avrà le vacanze Giovanni?
5. Quante settimane avrà?
6. Che cosa ha deciso di fare?
7. Che cosa ha preparato?
8. Quando sarà in città?
9. A che ora?
10. A chi manda i suoi saluti?

B. Complete with the future of the verb in brackets, then translate:

1. Noi (parlare) italiano.
2. Carlo (ricevere) una cartolina.
3. Lei non (capire) questa lettera.
4. Roberto e Mario (avere) una vacanza.
5. Io non (essere) a Londra domani.

C. Replace the dash by a subject pronoun and then translate:

1. —— venderò la macchina.
2. —— compreremo una casa.
3. —— finirai la lettera domani.
4. —— sarete occupati.
5. —— potrà capire questa lezione.

D. Translate:

1. Mario and John will go to Italy.
2. They will travel together.
3. My holidays begin today.
4. I am going to London tomorrow.
5. John is able to speak (= sa parlare) Italian very well.

6. I can speak (= *so parlare*) a little.
7. The passport is not in order.
8. We have decided to stay at home.
9. Do you want to read this letter?
10. No, thank you, I am too busy.
11. When I am famous I shall be happy.
12. When they see him they'll say hello (= *salutare*).
13. If you win, will you celebrate (= *festeggiare*)?

E. Give the first person singular of the perfect and future tenses of the following verbs:

1. preparare	6. potere
2. credere	7. viaggiare
3. finire	8. andare
4. avere	9. fare
5. essere	10. dare

LESSON XV

Conditional Tense

The conditional tense, as already stated in the previous lesson, is formed from the infinitive less the final vowel. The following endings are then added to the infinitive:

First person singular	-ei
Second person singular	-esti
Third person singular	-ebbe
First person plural	-emmo
Second person plural	-este
Third person plural	-ebbero

Note the double *m* of the first person plural which distinguishes it from the first person plural of the future tense.

As in the future tense, the *a* of the infinitive of regular verbs in -*are* must be changed to *e*.

Now let us study the conditional tense of the three model verbs.

CONDITIONAL TENSE

PARLARE		VENDERE	
parlerei	*I should* or	venderei	*I should* or
parleresti	*would speak,*	venderesti	*would sell,* etc.
parlerebbe	etc.	venderebbe	
parleremmo		venderemmo	
parlereste		vendereste	
parlerebbero		venderebbero	

CAPIRE	
capirei	*I should* or *would understand,* etc.
capiresti	
capirebbe	
capiremmo	
capireste	
capirebbero	

The conditional of the auxiliaries *avere* and *essere* has the same stem as that of the future, *avr-* and *sar-*; and to these stems the endings of the conditional, which are the same for all verbs, are added:

AVERE		*ESSERE*	
avrei	*I should* or	sarei	*I should* or
avresti	*would have,*	saresti	*would be,* etc.
avrebbe	etc.	sarebbe	
avremmo		saremmo	
avreste		sareste	
avrebbero		sarebbero	

Some Geographical Terms

COUNTRIES

		INHABITANTS	
L'Inghilterra	*England*	Gl'Inglesi	*English*
La Francia	*France*	I Francesi	*French*
L'Italia	*Italy*	Gl'Italiani	*Italians*
La Svizzera	*Switzerland*	Gli Svizzeri	*Swiss*
La Spagna	*Spain*	Gli Spagnoli	*Spaniards*
La Germania	*Germany*	I Tedeschi	*Germans*
Il Portogallo	*Portugal*	I Portoghesi	*Portuguese*
L'America	*America*	Gli Americani	*Americans*
La Russia	*Russia*	I Russi	*Russians*

CAPITALS

Londra	*London*	Madrid	*Madrid*
Parigi	*Paris*	Berlino	*Berlin*
Roma	*Rome*	Lisbona	*Lisbon*
Berna	*Berne*	Mosca	*Moscow*

NOTE.—All cities except *il Cairo* are feminine.

CARDINAL POINTS

Nouns:		Adjectives:	
il nord *or* settentrione	*North*	settentrionale	*northern*
il sud *or* mezzogiorno *or* meridione	*South*	meridionale	*southern*
l'est, il levante *or* l'oriente	*East*	orientale	*eastern*
l'ovest, il ponente *or* l'occidente }	*West*	occidentale	*western*

VOCABULARY

abitare	to live, dwell	la Banca Commerciale	Commercial Bank
la risposta	reply		
la guida* } il cicerone	guide	ottimo	excellent
		valido	valid
una volta	once	distinti saluti	kind regards
il luogo } il posto	place	dunque	therefore, then
		dunque	therefore, then
il paese	country, town, village	a sabato!	till Saturday
il punto cardinale	cardinal point	prossimo	next
		scorso	last
la Riviera di Ponente	western Riviera	ancora	still, yet
		Genova	Genoa
la Riviera di Levante	eastern Riviera	stamani or stamattina	this morning
aspettare	to wait for	i genitori	parents
la porta principale	main door	i parenti	relations

*The noun *guida* (*like* persona/*person, and* vittima/*victim*) is always feminine, even when referring to a man.

LA RISPOSTA

25, Trafalgar Street,
Londra.
9 aprile 1960.

Caro Giovanni,

Grazie della sua lettera che ho ricevuta stamattina. Quest'anno ancho'io avrò le vacanze alla fine di luglio e sarò molto contento di venire con lei in Italia.

Lei ha visitato tante belle città e così sarebbe, per me, un'ottima guida. Il mio passaporto è valido ancora per due anni.

È vero che sono stato una volta in Italia, ma ho visitato soltanto la Riviera di Ponente ed alcuni bei posti fra Ventimiglia e Genova; non sono stato ancora nelle altre città.

Sarò libero, anch'io, sabato prossimo, dopo mezzogiorno, e l'aspetterò davanti alla porta principale della Banca Commerciale. Potrebbe mangiare con me? Così avremmo molto tempo per parlare delle vacanze estive. A sabato dunque!

Distinti saluti ai suoi genitori ed a lei,

Mario.

EXERCISES

A. Answer the following:

1. Chi ha ricevuto una lettera?
2. È stato in Italia Mario?
3. Chi sarebbe una buona guida per lui?
4. Quando sarà libero?
5. Dove aspetterà il suo amico?
6. Che potrebbero fare tutti e due?
7. A chi manda dei saluti?
8. Qual è la capitale dell'Inghilterra?
9. Dove abita il signor Mario?
10. Dove abita Lei?

B. Translate:

1. The English speak English.
2. The French speak French.
3. The Italians speak Italian.
4. The Germans speak German.
5. The Spaniards speak Spanish.
6. Madrid is the capital of Spain.
7. Berne is the capital of Switzerland.
8. Paris is the capital of France.
9. Rome is the capital of Italy.
10. The four cardinal points are North, South, East, West.

C. (a) Translate:

il settentrione   il mezzogiorno   l'oriente
l'occidente   centrale

(b) Put into the plural:

un Tedesco   un Inglese
uno Spagnolo   uno Svizzero
un Francese   un Americano

D. Translate:

1. I have not received a letter today.
2. We would be pleased.
3. I would be able to come.
4. They would receive a postcard.

5. We send our greetings to all.
6. This bank is very big.
7. That bank is small.
8. I have only seen one newspaper today.
9. The western Riviera is very beautiful.
10. We will not visit the eastern Riviera this time.

E. Write the conditional of:

(a) cantare   (b) ricevere   (c) finire
        (d) avere   (e) essere

Irregular Plurals of Nouns

There are some nouns, mostly of Greek origin, which end in *-ca*, *-ta*, *-ma* or *-ga*, and which are masculine, forming their plural in *-i*:

e.g.

il duca	*the duke*	→	i duchi
il poeta	*the poet*	→	i poeti
il poema	*the epic poem*	→	i poemi
il collega	*the colleague*	→	i colleghi

Note also:

il Papa	*the Pope*	→	i Papi

There are nouns ending in *-ista* which are of both genders; these have a masculine plural in *-i* and a feminine plural in *-e*:

e.g.

il pianista	*the pianist (m.)*	→	i pianisti
la pianista	*the pianist (f.)*	→	le pianiste
un artista	*an artist (m.)*	→	degli artisti
un'artista	*an artist (f.)*	→	delle artiste

NOTE.—*Poesia* is the normal word for a shorter, non-epic poem, and for poetry in general.

The 20 Regions of Italy

Italy is divided into 20 regions, each of which has its chief town.

LE REGIONI, *the regions*   I CAPOLUOGHI, *the chief towns*

L'Italia settentrionale, *Northern Italy*

1. Il Piemonte	*Piedmont*	Torino	*Turin*
2. Val d'Aosta	*Valle d'Aosta*	Aosta	*Aosta*
3. La Liguria	*Liguria*	Genova	*Genoa*
4. La Lombardia	*Lombardy*	Milano	*Milan*
5. L'Emilia-Romagna	*Emilia*		
	Romagna	Bologna	*Bologna*
6. Il Trentino-Adige	*Trentino*	Trento	*Trent*
7. Il Veneto	*Venetia*	Venezia	*Venice*
8. Il Friuli-Venezia Giulia	*Venezia*		
	Giulia	Trieste	*Trieste*

L'Italia centrale, *Central Italy*

9. La Toscana	*Tuscany*	Firenze	*Florence*
10. Le Marche	*The Marches*	Ancona	*Ancona*
11. L'Umbria	*Umbria*	Perugia	*Perugia*
12. Il Lazio	*Latium*	Roma	*Rome*
13. Gli Abruzzi	*Abruzzi*	L'Aquila	*Aquila*
14. Il Molise	*Molise*	Campobasso	*Campobasso*

L'Italia meridionale, *Southern Italy*

15. La Campania	*Campagna*	Napoli	*Naples*
16. La Basilicata	*Basilicata*	Potenza	*Potenza*
17. La Puglia *or* Le Puglie	*Apulia*	Bari	*Bari*
18. La Calabria	*Calabria*	Reggio Calabria	*Reggio Calabria*

L'Italia insulare, *Islands of Italy*

19. La Sicilia	*Sicily*	Palermo	*Palermo*
20. La Sardegna	*Sardinia*	Cagliari	*Cagliari*

Note also the following:

Il Mare Mediterraneo	*Mediterranean Sea*
Il Mare Ligure	*Ligurian Sea*
Il Mare Tirreno	*Tyrrhenian Sea*
Il Mare Ionio	*Ionian Sea*
Il Mare Adriatico	*Adriatic Sea*

VOCABULARY

la carta geografica	map	prima di	before
l'isola	island	piacere*	to please
la penisola	peninsula	mi piace	I like
la catena	chain	separare	to separate
le Alpi	Alps, high mountains	circondare	to surround
gli Appennini	Apennines	diverso	different
la spina dorsale	backbone	la preparazione	preparation
la regione	region	formare	to form
il capoluogo	chief town	l'Austria	Austria
		la Iugoslavia	Jugoslavia
		cioè	that is, namely

PREPARARSI PER IL VIAGGIO

Prima di fare il loro viaggio Giovanni e Mario guardano una carta geografica d'Italia. Vedono la grande penisola con la catena delle Alpi a Nord. Le Alpi separano l'Italia dalla Francia, dalla Svizzera, dall' Austria e dalla Iugoslavia. Gli Appennini formano una spina dorsale all'Italia. Il Mare Mediterraneo circonda la penisola. Questo mare prende diversi nomi, cioè—
Mare Ligure, Mare Tirreno ad Ovest, Mare Ionio a Sud, Mare Adriatico ad Est.

Poi tutti e due studiano le venti regioni ed i capoluoghi.

EXERCISES

A. Answer in Italian:
   1. Che guardano Giovanni e Mario prima di fare il loro viaggio?
   2. Che vedono a Nord della carta geografica?
   3. Quali montagne separano l'Italia dalla Francia?
   4. Che formano gli Appennini all'Italia?
   5. Quale Mare circonda la penisola?
   6. Mi dica i nomi dei mari.
   7. Mi dica i nomi di due isole.
   8. Qual è il capoluogo del Lazio?
   9. Qual è il capoluogo della Toscana?
  10. Qual è il capoluogo dell'Emilia?

B. Put into the plural:
   1. Il poeta   6. Il duca
   2. Un telegramma   7. L'artista (f.)
   3. Quella pianista   8. Questo poema
   4. Quel violinista   9. Quel pilota
   5. Il programma   10. Questo diagramma

C. Translate:
   1. We are looking at a map.
   2. I have visited these towns.
   3. Here is a programme.
   4. There is a telegram for you.
   5. I like this pianist (m.).
   6. There are some beautiful poems in this book.

7. Is there a poet in this town?
8. The chief town of Lombardy is Milan.
9. The chief town of Liguria is Genoa.
10. The chief town of Umbria is Perugia.

D. Put into the conditional:

1. Parlerò con lui.
2. Avrà una vacanza.
3. Saranno felici.
4. Venderai la casa?
5. Darò loro questo programma.
6. Non andrete a Londra?
7. Faremo una gita intorno al lago.
8. Saranno a casa?
9. Finirò il lavoro.
10. Riceveremo quella lettera domani.

E. Translate the reading passage.

F. Write in full the conditional of:

        (*a*) avere   (*b*) essere
        (*c*) cominciare   (*d*) viaggiare

LESSON XVII

Nouns in -*cia* and -*gia*

To form the plural of nouns ending in -*cia* and -*gia* the general rules are:

(*a*) If the *i* is unstressed it is omitted in the plural, provided that *c* and *g* are preceded by a consonant or doubled:

e.g. la mancia	*the tip*	le mance
la faccia	*the face*	le facce
la loggia	*the balcony*	le logge

(*b*) If the *i* is unstressed and *c* and *g* are preceded by a vowel, the plural is in -*cie* and -*gie*:

e.g. la camicia	*the shirt*	le camicie
la valigia	*the suitcase*	le valigie

(*c*) If the *i* is stressed, it is retained in the plural:

e.g. la farmacia	*the chemist*	le farmacie
la bugia	*the lie, falsehood*	le bugie

NOTE.—Masculine nouns ending in -*io* also have stress-dependent plurals; cf. *studio* has the plural form *studi*, whereas *brusio* (= buzz) has the plural form *brusii*.

Irregular Verbs—*dovere, salire, uscire, scendere*

dovere	*to have to, to owe, to be obliged*
salire	*to ascend, go up*
uscire	*to go out*
*sce*ndere	*to descend* is regular in the present indicative.

PRESENT INDICATIVE

DOVERE *p.p.* dovuto	SALIRE *p.p.* salito
devo (*or* debbo)	
I must, I have to, etc.	salgo *I go up*, etc.
devi	sali
deve	sale

dobbiamo	saliamo
dovete	salite
devono (*or* debbono)	salgono

USCIRE *p.p.* uscito		SCENDERE *p.p.* sceso	
esco	*I go out*, etc.	scendo	*I descend*, etc.
esci		scendi	
esce		scende	
usciamo		scendiamo	
uscite		scendete	
escono		scendono	

NOTE.—*Salire, scendere* and *uscire* are conjugated with *essere* in the compound tenses.

VOCABULARY

la partenza	departure	seguire	to follow,
il biglietto	ticket		continue
il tassì (*or* taxi)	taxi	andare* avanti	to go forward *or*
l'autista (*m.*)	chauffeur,		in front
	bus-driver	mettere (*p.p.*	
la stazione	station	messo)	to put
il facchino	porter	Le piace?	do you like?
la mancia	tip	mi piace	I like
la rete	luggage rack	non mi piace	I do not like
la valigia	suitcase	la freccia	arrow
il viaggiatore	passenger,	la ciliegia	cherry
	traveller	la provincia	province
seconda classe	second class	la doccia	shower-bath
il posto		l'arancia	orange
riservato	reserved seat	essere* di	to belong to, to come
il numero	number		from
il tassista	taxi-driver	cortese	courteous, polite
buon viaggio!	pleasant journey!	tardi	late

LA PARTENZA

Giovanni e Mario sono pronti a partire, ora aspettano il tassì.

Mario. Il campanello suona.

Giovanni. Sarà l'autista. (*Prendono le valigie e salgono sul tassì.*)

Mario. (*Al tassista.*) Alla stazione Victoria.

Giovanni.   Fra dieci minuti ci saremo; dobbiamo preparare i passaporti ed i biglietti.

Mario.   A che ora parte il treno?

Giovanni.   Alle tredici e trenta.

Mario.   C'è ancora tempo, è soltanto l'una e cinque ed ecco la stazione!

(*Giovanni paga il tassista e un facchino prende le valigie.*)

Giovanni.   (*Al facchino.*) Il treno per Folkestone.

Il Facchino.   Hanno posti riservati?

Giovanni.   Sì, di seconda classe, ecco i numeri, 32 e 34. (*Il facchino va avanti, sale sul treno e trova i loro posti. Giovanni e Mario devono mostrare i passaporti ed i biglietti e poi seguono il facchino.*)

Il Facchino.   Ecco i Loro posti, signori; ho messo le valigie sulla rete.

Giovanni.   Grazie. (*Gli dà una mancia.*)

Il Facchino.   Grazie—e buon viaggio!

(*Dieci minuti più tardi il treno parte.*)

(*Segue*)

EXERCISES

A. Answer in Italian:

1. Dove vanno Giovanni e Mario quando il tassì arriva?
2. Chi prende le loro valigie alla stazione?
3. Dove mette le valigie il facchino?
4. Sono riservati i loro posti sul treno?
5. Che cosa danno Giovanni e Mario al facchino?
6. A che ora parte il treno per Folkestone?
7. Viaggiano in prima classe Giovanni e Mario?
8. Che dice il facchino ai nostri viaggiatori?
9. Le piace viaggiare, signore?
10. Fa un viaggio ogni anno?

B. Give the first person singular and plural of the following verbs in the future and the conditional:

1. dare	6. salire
2. andare	7. uscire
3. preparare	8. dire
4. prendere	9. seguire
5. partire	10. viaggiare

C. Give the opposites of the following verbs:

(a)
1. andare   4. entrare
2. arrivare   5. salire
3. comprare

(b)   Put into the plural:
1. la freccia   4. l'arancia
2. la ciliegia   5. la farmacia
3. la provincia

D. Translate:

1. I am waiting for my friend. She has my shirts.
2. Where is the taxi?
3. Here it is.
4. I must prepare my suitcases.
5. My passport is in order.
6. Here are the tickets.
7. It is nearly midday.
8. The train leaves at 1.0 p.m.
9. This porter is very polite and gets big tips.
10. The train for Folkestone has left.

E. Translate:

1. Vado a comprare delle arance.
2. Questa valigia è del signor Monti.
3. I viaggiatori danno delle mance ai facchini.
4. Dobbiamo seguire questo facchino.
5. Io andrò avanti.
6. Non mi piace questo posto.
7. Qual è il nostro treno?
8. Sarà quello.
9. Questo facchino riceverà una buona mancia.
10. Ecco il suo passaporto, dov'è il mio?

Orthographic Changes in certain Verbs

As already stated, verbs ending in -*ciare* and -*giare* drop the *i* before another *e* or *i*: but all other verbs ending in -*iare* drop the *i* only before another *i*:

e.g. studiare	*to study*	(io)	studio
		(tu)	studi
		(noi)	studiamo

BUT studieremo, *we shall study*

Verbs ending in -*care* and -*gare* take an *h* between

c and *e*	*g* and *e*
c and *i*	*g* and *i*

to retain the hard sound of the infinitive. *Cercare* (to look for) and *pagare* (to pay, pay for) are typical examples.

PRESENT INDICATIVE

CERCARE			PAGARE	
cerco	*I am looking for,*	(io)	pago	*I pay*, etc.
cerchi	*etc.*		paghi	
cerca			paga	
cerchiamo			paghiamo	
cercate			pagate	
cercano			pagano	

Whereas in the present indicative the *h* appears only in the second person singular and the first person plural, it appears in all the persons of the future and conditional:

cercherò, *etc.* *and* cercherei, *etc.*
pagherò, *etc.* *and* pagherei, *etc.*

This orthographic change only occurs in verbs of the first conjugation: compare the verb *leggere*, to read:

leggo, leggi, legge, *etc.*

There is one important rule to note regarding verbs ending in -*cere*—an *i* is inserted before the *u* of the past participle:

e.g.	conoscere	*to know*	*p.p.* conosciuto
	piacere*	*to please*	*p.p.* piaciuto

Negative Expressions

non	. . . . niente ⎞	
or non	. . . . nulla ⎠	*nothing*
non	. . . . mai	*never*
non	. . . . più	*no more, no longer*
non	. . . . nessuno	*nobody, no one*
non	. . . . nè . . . nè	*neither . . . nor*
non	. . . . mica	*not, not at all*

In an Italian sentence two negatives are often used together but they convey a single negative idea, not an affirmative as in English.

e.g. Margherita non capisce niente.
    Margaret does not understand anything.
Carlo non ha mai visto questa città.
    Charles has never seen this town.
Caterina non ha nè fratelli nè sorelle.
    Catherine has neither brothers nor sisters.

Sometimes these negative expressions are used without *non* but in this case they must precede the verb:

e.g. Mai scrivo. *I never write* (= non scrivo mai).
    Nulla vediamo. *We see nothing* (= non vediamo nulla).
    Nessuna viene. *No one comes* (= non viene nessuno).

VOCABULARY

il giornale	newspaper	il controllo	check, control
la rivista	magazine	la Manica	Straits of Dover,
la costa	coast		English Channel
la visita	visit	il segno	sign
la dogana	customs	il pezzo	piece
il doganiere	customs officer	il gesso	chalk

il traghetto	ferry	pr*e*ndere, *p.p.*	to take
il battello	boat, steam-boat	preso	
far domande	to ask questions	lasciare	to leave
allora	then	cercare	to look for
soltanto ⎫		pagare	to pay for
solo ⎬	only	richi*e*dere	to require
solamente ⎭		il finestrino	carriage window
sc*e*ndere*, *p.p.*	to descend, go	fra	in, within
sceso	down		

DA LONDRA A FOLKESTONE

Giovanni. Ora cominciamo il nostro vi*a*ggio. Ha portato dei giornali, non è vero?

Mario. Sì, *e*ccoli! Ho portato anche delle riviste, *e*ccole.

Giovanni. Grazie.

Mario. Prego; fra due ore saremo a Folkestone, non è vero?

Giovanni. Sè, e poi ci sarà la v*i*sita alla dogana.

Mario. E dovremo aprire le val*i*gie?

Giovanni. Non sempre, fanno soltanto domande, ma c'è il controllo dei passaporti che richiede molto tempo.

   (*Tutti e due leggono i giornali.*)

Mario (*che guarda dal finestrino*). Io vedo la Manica.

Giovanni. Siamo quasi arrivati allora, come passa il tempo! (*Il treno si ferma, i nostri viaggiatori si preparano, sc*e*ndono dal treno e vanno alla dogana. La visita non richiede tanto tempo; il doganiere fa un segno misterioso su ogni val*i*gia, con un pezzo di gesso, e poi Giovanni e Mario salgono sul traghetto.*)

Mario. Presto lasceremo la costa inglese e fra un'ora vedremo la costa francese.

(Segue)

EXERCISES

A. Answer the following:

   1. Chi ha portato dei giornali?
   2. Quando arriveranno a Folkestone i viaggiatori?
   3. Dobbiamo aprire sempre le val*i*gie alla dogana?
   4. Che vede, M*a*rio, dal finestrino?
   5. Che fanno i viaggiatori?
   6. Dove vanno poi?

7. Richiede poco tempo la visita alla dogana?
8. Che fanno i doganieri su ogni valigia?
9. E poi dove salgono i viaggiatori?
10. Quando vedranno la costa francese?

B. Give the first persons singular and plural of the following
   verbs in the present indicative:

1. cercare   4. pagare
2. fare   5. andare*
3. salire*

C. Translate:

1. I will read this newspaper.
2. What are you reading, John?
3. I am reading an Italian magazine.
4. At what time will this train arrive at Folkestone?
5. In an hour, sir.
6. We have almost arrived.
7. The train is stopping. In fact (= anzi), it has already
   stopped.
8. I can only find one magazine.
9. Here is the other one.
10. There is nothing in this box.
11. At the end of the holidays, I'll have no money left.
12. Don't you know anyone in Siena?
13. She has nothing, and has never had friends.
14. They'll never go there again.
15. Will you never learn?

D. Translate:

1. Dove sono andati i facchini?
2. Mi piace il mare quando è calmo.
3. Io preferisco il mare grosso.
4. Eccoli, salgono sul traghetto.
5. Questo traghetto non è grande.
6. Partiremo alle quindici.
7. A che ora arriveremo a Folkestone?
8. Verso le quindici e venti.

9. Ecco la mia valigia, dove'è la sua?
10. *E*ccola, vicino al facchino.

E. Conjugate the future of:

(*a*) arrivare   (*b*) cercare

More Nouns with Irregular Plurals

Nouns of one syllable, those ending in an accented vowel, and a few ending in a consonant (usually of foreign origin) have no distinctive change of termination in the plural:

e.g.	il re	*king*	→	i re
	il dì	*day (poet.)*	→	i dì
	la città	*town*	→	le città
	l'autobus	*bus*	→	gli autobus
	il bar	*bar*	→	i bar
	il caffè	*café, coffee*	→	i caffè

Note also:

	la frutta	*fruit*	→	le frutta
	l'uovo	*egg*	→	le uova
	il lenzuolo	*sheet*	→	le lenzuola
	un centinaio	*about a hundred*	→	centinaia, hundreds
	un migliaio	*about a thousand*	→	migliaia, thousands
	il dito	*finger*	→	le dita
	il braccio	*arm*	→	le braccia
	la moglie	*wife*	→	le mogli
	il muro	*wall (of city)*	→	le mura
	il grido	*shout*	→	le grida
	il paio	*pair*	→	le paia
	il riso	*laugh*	→	le risa
BUT	l'uomo	*man*	→	gli uomini

Irregular Verbs—*bere, sapere, conoscere*

BERE (*contracted from* bevere), *to drink*

The present tense is quite regular:

> bevo   *I am drinking*, etc.
> bevi
> beve

beviamo
bevete
bevono

But note the stem of the future which is irregular:

berrò   *I shall drink*, etc.
berrai
berrà
berremo
berrete
berranno

The conditional endings are added to the stem of the future:

berrei, berresti, *etc.*

SAPERE	*to know a fact p.p.* saputo
CONOSCERE	*to be acquainted with people, places*, etc. *p.p.* conosciuto

PRESENT INDICATIVE

so	conosco
sai	conosci
sa	conosce
sappiamo	conosciamo
sapete	conoscete
sanno	conoscono

Note that *sapere* can also mean "to know how to", as in the following example with *spiegarsi*:

so spiegarmi   *I know how to explain myself*, etc.
sai spiegarti
sa spiegarsi
sappiamo spiegarci
sapete spiegarvi   *Similarly,*
sanno spiegarsi   so nuotare   *I know how to swim*

VOCABULARY

la traversata	crossing	il cerino	wax match
il bar	bar	la fila }	queue, line
la sigaretta	cigarette	la coda }	
il fiammifero	match	fare la fila	to form a queue

il ponte, la		rallentare	to slow down
coperta	deck	sbarcare*†	to disembark
a bordo	on board	subito	at once
la macchina	camera	dimenticare	to forget
fotografica		andiamo	let us go
fare una	to take a	pesante	heavy
fotografia	photograph	leggero	light
visibile	visible	la fame	hunger
sembrare*	to seem	aver fame	to be hungry
bere	to drink	la sete	thirst
costare*	to cost	aver sete	to be thirsty
evitare	to avoid		

LA TRAVERSATA DELLA MANICA

Giovanni. Come è calma la Manica oggi. Sembra un lago!

Mario. Quanti viaggiatori! Dove vanno?

Giovanni. Alcuni andranno in Francia, altri in Svizzera o in Italia.

Mario. Quanto dura questa traversata?

Giovanni. Un'ora e venticinque minuti. Vuol(e) bere qualcosa?

Mario. Sì, andiamo al bar. Allo stesso tempo potremo comprare sigarette e cerini: le sigarette costano meno sul traghetto.

Giovanni. Non dimentichiamo che ci sarà un altro controllo di passaporti prima di arrivare a Calais, fatto a bordo.

Mario. Possiamo andare subito all'ufficio.

Giovanni. È una buon'idea! Così eviteremo di fare la fila.

Mario. Dov'è la mia macchina fotografica? Vorrei fare alcune fotografie prima di sbarcare. Vedo facchini francesi che si preparano a venire a bordo.

Giovanni. Il traghetto rallenta, dobbiamo prepararci anche noi.

(A Calais i facchini salgono sul traghetto per aiutare i viaggiatori con le loro valigie. Dopo una visita alla dogana francese i viaggiatori salgono sul treno continentale.)

(Segue)

EXERCISES

A. Answer the following:

1. È sempre mosso il mare?
2. Quali paesi visiteranno i viaggiatori?
3. Chi vuol(e) bere qualcosa?

4. Dove vanno Giovanni e Mario?
5. Che comprano al bar?
6. Perchè comprano sigarette?
7. Dove ci sarà un controllo di passaporti?
8. Per evitare di fare la fila, che faranno Giovanni e Mario?
9. Che vorrebbe fare Mario prima di sbarcare?
10. Che fanno i facchini francesi?

B. Give the third persons singular and plural of the following
   verbs in the future tense:

1. evitare	4. bere
2. spiegare	5. andare*
3. stare*	

C. Put into the plural:

1. Quel re	6. L'amica inglese
2. Quelle città	7. Una rivista tedesca
3. Quell'uomo	8. Un viaggiatore svizzero
4. Un uovo	9. Una macchina fotografica
5. L'amico francese	10. Un artista italiano

D. Translate:

1. Do you want any cigarettes?
2. Yes, and some matches too.
3. How much do they cost?
4. I do not know, we shall ask the price.
5. Do you know that lady?
6. Yes, I met her in London.
7. These suitcases are not heavy.
8. Mine is very light.
9. This pianist (f.) plays well.
10. This town is very modern.
11. Are you hungry, John?
12. No, but I am thirsty.

E. Conjugate in the conditional:

(a) sbarcare   (b) fare

Adverbs

We have already met several adverbs in the previous lessons:

e.g.				
molto	*very; very much*	sempre	*always*
poco	*little*	oggi	*today*
bene	*well*	di solito	*usually*
quasi	*almost*	sì	*yes*
dove	*where*	no	*no*
davanti	*in front*	non	*not*

As a rule the adverb is placed immediately after the verb, except *non* which always precedes the verb.

The adverb "only" may be rendered by *non* in front of the verb and *che* after it, or by *solo, soltanto* or *solamente*:

e.g. Ho solo ⎱
     Ho soltanto ⎰ due fratelli.
     Ho solamente ⎰

I have only two brothers.

     Ho due fratelli soli.

The adverb "ago" is rendered by *fa*.

Formation of Adverbs

Adverbs of manner are usually formed by adding *-mente* to the feminine singular of the adjective:

e.g. caro, cara   → caramente   *dearly*
      felice   → felicemente *happily*

If, however, the adjective ends in *-le* or *-re*, the final vowel is dropped before *-mente* is added:

e.g. facile   → facilmente   *easily*
      particolare → particolarmente *particularly*

unless there are two consonants preceding the vowel, in which case *-mente* is added to the adjective itself:

e.g. folle   → follemente   *madly*

Impersonal Verbs

True impersonal verbs are used only in the third person singular. Many of these verbs pertain to the weather.

e.g.				
	piovere*	to rain;	piove	it is raining
	tuonare	to thunder	tuona	it is thundering
	lampeggiare	to lighten;	lampeggia	it lightens, there is lightning
	gelare*	to freeze;	gela	it is freezing

They are usually conjugated with the auxiliary *essere* in the compound tenses:

e.g.   è piovuto   *it rained*   è gelato   *it froze*

Besides these true impersonal verbs, there are also impersonal expressions formed with certain verbs:

e.g.	FARE	fa caldo	*it is warm*	ha fatto caldo, *it was warm,* etc.
		fa freddo	*it is cold*	
		fa bel tempo	*it is fine (weather)*	
	TIRARE	tira vento	*it is windy*	ha tirato vento, *it was windy*
	ANDARE*	va bene	} *it is all right*	
	STARE*	sta bene		

NOTE.—*Fare* and *tirare* are conjugated with *avere* in the compound tenses.

Of other impersonal verbs the most common are:

BISOGNARE*	to be necessary
bisogna	it is necessary
BASTARE*	to be enough, to suffice
basta	it is enough
SEMBRARE* } or PARERE*	to seem, to appear
sembra } or pare	it seems, it appears
VOLERCI*	to be necessary

e.g.   Ci vuole molto coraggio per sciare (*One needs/You need a lot of courage to ski*); Ci vogliono due mani per farlo bene (*You need two hands/Two hands are needed to do it well*).

PIACERE*   *to please*
piace   *it pleases*; piacciono (*pl.*), *they please*

A sentence such as "I like this flower" is translated *Mi piace questo fiore*, lit. "This flower pleases me".

BUT "I like these flowers" must be translated *Mi piacciono questi fiori*, lit. "These flowers please me".

NOTE.—The use of the impersonal verb with all the conjunctive pronouns:

mi piace		*I like*	
ti piace		*you like*	
gli piace		*he likes*	
le piace		*she likes*	
Le piace	questa casa	*you like*	*this house*
ci piace		*we like*	
vi piace		*you like*	
piace loro		*they like*	
piace Loro		*you like*	
mi piacciono		*I like*	
ti piacciono	queste case	*you like*	*these houses*
etc.		*etc.*	

NOTE.—Non mi piace (piacciono) . . . , *I do not like* . . . BUT mi dispiace, *I am sorry*, lit. *it displeases me*.

The impersonal verb SEMBRARE*, *to seem*, with the conjunctive pronouns.

mi sembra		*me*
ti sembra		*you*
gli sembra		*him*
le sembra		*her*
Le sembra	*It seems to*	*you*
ci sembra		*us*
vi sembra		*you*
sembra loro		*them*
sembra Loro		*you*

The plural form is:

>   mi sembrano   *they seem to me, etc.*

The impersonal verb TOCCARE*, *to be the turn of, to fall to the lot of, to be up to,* used with the expression, A chi tocca? *Whose turn is it?* Note the disjunctive pronouns.

tocca a me		*my turn*
tocca a te		*your turn*
tocca a lui		*his turn*
tocca a lei		*her turn*
tocca a Lei	*it is*	*your turn*
tocca a noi		*our turn*
tocca a voi		*your turn*
tocca a loro		*their turn*
tocca a Loro		*your turn*

NOTE (1).—All impersonal verbs are conjugated with e*ssere* in the compound tenses:

e.g. Mi è sembrato strano che . . . (*It seemed strange to me that . . .*)
    Ti sono piaciuti quei due libri? (*Did you like those two books?*)
    Ci è bastato questo fatto (*This fact was enough for us.*)
    Gli è toccato (di) andare a casa a piedi (*He had to walk home.*)

NOTE (2).—The student is referred to Appendix 3 at the back of the book, which deals with the complex use and nature of the impersonal/indefinite pronoun *si*.

VOCABULARY

il risotto	savoury rice dish	timido	timid, shy
gli gnocchi	very small dumplings	regolare	regular
		costare*	to cost
la bistecca	steak	assaggiare	to taste
l'abbacchio	young roast lamb	arrostire	to roast
l'agnello	lamb	arrosto	roast (*meat*)
il rosmarino	rosemary	dolce	sweet
basta!	that is enough! that will do!	costoso	expensive
		secco	dry
semplicemente	simply	scelto	choice (*adj.*)
spumante	sparkling	provare	to try
noto	noted	consistere*	to consist
tenero	tender		

bastare*	to be enough	Orvieto	the white wine of
piacere*	to please		Orvieto, town in
scommettere	to bet		Umbria
alla	in the manner of	Asti Spumante	sparkling wine of
Chianti	red or white wine of		Asti, town near
	Chianti, a district		Turin; Italian
	in Tuscany		champagne
Valpolicella	a noted red wine of	Montefiascone	a town near
	the province of		Rome
	Verona	la sciampagna *or*	
Moscato	wine made from	lo "champagne"	champagne
	muscatel grapes	due giorni fa	two days ago

SUL TRENO CONTINENTALE

Giovanni. Eccoci finalmente sul treno continentale. Domani saremo in Italia.

Mario. Quando sarò in Italia vorrò provare molti piatti italiani; sa il nome di qualcuno?

Giovanni. Certo, per esempio
Risotto alla milanese
Gnocchi alla genovese
Bistecca alla fiorentina
Abbacchio alla romana.

Mario. Ho già assaggiato i primi tre piatti, ma che cosa è l'abbacchio alla romana?

Giovanni. È l'agnello arrosto con rosmarino; è buonissimo ed è molto tenero.

Mario. Saprà anche i nomi di vini scelti, scommetto!

Giovanni. Eccone alcuni, Chianti, Valpolicella, Moscato, Orvieto ed il famoso Est! Est! Est! e poi non dimentichiamo l'Asti Spumante, lo "champagne" italiano.

Mario. Mi dica, per favore, che cosa è Est! Est! Est!

Giovanni. Un vino noto, di Montefiascone; è buono ma forte.

Mario. Basta! Mi fa venire sete.

(Segue)

EXERCISES

A. Answer the following:

1. Che farà Mario quando arriverà in Italia?
2. Le piace il risotto alla milanese, signore?

3. Le piacciono gli gnocchi alla genovese?
4. Che cosa è l'abbacchio alla romana?
5. Preferisce il vino rosso o il vino bianco?
6. È sempre tenera la carne?
7. Conosce molte città italiane?
8. Sa che ora è adesso?
9. A che ora parte da casa la mattina?
10. A che ora arriva in ufficio?
11. Le piace viaggiare in treno?
12. Preferisce viaggiare in macchina?

B. Form adverbs from the following adjectives:

1. fortunato	4. regolare
2. difficile	5. folle
3. timido	

C. Translate:

1. I like this view.
2. I do not like these postcards.
3. Do you like these colours?
4. I prefer this colour to that one.
5. This wine is very good.
6. How much does it cost?
7. It is not very expensive.
8. Do you prefer a sweet wine?
9. I like Asti Spumante very much.
10. I like nearly all wines.

D. Put into the plural:

1. Un vino secco.	4. Quella sigaretta mi piace.
2. Una bistecca tenera.	5. Questa vista mi sembra
3. Questo vino è buono.	bella.

E. (a) Translate:

1. It seems to him.
2. It seems to us.
3. Does it seem to them?
4. Is this enough?
5. These are not enough.

6. We didn't like the party (= *festa*).
7. I had to (use *toccare*) speak in front of everyone.
8. He seemed a little unhappy to them.
9. This will seem strange to you (pl.).
10. If it is fine in March, we'll go swimming (= *fare il bagno*).

(*b*) Conjugate in the negative form the conditional of *sapere*.

REVISION TEST

A. Give the past participle of:

1. amare	6. servire
2. fare	7. prendere
3. bere	8. essere
4. leggere	9. dire
5. scrivere	10. aprire.

B. (a) Change the verbs in the following sentences to the present perfect, and translate; then (b) put the sentences into the future and translate back into Italian, making the necessary logical modifications (e.g. it might be advisable to change *oggi* to *domani*, etc.).

1. Questo studente lavora bene.
2. Maria e Caterina scrivono male.
3. Roberto è in campagna.
4. I ragazzi partono oggi.
5. Carlo cerca il suo cane.

C. (a) Translate the following sentences; then (b) put them into the plural and translate them back into Italian:

1. Il medico non dice niente.
2. Una settimana fa.
3. La casa è davanti al lago.
4. C'è una chiesa vicino alla scuola.
5. Quell'albero è magnifico.

D. Translate:

1. I have only one brother.
2. Margaret has neither uncle nor aunt.
3. We have nothing in this basket.
4. Paul no longer studies English.
5. We have never seen these lakes.

E. Put into the plural:

1.	il violinista	6.	l'*a*utobus
2.	la pianista	7.	il re
3.	l'uovo	8.	la mia mano
4.	quell'uomo	9.	il br*a*ccio
5.	quella città	10.	quel p*a*io

F. Give the opposites:

1.	risp*o*ndere	6.	la settimana scorsa
2.	partire	7.	il primo giorno
3.	uscire	8.	davanti a
4.	salire	9.	sopra la t*a*vola
5.	andare	10.	lontano dalla stazione

G. Insert an object pronoun and translate:

1.	—— vedo.	6.	—— piace.
2.	—— prendiamo.	7.	—— farà.
3.	—— avrà.	8.	—— sembra.
4.	—— faremo.	9.	—— comprerebbe.
5.	—— parlo.	10.	—— b*a*stano.

H. Translate:

1. This telegram is for her.
2. These letters are for me.
3. That postcard will be from him.
4. Margaret has been with us.
5. Paul will not go with you (2nd per. sing.).

I. (*a*) Form adverbs from the following adjectives:

1.	sincero	4.	generoso
2.	*u*tile	5.	particolare
3.	triste		

   (*b*) Conjugate the following:

   Non sarò a casa domani.

   Vorrei una vacanza.

J. (*a*) Write the perfect tense of *divertirsi*.
   (*b*) Write the future tense of *alzarsi*.

SECTION THREE

The Gerund

The gerund corresponds to the English present participle and it is invariable. To form the gerund:

-ando is added to the stem of verbs ending in *-are*
-endo is added to the stem of verbs ending in *-ere* and *-ire*

e.g. parlare   parlando   *speaking*
     vendere   vendendo   *selling*
     capire   capendo   *understanding*

The Italian gerund is not governed by a preposition or a conjunction;

e.g. "When buying" is translated by *comprando* alone.
     "While reading" is translated by *leggendo* alone.
     "On saying" is translated by *dicendo* alone.

Note, however, that the endings *-ando* and *-endo* are added to the original stem of verbs which have a contracted form:

e.g. dire   (contracted from d*i*cere), dicendo
     fare   (contracted from f*a*cere), facendo
     bere   (contracted from b*e*vere), bevendo

The Progressive Construction

The gerund is often used with the verb *stare** to form a progressive construction which adds emphasis:

e.g. sto leggendo   *I am reading (i.e.* now, at this particular
                        time)
     stiamo parlando *we are speaking* (*i.e.* now)
     stavi dicendo   *you were saying* (*i.e. at that particular
                        moment)*

The progressive construction can also be used in the future to express probability, in the same way as was explained in Lesson XIV, The Use of the **Future Tense (b)**:

e.g. Andiamo a trovare
     Paolo?   *Shall we go and see Paul?*

—No, starà dormendo. *No, he'll be asleep* (i.e. probably).
Besides the gerund some Italian verbs have a present participle
ending in -*ante*, pl. -*anti*, and -*ente*, pl. -*enti* which is either a noun or
an adjective:

e.g. un insegnante   *a teacher*
    la Torre Pendente   *the Leaning Tower*

Irregular Verbs—*mettere, chiudere, venire*

Many irregular verbs are irregular only in the past participle
and the past definite (see Lesson XXIV).

mettere	*to put*	*p.p.* messo.
chiudere	*to close*	p.p. chiuso
venire*	*to come*	*p.p.* venuto

The present, the future and the conditional of many irregular
verbs are regularly formed.

PRESENT	FUTURE	CONDITIONAL
metto, *etc.*	metterò, *etc.*	metterei, *etc.*
chiudo, *etc.*	chiuderò, *etc.*	chiuderei, *etc.*

Note the irregular forms of VENIRE, to come.

PRESENT		FUTURE		CONDITIONAL	
vengo	*I come, am*	verrò	*I shall*	verrei	*I would*
vieni	*coming*, etc.	verrai	*come,* etc.	come, etc	
viene		verrà			
veniamo		verremo			
venite		verrcte			
vengono		verranno			

NOTE.—*Mettere* and *chiudere* are conjugated with *avere* in the
compound tenses, but *venire* is conjugated with *essere*.

	mettere	ho messo	*I put*, etc.
	chiudere	ho chiuso	*I closed*, etc.
BUT	venire	sono venuto(a)	*I came*, etc.

The Human Body—*il corpo umano*

la testa	*head*
i capelli	*hair*
la fronte	*forehead*

l'occhio, gli occhi	*eye(s)*
il naso	*nose*
la guancia, le guance	*cheek(s)*
la bocca, le bocche	*mouth(s)*
il dente	*tooth*
il labbro, le labbra	*lip(s)*
il mento	*chin*
l'orecchio, le orecchie	*ear(s)*
il ginocchio, le ginocchia	*knee(s)*
il membro, le membra	*limb(s)*
il collo	*neck*
la gola	*throat*
la spalla	*shoulder*
il braccio, le braccia	*arm(s)*
la mano, le mani	*hand(s)*
il dito, le dita	*finger(s)*
la gamba	*leg*
il piede	*foot*
il cuore	*heart*
l'osso, le ossa (human), gli ossi (non-human)	*bone(s)*

As seen from this vocabulary, certain nouns, mostly pertaining to the human body, are *masculine* in the singular and *feminine* in the plural.

Note the following expressions with *avere*:

aver mal di testa *or* mal di capo		*a headache*
aver mal di denti	*to have*	*a toothache*
aver mal di gola		*a sore throat*

Note that 'to have a sore finger' and 'to have sore eyes/eye trouble' should be expressed by the impersonal forms: *mi fa male un dito* and *mi fanno male gli occhi* respectively.

VOCABULARY

il vagone ristorante	Restaurant Car	lo sportello il paesaggio	carriage door scenery

la *Superba*	The "Mighty", "Superb"	di solito	usually
		di nuovo	again
la ricchezza	wealth	montagnoso	mountainous
un palazzo	palace, large building	collinoso	hilly
		commerciale	commercial
il corridoio	corridor	importante	important
il porto	port	l'organo	organ
la nave	ship	vitale	chief, vital
la vista	view, sight	sentire	to hear
fino a	as far as	stare* per	to be about to
a causa di	on account of	bellissimo	very beautiful
seguente	following	dormire	to sleep

L'ARRIVO IN ITALIA

Mario (la mattina seguente). Buon giorno Giovanni, ha dormito
bene?

Giovanni. Sì, benissimo, di solito non dormo molto in treno. (*Guardando dal finestrino.*) Siamo a Torino.

Mario. Come si chiama questa regione d'Italia? È bellissima.

Giovanni' Il Piemonte, è una regione montagnosa e collinosa. Fra due ore arriveremo a Genova.

Mario. Genova, la *Superba*!

Giovanni. Sa perchè gl'Italiani la chiamano la *Superba*?

Mario. No, perchè?

Giovanni. A causa delle ricchezze dei suoi bei palazzi.

Mario. È il primo porto commerciale d'Italia, non è vero?

Giovanni. Sì, ed è molto importante. (*Apre lo sportello e va nel corridoio.*) Ma eccoci quasi arrivati! Ora siamo in un'altra regione d'Italia; la Liguria, e Genova è al centro di questa regione, fra la Riviera di Levante e la Riviera di Ponente. Vede quelle grandi navi? Vanno fino all'America.

Mario. Partiamo di nuovo. Sento un campanello!

Giovanni. Sarà ora di andare al vagone ristorante per la prima colazione. Dal finestrino avremo una bella vista del mare.

(*Segue*)

EXERCISES

A. Answer the following:

1. Ha dormito bene Giovanni?
2. In quale regione sono adesso?
3. Com'è questa regione?
4. Perchè gl'Italiani chiamano Genova la *Superba*?
5. Chi ha aperto lo sportello?
6. In quale regione si trova Genova?
7. Quali sono le due Riviere?
8. Fino a dove vanno le grandi navi?
9. Dove vanno i viaggiatori quando il treno riparte?
10. Che fanno nel vagone ristorante?

B. Give the third persons singular and plural of the following verbs, in the conditional:

1. mettere
2. leggere
3. dovere
4. chiudere
5. venire

C. Put into the plural:

1. l'occhio celeste
2. la bocca
3. la guancia
4. la moglie
5. il dito

6. la mano
7. l'orecchio
8. l'uovo
9. l'uomo
10. la città

D. Translate:

1. La stazione di Genova è vicino al mare.
2. Alcuni viaggiatori vanno nel corridoio.
3. Il treno sta per entrare nella stazione.
4. Lei ha chiuso il finestrino, perchè?
5. Sto guardando il mare.
6. Stiamo comprando una rivista italiana.
7. Quando verrà la mia amica?
8. Mi fa male un dito.
9. Ogni mano ha cinque dita.
10. Abbiamo occhi per vedere e orecchie per sentire.

E. Translate:

1. I have a headache today.
2. This child has a toothache.
3. My friend will have a sore throat tomorrow.
4. The heart is the vital organ of the human body.
5. This train is going as far as Genoa.
6. In an hour we shall be in Turin.
7. I like this scenery very much.
8. There are some large ships in this port.
9. That ship will go as far as America.
10. There is a beautiful view of the sea from this window.
11. What are you doing?—I'm reading.
12. Let's go and see (*andiamo a trovare*) our friends.—No, they'll be eating.

LESSON XXII

Imperfect tense

This tense, sometimes called the past descriptive, describes what happened, or what used to happen, in the past. It is used:

(*a*) To express an incomplete or habitual action:

e.g. Il sole splendeva.   *The sun was shining.*
Parlavo francese ogni giorno quando ero giovane.
I spoke French every day when I was young.

NOTE.—In English the word "would" is often used to describe habitual action:

e.g. Ogni mattina partiva alla stessa ora.
Every morning he would leave at the same line.

(*b*) To express what was happening when something else happened, or while something else was happening:

e.g. Carlo telefonava mentre io scrivevo.
Charles was telephoning while I was writing.
Il sole splendeva mentre noi viaggiavamo.
The sun was shinning while we were travelling.
Dormivo puando suonò il campanello. (For the past definite see Lessons XXIV and XXV.)
I was sleeping when the doorbell rang.

(*c*) For descriptive purposes.

e.g. Il mare era calmo.   *The sea was calm.*

(*d*) The imperfect is also used in such sentences as *Me lo potevi dire* (*ma non me l'hai detto* implied), and *Non dovevi farlo* (*ma l'hai fatto* implied), where, in English, the more cumbersome conditional perfect would be required: "You could have told me" ("but you didn't" implied) and "You shouldn't have done it" ("but you did" implied). An extension of this connection between the imperfect and the perfect conditional is to be found elsewhere in Italian, too. If we take an example of the so-called third-type conditional sentence, there is only one possible form in English, using the pluperfect and the conditional perfect. (cf. Lesson

XXIX for explanations of these terms); whereas Italian has two possible forms, the second of which, using a much neater and more colourful double-imperfect construction, is largely regarded as a little inclegant in formal writing, and tends to be used more at the spoken level:

e.g. "If you had hurried, you would have caught the train" can be rendered in Italian thus:

(1) *Se ti fossi sbrigato, avresti preso il treno* (= "correct" form)

and: (2) *Se ti sbrigavi, prendevi il treno* (= "popular" form).

Other, mixed forms of (2) exist (e.g. *Se ti sbrigavi, avresti preso il treno*), but are better avoided, since they are basically incorrect.

(e) The student should note that the imperfect tense of *stare** is often used in progressive constructions (cf. Lesson XXI);

e.g. Stavamo dormendo   *We were sleeping (at that moment)*

This is an emphatic form, and is therefore *not* (totally) interchangeable with the imperfect tense as explained in (b).

To form the imperfect tense add the following endings to the stem of the verb:

1st conj.-avo	2nd conj.-evo	3rd conj.-ivo
-avi	-evi	-ivi
-ava	-eva	-iva
-avamo	-evamo	-ivamo
-avate	-evate	-ivate
-*a*vano	*e*-vano	-*i*vano

These endings are the same for all verbs, regular and irregular, with the exception of the auxiliary *essere*.

NOTE.—Verbs with a contracted infinitive add the above endings to the stem of the original infinitive:

e.g. dire (*contracted from* dicere), dicevo
     fare (*contracted from* facere), facevo

Imperfect Tense of the Model Verbs

PARLARE		VENDERE	
parlavo	*I was speaking, I used to speak, I spoke*, etc.	vendevo	*I was selling, I used to sell, I sold*, etc.

parlavi   vendevi
parlava   vendeva
parlavamo   vendevamo
parlavate   vendevate
parlavano   vendevano

	CAPIRE
capivo	*I used to understand,*
	I understood, etc.
capivi	
capiva	
capivamo	
capivate	
capivano	

Imperfect Tense of the Auxiliaries

	AVERE		ESSERE
avevo	*I used to have,*	ero	*I used to be,*
	I had, etc.		*I was,* etc.
avevi		eri	
aveva		era	
avevamo		eravamo	
avevate		eravate	
avevano		erano	

Irregular Verbs—*scegliere, sedere*

SCEGLIERE,	*to choose,*	*p.p.* scelto
SEDERE,	*to sit,*	*p.p.* seduto

PRESENT INDICATIVE

scelgo	siedo
scegli	siedi
sceglie	siede
scegliamo	sediamo
scegliete	sedete
scelgono	siedono

NOTE.—*sedersi* (to sit down) is conjugated like *sedere*:
mi siedo, etc.

Like all reflexive verbs, as stated in Lesson XII, *sedersi* is conjugated with *essere* in the compound tenses:

> mi   sono   seduto (a)   *I sat down*, etc.
> ti sei seduto (a)
> ci siamo seduti (e), *etc.*

VOCABULARY

exclamare	to exclaim	luminoso	luminous, clear
la vista	view	avvicinarsi	to approach,
perdere di vista	to lose sight of		draw near
la galleria	tunnel	prendere il sole	to sunbathe
la spiaggia	beach	non vedere	
la sabbia	sand	l'ora di	to long for
l'ombra	shade, shadow	Genova	Genoa
la pineta	pine wood, grove	Santa	Santa
il pino	pine tree	Margherita	Margherita
la passeggiata		La Spezia	La Spezia
al mare	promenade	Viareggio	Viareggio
fare un bagno	to bathe	ad un tratto	all of a sudden
la carrozza	carriage	fine fine	very fine
l'albergo	hotel	l'ufficio	office
l'ascensore (*m.*)	lift	la fontana	fountain
il molo	pier, quay	pieno	full
il caffè (*pl.* caffè)	cafè	fra poco	soon, shortly
il piano	floor, storey	di tanto in tanto	now and then
al secondo	on the second		
piano	floor		

DA GENOVA A VIAREGGIO

Molti viaggiatori erano nel corridoio e guardavano il mare;
ad un tratto Mario esclamò.

Mario.   Che bel mare! È tanto azzurro!

Giovanni.   Di tanto in tanto questo bel mare sarà perso di vista, ci
sono tante gallerie fra Genova e La Spezia.

Mario.   Fra poco passeremo per Santa Margherita, non è vero?

Giovanni.   Sì, ed anche Rapallo e La Spezia, poi arriveremo a
Viareggio.

Mario.   È bella la spiaggia di Viareggio?

Giovanni.   È una delle più belle di queste parti, la sabbia è fine
fine. C'è anche una bella pineta dove potremo fare passeggiate
all'ombra dei pini, quando farà troppo caldo al sole.

Mario.   Non farà mai troppo caldo per me, non vedo l'ora di fare un bel bagno al mare e poi stare al sole. (*Si avvicinano alla stazione di Viareggio.*)

Giovanni.   Ora siamo in Toscana. Il treno ferma; dobbiamo scendere subito. (*Prendono una carrozza e vanno all'albergo.*) Faremo una passeggiata stasera fino al molo, vedrà la fontana luminosa, ed i bei caffè pieni di gente; io facevo sempre una passeggiata dopo pranzo. (*Arrivano all'albergo e prendono l'ascensore fino alle loro camere, al secondo piano.*)

(*Segue*)

EXERCISES

A. Answer the following:

   1. Perchè sarà perso di vista il mare?
   2. Dove passerà fra poco il treno?
   3. E poi dove arriveranno i viaggiatori?
   4. È bella la spiaggia di Viareggio?

5. Dove c'è una bella passeggiata all'ombra?
6. In quale regione si trova Viareggio?
7. Prendono un tassì Giovanni e Mario quando arrivano alla stazione?
8. Dove vanno poi?
9. Che faranno la sera, dopo cena?
10. Che prendono per arrivare alle loro camere?

B. Give the first persons singular and plural, imperfect tense, of the following verbs:

1. avere	4. ricevere
2. essere	5. finire
3. viaggiare	

C. Translate:

1. I used to do my work at the office.
2. What were you saying, John?
3. I was speaking to the porter.
4. This is a nice bedroom, is it not?
5. Yes, but the one I had before was more beautiful.
6. On what floor was it?
7. On the third, but the view from the window was magnificent.
8. This hotel is very modern.
9. It is not very big but it is comfortable (comodo).
10. Have you seen the fountain? No, not yet.

D. (a) Give the opposite of:

1. chiuso	4. troppo caldo
2. perso	5. all'ombra
3. bello	

(b) Put into the singular:

1. Questi alberghi moderni.
2. Quelle fontane luminose.
3. Delle lunghe passeggiate.
4. Degli studi difficili.
5. Quegli ascensori sono pieni.

E. Conjugate the following verbs in the imperfect tense:

(a) dire   (b) andare   (c) fare

Use of the Definite Article

The definite article is required in Italian:

(*a*) Before a noun taken in a general sense.

> e.g. I cavalli sono utili. *Horses are useful.*

(*b*) Before abstract nouns.

> e.g. La carità è una virtù. *Charity is a virtue.*

(*c*) Sometimes before surnames which are not preceded by the Christian name.

> e.g. Un libro del Manzoni. *A book by Manzoni.*
> (*Manzoni* being the surname)
>
> BUT La Divina Commedia di Dante.
> *The Divine Comedy of Dante.*
> (*Dante* being a Christian name)

NOTE.—The use of the definite article with the surnames of famous authors, poets, etc., depends on two things: the magnitude of the person concerned and the length of time that has passed since his or her death. If the person concerned is great, but contemporary, or belongs to another century but is not considered great, then it is unlikely that the definite article will be used.

(*d*) It is also required when a title is followed by a proper name

> e.g. Il Professor Valli *Professor Valli*
> Il signor Montani *Mr. Montani*

unless used in direct speech.

> e.g. Come sta, signor Montani?
> *How are you, Mr. Montani?*

Omission of the Definite Article

The definite article is omitted in Italian:

(*a*) Before a noun in apposition to another noun.

> e.g. Londra, capitale d'Inghilterra
> *London, the capital of England*

(*b*) Before an ordinal number used with a proper noun

> e.g.   Pio nono *Pius the Ninth*

Note how Italian differs from English in this respect.

Omission of the Indefinite Article

The indefinite article is omitted in Italian:

(*a*) Before a noun in apposition.

> e.g.   Piemonte, regione d'Italia
> *Piedmont, a region of Italy*
> Pisa, città toscana
> *Pisa, a city of Tuscany*

(*b*) Before a noun in the predicate if it is unqualified.
> e.g.   Mio fratello è avvocato.   *My brother is a lawyer.*
> BUT Mio fratello è un buon avvocato.
> *My brother is a good lawyer.*

(*c*) Also in exclamations after *che!* (What a . . . !)
> e.g.   Che bel tramonto!   *What a lovely sunset!*
> Che peccato!   *What a pity!*

(*d*) As already stated, before *cento* and *mille*.

> e.g.   Ho cento francobolli.   *I have one hundred stamps.*
> Maria ha mille francobolli.
> *Mary has a thousand stamps.*

Note how Italian differs from English in this respect also.

Irregular Verbs—*rispondere, scendere, crescere*

rispondere	*to answer*	*p.p.* risposto
scendere	*to descend*	*p.p.* sceso
crescere	*to grow*	*p.p.* cresciuto

The compound tenses of *rispondere are conjugated with avere*: ho risposto, *etc.*

Scendere and *crescere* are conjugated with *essere*:

> sono sceso (a), *etc.*
> sono cresciuto (a), *etc.*

NOTE.—If *crescere* is used as a transitive verb, meaning "to raise, bring up," it is conjugated with *avere*. However, such a use is relatively rare, and the usual verb for "to raise, bring up" is *educare* (people) or *allevare* (people/animals).

VOCABULARY

il soggiorno	stay, sojourn	la villa	country house
il miracolo	miracle	all'aperto	in the open
il Battistero	Baptistry	cioè	that is, namely
la Torre Pendente	Leaning Tower	andare* in pullman	to go by coach
il campanile	bell tower	decidere	to decide
la meraviglia	marvel, wonder	stabilire	to fix
il mondo	world	contenere	to contain
il pulpito	pulpit	sembrare*	to seem
il lampadario	chandelier	Giacomo Puccini (1858–1924)	
il pomeriggio	afternoon	Galileo Galilei (1564–1642)	

PISA

Durante il loro soggiorno a Viareggio, Mario e Giovanni decidono di fare una gita in pullman fino a Pisa: in poco tempo arrivano alla Piazza del Duomo.

Mario. Com'è bella questa Piazza!

Giovanni. Molti Italiani la chiamano la Piazza dei Miracoli, perchè contiene i tre bellissimi edifici, cioè: il Duomo, il Battistero e la Torre Pendente.

Mario. Con quel bel cielo azzurro e il prato verde sembra un vero miracolo.

Giovanni. Questo campanile mi sembra una delle sette meraviglie del mondo. (*Entrano nel Duomo.*)

Mario. Oh, quanto è bella e chiara! Che pulpito magnifico!

Giovanni. E quel lampadario di Galileo è superbo, non è vero? (*Dopo questa visita tutti e due salgono sulla Torre Pendente dalla quale hanno una bella vista, poi pranzano in un ristorante vicino alla Piazza.*)

Giovanni. Questo pomeriggio potremo andare a Torre del Lago.

Mario. Dov'è? È lontano?

Giovanni. È molto vicino! Potremo visitare la villa di Giacomo Puccini. C'è un teatro all'aperto dove danno le sue opere durante i mesi estivi.

Mario.   Ho letto nel giornale stamattina che danno *La Bohème.*
Potremo avere dei biglietti per stasera?
Giovanni.   Andremo a vedere.

(Segue)

EXERCISES

A. Answer the following:

1. Che decidono di fare un giorno, Giovanni e Mario, mentre
    sono a Viareggio?
2. È lontano Pisa da Viareggio?
3. Vanno in macchina?
4. Dove si ferma il pullman quando arriva a Pisa?
5. Gl'Italiani, come la chiamano questa piazza?
6. Quali tre edifici si trovano in questa piazza?
7. Dove entrano Giovanni e Mario?

8. E poi quale edificio visitano?
9. Che fanno durante il pomeriggio?
10. Dove si trova questa villa?

B. Give the second persons singular and plural of the following
   verbs in the imperfect tense:

       1. viaggiare   4. avere
       2. scendere   5. essere
       3. partire

C. Translate:

1. Have you read this book by Manzoni?
2. I was speaking to Mr. Valli this morning.
3. How are you, signora Berti?
4. This Leaning Tower seems to us one of the seven wonders of
   the world.
5. Where is the villa of Giacomo Puccini?
6. It is in Torre del Lago, not far from Pisa.
7. Have you heard an Italian opera?
8. Yes, not only one but many.
9. Do you like the music of Puccini?
10. Yes, but my sister prefers the music of Giuseppe Verdi.

D. Translate:

1. While crossing the road.
2. Reading the newspaper.
3. Finding the hotel.
4. Leaving the station.
5. Finishing the dinner.

E. Translate:

1. Mio fratello è dottore.
2. Pisa, città toscana, non è lontano da Firenze.
3. La Toscana, regione d'Italia, è molto bella.
4. Che peccato! Non c'è tempo di visitare il museo.
5. Hai risposto alla lettera, Roberto? No, non ancora.
6. Siamo scesi alla stazione di Viareggio.
7. La ragazza è cresciuta molto quest'anno.
8. Questi tre edifici sono magnifici.

LESSON XXIV

Past Definite of Regular Verbs

The endings for the three conjugations are as follows:

First conjugation	Second conjugation	Third conjugation
-ai	-ei *or* -etti	-ii
-asti	-esti	-isti
-ò	-ei *or* -etti	-ì
-ammo	-emmo	-immo
-aste	-este	-iste
-arono	-erono *or* -ettero	-irono

NOTE.—

(a) The accent on the last vowel of the third person singular in each of the conjugations; this is found in all regular verbs.

(b) Except for the -ò in the first conjugation the characteristic vowel of each conjugation is kept in all the persons.

(c) Some verbs in -*ere* have an alternative form for the first and third persons singular and the third person plural.

Past Definite of the Model Verbs

PARLARE	*to speak*	VENDERE,	*to sell*	CAPIRE	*to understand*
parlai	*I spoke, etc.*	vendetti *or* -ei	*I sold, etc.*	capii	*I understood, etc.*
parlasti		vendesti		capisti	
parlò		vendette *or* -è		capì	
parlammo		vendemmo		capimmo	
parlaste		vendeste		capiste	
parlarono		vendettero *or* -erono		capirono	

Use of the Past Definite

Generally speaking, the past definite is used to describe a single, completed action in a reasonably "remote" past (the Italian name for this tense is *passato remoto*), which means not today, or yesterday, or perhaps not even this month. Thus, the tense lends itself to historical narration:

e.g.   La seconda guerra mondiale iniziò nel 1939.

   The second World War began in 1939.

and is often accompanied by such adverbial phrases as *l'anno scorso, sei anni fa* (= last year, six years ago), etc.:

e.g.   L'anno scorso mori un mio amico.

   A friend of mine died last year.

However, the student will also hear: *L'anno scorso è morto un mio amico.* This is because the distinction between the perfect and the past definite and their uses is not as clear-cut as it is in English, and is also subject to a good deal of regional variation.

For instance, northern speakers would tend to say:

   Dieci anni fa ho visto un bel film

   I saw a good film ten years ago

where the time-lapse of ten years would normally require the past definite:

   Dieci anni fa vidi un bel film.

Southern speakers, however, tend to prefer the past definite, so that sentences are heard which involve the use of the past definite where we might expect the perfect:

e.g.   Arrivai stamattina. (= *I arrived this morning.*)
Or even: Arrivai adesso.   (= *I arrived just now.*)

Yet, with or without regional variation, it is difficult to say at what point in the past the perfect becomes the past definite, which is why sentences like our earlier example "A friend of mine died last year" have two possible translations in Italian.

It must be added in conclusion that even a sentence like *Dieci anni fa ho visto un bel film* is perfectly acceptable (especially at the spoken level), since this use of the perfect is no longer marked as being a regional (i.e. northern) characteristic; whereas sentences such as *Arrivai stamattina* still pass as distinctly southern usages.

This does *not* mean that the perfect tense is "better" or "more acceptable" than the past definite; but there would perhaps be a case for saying that, if an absolute choice had to be made (which is by no means advisable), then the perfect tense would be the safer one to use in speech; but in writing, in literature and in the press the past definite is used extensively.

Prefixes

The prefixes most commonly used in Italian are:

(*a*) *dis-* (or simply *s-*) which usually gives the opposite meaning to the word to which it is joined:

e.g.   fare *to do*; disfare *or* sfare *to undo, to dissolve*.
       dire *to say, tell*; disdire *to cancel, to unsay*.
       piacevole *pleasant, agreeable*;
       spiacevole *unpleasant, disagreeable*.

(*b*) *ri-*, which implies repetition.

e.g.   dire *to say*; ridire *to say again*.

(*c*) *stra-*, which intensifies the meaning of the word to which it is joined.

e.g.   cotto (*p.p. of* cuocere, *to cook*), *cooked*;
       stracotto *overcooked*.
       vecchio *old*; stravecchio *very old* (*especially of brandy, etc.*)

Suffixes

When a suffix is added to a word, the word is modified. Suffixes may be added to nouns, adjectives and adverbs. The suffixes most commonly used are:

(*a*) *-issimo*, added to adjectives and adverbs.

e.g.   buono *good*; buonissimo *very good*.
       bene *well*; benissimo *very well*.

NOTE.—The suffix is added to the word minus its final letter; the adjectives have a feminine form in *-a*.

(*b*) *-etto, -ino, -ello*, which are used as diminutives, or to denote endearment.

e.g.   una casa *a house*; una casetta, una casina *a small or nice little house*.

un gatto *a cat*; un gattino *a small cat, kitten*.
un fiume *a river*: un fiumicello *a small river*.
caro *dear*; carino *nice, pretty, attractive*.

(*c*) -*one*, fem. -*ona*, used as an augmentative.

e.g.   un ragazzo *a boy*; un ragazzone *a big boy*.
       una ragazza *a girl*; una ragazzona *a big girl*.

The feminine form -*ona* is only used for nouns which have a masculine and a feminine form.

Here are some feminine nouns which become masculine when the suffic -*ino* is added.

una bocca *a mouth*; un bocchino *a little mouth or mouth-piece*.
una spazzola *a brush*; uno spazzolino *a small brush e.g. for teeth*
   (= da denti) *or fingernails* (= da unghie).
una finestra *a window*; un finestrino *a small window*.

BUT   una mano *a hand*; una manina *a tiny hand*.

VOCABULARY

il negozio	shop	il Perseo	Perseus
la bottega	small, old shop	Cimabue (1240–1302)	
il tesoro	treasure	Dante Alighieri (1265–1321)	
l'arte, *fem.*	art	Giotto (1276–1336)	
Le Belle Arti	the arts	Brunelleschi (1377–1444)	
la facciata	front, façade	Ghiberti (1378–1455)	
il marmo	marbel	Donatello (1386–1460)	
il capolavoro	masterpiece	Michelangelo (1475–1564)	
l'orefice	goldsmith	Cellini (1500–1571)	
il cammeo	cameo	creare	to create, produce
l'orecchino	earring	nascere:	to be born
il ponte	bridge	nacque,	(he) was born,
il Ponte Vecchio	famous bridge in Florence	nacquero (*past def. of* nascere)	(they) were born
Santa Maria Novella } Santa Croce	churches in Florence	fece (*past def. of* fare)	(he) made
il fiume	river	bronzo	bronze
l'Arno	river Arno	roseo	rose-coloured, rosy
il muro, *pl.* le mura	wall		

degno	worthy	ricordare	to remember
la pittura	the art of painting	il ricordo	remembrance,
il quadro	painting		souvenir
pian piano,		lo scrittore	writer
lentamente	slowly	l'architetto	architect
vidi (*past def. of*		contenere	to contain
vedere)	I saw		

DA VIAREGGIO A FIRENZE

Mentre Giovanni e Mario viaggio da Viareggio a Firenze in pullman, ammirano il paesaggio.

Mario. È molto bello, questo paesaggio. Dove siamo ora?

Giovanni. Vicino a Lucca. Vedrà, fra poco, le sue vecchie mura e dei campanili bell*i*ssimi.

Mario. Dov'è il duomo di Lucca?

Giovanni. In piazza San Martino. La vedremo quando ci fermeremo.

Mario. E lontano da qui Firenze?

Giovanni. No, ci saremo fra un'ora.

Mario. Sarò tanto felice di vedere Firenze, è una città piena di tesori d'arte, (non è) vero?

Giovanni. Sì, il Duomo, il Battistero, con le sue famose porte di bronzo del Ghiberti, ed il Campanile di Giotto sono veri capolavori.

Mario. E di marmo la facciata del Duomo?

Giovanni. Sì, d'un marmo di bei colori, d'un colore roseo e verde scuro.

Mario. Qual è la chiesa più bella ed antica di Firenze?

Giovanni. Santa Maria Novella è una delle più belle e antiche, e Santa Croce è famosa, come Lei sa.

Mario. Firenze è la *p*atria di molti u*o*mini famosi, (non è) vero?

Giovanni. Sì, come Cimabue, maestro di Giotto, Dante, Brunelleschi, Donatello, Ghiberti e Michel*a*ngelo. Ma *e*ccoci arrivati, dobbiamo sc*e*ndere qui. Prenderemo una carrozza fino al Ponte V*e*cchio. Vedrà un po' della città, poi cammineremo sul Ponte, così vedrà le famose botteghe degli orefici, e arriveremo pian piano alla Piazza del Duomo.

(*Segue*)

EXERCISES

A. Answer the following:

1. Che dice Mario del paesaggio fra Viareggio e Firenze?
2. In quale regione si trovano Pisa, Lucca e Firenze?
3. Com'è la facciata del Duomo di Firenze?
4. Su quale fiume è Firenze?
5. Ha visto il Ponte Vecchio Lei?
6. 'Mi dica (*for imperative forms cf. Lesson XXVIII*) i nomi di due chiese di Firenze.
7. Sa dirmi il nome di un poeta fiorentino, molto famoso?
8. Sa dirmi i nomi di alcuni scultori e pittori?
9. Dove si trovano le piccole botteghe degli orefici?
10. Perchè è famosa Firenze?

B. Give the third persons singular and plural of the following verbs in the past definite tense:

   1. arrivare   2. vendere   3. pr

C. Translate:

1. Dante was born in Florence.
2. Benvenuto Cellini, Giotto and Michelangelo were also born in this city.
3. These bronze doors are a masterpiece of art.
4. We are now near the bell tower of Giotto.
5. Last year I vistited the Palazzo Vecchio and the Uffizi Galleries.
6. Florence gave to Italy many writers, poets, architects and artists.
7. This façade is really beautiful.
8. Last summer we bought some earrings and cameos from the little shops on the Ponte Vecchio.
9. These buildings are very old and the streets very narrow.
10. Tomorrow we will buy some souvenirs.

D. (*a*) Give the opposites of the following by using a prefix:

      1. fare   4. contento

      2. dire   5. ubbidire

      3. piacevole

(*b*) Form diminutives from the following words:

      1. un gatto   4. un fratello

      2. un fiasco   5. una sorella

      3. una casa

E. Translate:

Donatello creò opere famose. Fece un Crocefisso di legno per la chiesa di Santa Croce a Firenze. Dante Alighieri fu (*was*) il più gran poeta d'Italia. Quando andai a Firenze l'anno scorso, ammirai il Perseo di Benvenuto Cellini. Vidi le porte di bronzo del Ghiberti, "degne di essere le porte del Paradiso,"—disse (*said*) Michelangelo. Questo monumento è il Campanile di Giotto. Quell'enorme edificio è la Galleria degli Uffizi, un museo che contiene una grande collezione di quadri.

LESSON XXV

Past Definite of Irregular Verbs

As already stated, most of the irregular verbs are only irregular in the past participle and the past definite, and of the past definite only three of the persons are irregular, viz. the first person singular, which always ends in -*i*, the third person singular, which always ends in -*e*, and the third person plural, which always ends in -*ero*.

The endings of the second person singular and the first and second persons plural are added to the stem of the infinitive, with the exception of e*ssere**, *dare* and *stare** which are very irregular.

PAST DEFINITE

VEDERE		DEC*I*DERE	
vidi	*I saw*, etc.	decisi	*I decided*, etc.
vedesti		decidesti	
vide		decise	
vedemmo		decidemmo	
vedeste		decideste	
videro		decisero	

METTERE		SCR*I*VERE	
misi	*I put*, etc.	scrissi	*I wrote*, etc.
mettesti		scrivesti	
mise		scrisse	
mettemmo		scrivemmo	
metteste		scriveste	
misero		scrissero	

Note that there is no accent on the third person singular of an irregular verb in this tense.

AVERE		ESSERE	
ebbi	*I had*, etc.	fui	*I was*, etc.
avesti		fosti	
ebbe		fu	

avemmo	fummo
aveste	foste
*e*bbero	*fu*rono

DARE		STARE	
diedi *or* detti *I gave,* etc.		stetti	*I stayed, stood, was,*
desti		stesti	etc.
diede *or* dette		stette	
demmo		stemmo	
deste		steste	
di*e*dero *or* d*e*ttero		st*e*ttero	

Idiomatic Uses of Prepositions

1. *da* ("by, from") also has the following meanings:

   (*a*) "to" ("to the house *or* shop of").

      e.g. Vado da Roberto.   *I am going to Robert's house.*

           Andiamo da lui, lei, loro.

             Let us go to his, her, their house.

The expressions *da pualche parte* (somewhere) and *da nessuna parte* (nowhere) are also worth remembering.

But note the following:

  Vado da me.   }

  Vado da solo/a. }   *I am going by myself.*

  Vado a casa mia.   *I am going home, to my house.*

   (*b*) "with", describing a personal characteristic.

      e.g.   una ragazza dai capelli neri   *a girl with black hair*

   (*c*) It also indicates purpose

      e.g.   una tazza da caffè` *a coffee cup* (*as opposed to* una tazza DI caffè *which means* "*a cup of coffee*")

   (*d*) It also indicates quantity or type

      e.g.   un francobollo da cento libre   *a 100 lire stamp*
           scarpe da donna   *women's shoes*

   (*e*) It is used to comment on typical behaviour

      e.g.   È proprio da lui essere in ritardo.   *It's just like him to be late.*

(*f*) It is also used as a translation of "for" and "since" in temporal constructions

e.g. *A*bito a Pisa da due anni.
       I've been living in Pisa for two years.
       Stavo male da una settimana.
       I'd been feeling ill for a week.
       È dal 1974 che insegniamo.
       We've been teaching since 1974.
       Cantavate da mezzanotte.
       You (pl.) had been singing since midnight.

The student will deduce, from this important use of the preposition *da*, that the English present perfect continuous with *for* and *since* is translated in Italian by the *Present tense + da*; and that the past perfect continuous with "for" and "since" is translated in Italian by the *imperfect tense + da*. As tenses in themselves, the present perfect continuous and the past perfect continuous *have no equivalents* in Italian.

2. *per* ("for") also translates "by, by means of".

e.g.   per telegramma *by telegram*   per via aerea *by air*
       due per quattro   *two by (multiplied by) four*

Note also the use of *per* in the expression *stare* per far qualcosa* (= to be about to do something).

3. *in* "(in)" used before countries, translates "to".

e.g.   Vado in Italia.   *I am going to Italy.*
Note also:

       Vado in città.   *I am going to town.*
       Vado in centro. *I am going into the (town-) centre.*

It may also mean "by" when used of transport:

e.g.   in macchina   *by car*
       in treno   *by train*
       in bicicletta   *by bicycle*
       in aereo   *by aeroplane*

4. *a*("to, at") has the following meanings:
   (*a*) "in" before a town.
   e.g.   Abito a Firenze.   *I live in Florence.*

(*b*) It also implies the way in which something is done.

e.g.　　chiudere a chiave *to lock*, lit. *to close with a key*
　　　　fare alla romana　　　　*to go Dutch*
　　　　due a due　　　　　　　*two by two*

5. *fra* or *tra* (between, among") before time in the future is translated "in, soon".

e.g.　　fra un'ora　*in an hour*　　fra poco　*soon*

6. *di* when referring to times of the day or year is translated "in" or "by".

e.g.　　di mattina, di sera, di notte, di giorno
　　　　　in the morning, in the evening, by night, by day
　　　　di primavera, d'estate, d'autunno, d'inverno
　　　　　in spring, in summer, in autumn, in winter

Note also the peculiar use of *di* in *qualcosa di bello/di cattivo*, etc. (=something beautiful/bad, etc.), and the absence of any preposition in the corresponding English idiom.

VOCABULARY

la corsa	race	medievale	medieval
il Palio	piece of rich cloth	vario	various
	given as a prize	peccato!	too bad!
	(*fig.* race, prize)	che peccato!	what a pity!
il fantino	jockey	rappresentare	to represent
il costume	costume	aver luogo	to take place
il quartiere	district	tre mesi fa	three months ago
il campo	field, ground	però	however
il Campo	large Square	Elena	Helen
l'album (*m.*)	scrapbook, album		

SIENA

Giovanni.   Domani andremo a Siena; come Lei sa è una città molto antica e bella. Non ci sarà la Corsa del Palio, però, domani.

Mario.   Che cosa è la Corsa del Palio?

Giovanni.   È una corsa di cavalli alla quale partecipano numerosi fantini, tutti vestiti in costumi medievali che rappresentano i vari quartieri di Siena.

Mario.   E quando la fanno, questa corsa?

Giovanni.   Due volte l'anno, il due luglio ed il sedici agosto.

Mario.   E dove?

Giovanni.   Nella grande piazza chiamata il Campo.

Mario.   Dev'essere interessante questa corsa! È bello il Duomo di Siena?

Giovanni.   Molto, la sua facciata è di marmo rosso, bianco e nero.

Mario.   Quante volte è stato a Siena, (Lei)?

Giovanni.   Questa sarà la mia seconda visita.

(*Segue*)

EXERCISES

A. Answer the following:

  1. Dove arrivarono il giorno seguente Mario c Giovanni?
  2. È mai stato a Siena, Lei?
  3. Come si chiama la corsa a Siena?
  4. Dove e quando la fanno?
  5. Come si chiama questa Piazza?
  6. Chi prende parte a questa corsa?

7. Come sono vestiti i fantini?
8. Com'è la facciata del Duomo?
9. In quale regione si trova Siena?
10. Le piacerebbe visitare questa città?

B. (a) Supply the correct form of the past definite of the following verbs in brackets:

1. Maria (finire) il suo lavoro.
2. Noi (vendere) la macchina.
3. Essi (fare) una passeggiata.
4. Io (andare) a Pisa tre anni fa.
5. Voi (arrivare) troppo tardi.

(b) Translate the words in brackets:

1. Andammo al mare (*two months ago*).
2. (*Sometimes*) visitavamo il museo.
3. (*Often*) parlavamo del viaggio.
4. (*What a pity!*) Ho perso il treno.
5. Ho quasi (*one thousand*) francobolli nel mio album.

C. Translate the completed sentences in Exercise B.

D. Translate the following conversation:

Where are you going, Margaret and Helen?
We are going to town, do you want to come with us?
No thanks, I must go to my sister's house now.
Where does she live?
In Trent Road, number eleven.
When is she leaving for Milan.?
Next week, by plane.
What are you going to buy, Helen?
Some coffee cups for my cousins.
And I will buy some teaspoons.

E. Continue the following verbs in the past definite tense:

1. Leggere: lessi, leggesti, *etc.*
2. chiedere: chiesi, chiedesti, *etc.*
3. chiudere: chiusi, chiudesti, *etc.*
4. dire: dissi, dicesti, *etc.*
5. mettere: misi, mettesti, *etc.*

F. Translate the following sentences:

1. The girl with the blue eyes.
2. They were about to go out.
3. When are you going to Robert's house? – In an hour.
4. Two coffee-cups and a cup of tea.
5. We live in Florence, in Italy.
6. It is just like Peter to miss the train.
7. Have you been living in Siena long? – No, only (for) a year.
8. He gave me a 200 lire stamp and a pair of men's shoes.
9. In the evening, we travelled by car; during the day, by train.
10. Let's go (= *facciamo*) Dutch.

LESSON XXVI

Comparison of Adjectives

There are three degrees of comparison of an adjective:

1. The positive, which is the adjective in its simple form.
2. The comparative, which expresses a higher or a lower degree; this is formed by placing *più* (more) or *meno* (less) before the adjective.
3. (*a*) The superlative relative, which expresses the highest or the lowest degree; this is formed by placing the definite article in front of *più* or *meno*.

(*b*) The superlative absolute, which expresses a very high or a very low degree, without any suggestion of comparison; this is formed by adding *-issimo, -issima, -issimi, -issime*, to the adjective, after the final vowel has been dropped.

A. *Comparisons of Equality*

In Italian comparisons of equality are formed in the following way:

così . . . come	*as, so . . . as*
tanto . . . quanto	*as much . . . as*

e.g. Roberto è così ricco come Lorenzo

or Roberto è ricco come Lorenzo.

Robert is as rich as Lawrence.

Pietro non è tanto coraggioso quanto Paolo

or Pietro non è coraggioso quanto Paolo.

Peter is not as brave as Paul.

Note that *così* and *tanto* may be omitted.

B. *Comparisons of Inequality*

In comparisons the word "than" is translated by *di* or *che. Di* is used before a noun, a pronoun *or* a number.

e.g. Carlo è più alto di Luigi.

Charles is taller than Louis.

Caterina è più alta di me.

Catherine is taller than I.

Francesco ha più di mille francobolli.

Francis has more than one thousand stamps.

Di is also used in comparisons the second term of which is a clause introduced by *quello che* (literally: "that which"), or *quanto* (literally: "how much"):

e.g. La casa è più grande di quello che pensate.
The house is bigger than you think.
Siete meno generosi di quanto non sembriate.
You (m. pl.) are less generous than you seem.

It is important to note here that *quello che* is used without *non* and requires the indicative; whereas *quanto* usually requires both *non* and the *subjunctive* (*sembriate* in the second example is the second person plural form of the present subjunctive of *sembrare**). The subjunctive mood is explained in Lessons XXVII and XXIX.

NOTE.—If there are two nouns used without an article in a general sense and both of them are subjects *or* objects of the same verb, "than" is translated by *che*.

e.g. C'è più latte che caffè in questa tazza.
There is more milk than coffee in this cup.

che is used before all other parts of speech:

e.g. (*a*) *Adverbs.*
Meglio tardi che mai.
Better late than never.

(*b*) *Verbs.*
Preferisco suonare che cantare.
I prefer playing to singing.

(*c*) *Prepositions.*
Ci sono più sigarette in questo pacchetto che in quella
scatola.
There are more cigarettes in this packet than in that box.

(*d*) *Adjectives.*
Questa ragazza è più studiosa che intelligente.
This girl is more studious than intelligent.

Comparisons in which *tanto* is used as an adjective require that *quanto* also agrees with the noun:

e.g. tanta (*f. sing.*) . . . quanta   *as much . . . as*
tanti (*m. pl.*) . . . quanti }
tante (*f. pl.*) . . . quante }   *as many . . . as*

Maria ha tanta pazienza quanta sua madre.
Mary has as much patience as her mother.

Giovanni ha tanti libri quanti Roberto.
John has as many books as Robert.

Ho tante cugine quante lui.
I have as many cousins as he.

Table of Comparisons

Positive	Comparative	Superlative Relative	Superlative Absolute
caro	più caro	il più caro	carissimo
dear,	meno caro	il meno caro	*very dear*
expensive	*more dear,*	*the most dear,*	
	dearer	*dearest*	
	less dear,	*the least dear,*	
	cheaper	*cheapest*	

NOTE—Adjectives which end in *-co* or *-go* insert *h* between *c* or *g* and *-issimo* in order to keep the hard sound:

e.g.   ricco   *rich*   ricchissimo   *very rich*
       lungo   *long*   lunghissimo   *very long*

Note the following six adjectives which have both regular and irregular forms

Positive	Comparative		Superlative Relative		Superlative Absolute	
buono *good*	più buono or migliore	*better*	il più buono or il migliore	*the best*	buonissimo or ottimo	*very good*
cattivo *bad*	più cattivo or peggiore	*worse*	il più cattivo or il peggiore	*the worst*	cattivissimo or pessimo	*very bad*
grande *big, great*	più grande or maggiore	*bigger, greater*	il più grande or il maggiore	*biggest, greatest*	grandissimo or massimo	*very big*
piccolo *small*	più piccolo or minore	*smaller*	il più piccolo or il minore	*smallest*	piccolissimo or minimo	*very small*
alto *high*	più alto or superiore	*higher*	il più alto or il superiore	*the highest*	altissimo or supremo	*very high*
basso *low*	più basso or inferiore	*lower*	il più basso or l'inferiore	*the lowest*	infimo or bassissimo	*very low*

NOTE.—The forms *più buono* and *migliore* are not always synonymous; and the same can be said of all the above pairs of forms in the comparative, superlative relative and superlative absolute. Very generally speaking, the first of the forms given (*più buono, il più buono, buonissimo; più cattivo, il più cattivo, cattivissimo,* etc.) tends to be more material; while the second set (*migliore, il migliore, ottimo*, etc.) is, or can be, more abstract. For instance, *più alto* and *più basso* may be used to compare the heights of two trees; whereas *superiore* and *inferiore* would be used to compare the quality of the two woods produced. Similarly, *più grande* and *più piccolo* would be used to compare the heights of two people, whereas *maggiore* and *minore* would compare their ages. (At the popular level, *più grande* and *più piccolo* may also be used for age.) However, the student should not think in terms of a clearly-defined split between the physical and the abstract here; there is nothing abstract, for instance, about "the floor above", which is rendered *il piano superiore* in Italian.

Comparison of Adverbs

The comparative and superlative forms of adverbs are formed in exactly the same way as those of adjectives, e.g.:

Positive	Comparative	Superlative Relative	Superlative Absolute
riccamente *richly*	più riccamente	il più riccamente	ricchissimamente

Irregular Comparison of Adverbs

Positive		Comparative		Superlative Relative		Superlative Absolute	
bene	*well*	meglio	*better*	il meglio	*the best*	ottimamente benissimo }	*very well*
male	*badly*	peggio	*worse*	il peggio	*the worst*	pessimamente malissimo }	*very badly*
molto	*much*	più	*more*	il più	*the most*	moltissimo	*very much*
poco	*little*	meno	*less*	il meno	*the least*	pochissimo	*very little*

Note.—Adjectives and adverbs are sometimes repeated to form the superlative absolute:

e.g. rosso rosso   *very red*

piano piano }
                   very slowly, gently, quietly
or pian piano }

VOCABULARY

la Citta Eterna	Eternal City	Santa Maria	St. Mary the
la capitale	capital	Maggiore	Greater, Major
il Colosseo	Colosseum	San Paolo fuori	St. Paul outside
il Foro	Forum	le Mura	the walls
la Fontana di	Fountain of	San Giovanni	
Trevi	Trevi	in Laterano	St. John Lateran
la piramide	pyramid	la basilica	basilica
Porta San Paolo	Saint Paul's Gate	volere* †	to want
Teatro di	Caracalla	dimenticare	to forget
Caracalla	Theatre	buttare	to throw

lo spett*a*colo	scene, sight	prenotare	to book (seats)
San Pietro	St. Peter	div*i*dere	to divide
si dice	it is said (they say)	Parigi	Paris
pr*a*tico	practical	avverato	proved, come
il soldo	copper (coin), penny		true
i soldi	(*popular*) money	il sogno	dream

ROMA

Giovanni e Mario pr*e*ndono il treno per Roma e arr*i*vano verso mezzogiorno.

Giovanni. *E*ccoci a Roma, la Città Eterna.

Mario.   Che bella stazione e com'è grande e moderna!

Giovanni.   E la nuova stazione T*e*rmini; sì, è veramente bella e molto pr*a*tica.

Mario.   Ho sempre voluto visitare la capitale d'Italia. In quale regione siamo ora?

Giovanni.   Nel Lazio. Roma si può dividere in tre parti. Roma antica, Roma medievale e Roma moderna.

Mario.   Quali sono le quattro basiliche importanti di Roma?

Giovanni.   San Pietro, che è la basilica più grande del mondo, San Giovanni in Laterano, Santa Maria Maggiore, e San Paolo fuori le Mura.

Mario.   Visiteremo tutt'e quattro, più tardi, (non è) vero?

Giovanni.   Certo; c'è tanto da vedere a Roma—ma abbiamo tempo.

Mario.   Sì, è vero. Roma è famosa non solo per le chiese, il Colosseo ed il Foro ma anche, si dice, per la belleza delle sue fontane.

Giovanni.   Vedremo facilmente le fontane perchè sono quasi tutte in grandi piazze—e non dobbiamo dimenticare di buttare un soldo nella fontana di Trevi.

Mario.   Perchè?

Giovanni.   Perchè si dice che chi farà così sarà certo di rivedere la Città Eterna. Sa che c'è una piramide a Roma?

Mario.   No, non lo sapevo, dove?

Giovanni.   Vicino a Porta San Paolo; la vedremo domani prima di andare alla basilica di San Paolo.

Mario.   Potremo andare, una sera, al Teatro di Caracalla?

Giovanni.   Sì, prenoteremo biglietti per un'opera; nel giornale ci sarà il programma, e vedremo quale opera daranno domani. Questo Teatro è all'aperto, come Lei sa.

Mario.   Sarà per me uno spettacolo meraviglioso, un sogno avverato.

(*Segue*)

EXERCISES

A. Answer the following:

1. A che ora arrivano a Roma i nostri viaggiatori?
2. In quale regione sono ora?
3. Quali sono le quattro famose basiliche di Roma?
4. Quali visiteranno Giovanni e Mario?
5. Che faranno quando visiteranno la fontana di Trevi?

6. Perchè?
7. C'è una piramide a Roma?
8. Dove?
9. Le piacerebbe visitare questa capitale?
10. Qual è la capitale della Francia?
11. Qual è la capitale dell'Inghilterra?
12. Quali capitali ha visitato?

B. Give the first and third persons plural of the following verbs in the conditional tense:

1.	leggere	4.	fare
2.	dire	5.	partire
3.	visitare		

C. Translate:
1. Luigi speaks Italian better than Paul.
2. This book is the best of the three.
3. This is a very good idea.
4. Charles is the eldest.
5. Helen is the youngest.
6. That tower is higher than this one.
7. Three days ago I saw a wonderful view.
8. Unfortunately I could not take a photograph of it.
9. Peter is as tall as Paul.
10. Robert is the tallest.
11. They are more intelligent than they seem (use *quello che*).
12. We are more beautiful than rich.

D. (*a*) Give the opposites of the following:

1.	maggiore	4.	ottimo
2.	superiore	5.	bene
3.	meglio		

(*b*) Give the superlative absolute of the following:

1.	piccolo	4.	molto
2.	poco	5.	bene
3.	alto		

E. Revise all the tenses studied so far of the auxiliary verbs, and write the third persons singular and plural of each tense.

The Subjunctive Mood

The subjunctive is a mood required in subordinate clauses after certain conjunctions, verbs or ideas.

PRESENT SUBJUNCTIVE

PARLARE		VENDERE	
parli	*(that) I may speak,*	venda	*(that) I may sell,* etc.
parli	etc.	venda	
parli		venda	
parliamo		vendiamo	
parliate		vendiate	
parlino		vendano	

CAPIRE		PARTIRE	
capisca	*(that) I may*	parta	*(that) I may leave,*
capisca	*understand,* etc.	parta	*depart,* etc.
capisca		parta	
capiamo		partiamo	
capiate		partiate	
capiscano		partano	

Verbs in *-ire* which do not have the *-isc-* in the present indicative are conjugated like *partire*.

Here are a few verbs conjugated like *capire*:

costruire	*to build*	condire	*to season*	finire	*to finish*
guarire	*to cure*	digerire	*to digest*		
pulire	*to clean*	preferire	*to prefer*		

and here are some conjugated like *partire*:

consentire	*to agree*	sentire	*to feel (transitive),*
divertire	*to amuse*		*to hear, to smell*
divertirsi	*to enjoy oneself*	sentirsi	*to feel*
seguire	*to follow*		*(intransitive)*
soffrire	*to suffer*	vestire	*to dress*

Present Subjunctive of the Auxiliaries

AVERE		ESSERE	
abbia	(*that*) *I may have*,	sia	(*that*) *I may be*, etc.
abbia	etc.	sia	
abbia		sia	
abbiamo		siamo	
abbiate		siate	
abbiano		siano	

NOTE.—Verbs in the present subjunctive have the same form for the three persons singular. The perfect subjunctive is formed from the present subjunctive of the appropriate auxiliary verb (whether *essere* or *avere*) and the past participle of the verb concerned, e.g. a*bbia parlato, sia partito*, etc. It is used, as will be seen from the examples to follow, when the sense requires.

The subjunctive is used:

(*a*) After certain conjunctions, of which the following is by no means an exhaustive list: *sebbene/benché* (although), *affinché* (in order that), *perché* (when it means "in order that" and not simply "because"), *a meno che . . . non* (unless), *prima che* (before), *finché* (when it means "until" expressing a future intention, and not simply "as long as"), *nel caso che* (in case), *qualora* (if and when, often expressed in English by "should", e.g. "Should it rain, we'll get wet"), *a condizione che* (on condition that), *purché* (provided that), *nonostante che* (notwithstanding), *per quanto* (however much), *senza che* (without).

e.g.   Sebbene/Benchè egli sia ricco, non è felice.
     Although he is rich, he isn't happy. (cf. NOTE (2) *below)*
     Prima che Roberto parta telefona sempre al suo amico.
     Before Robert leaves he always telephones his friend. (cf. NOTE (2))
     Carlo verrà, a meno che no sia ammalato.
     Charles will come, unless he's ill.
     Lo metto qui affinché/perché lei lo possa vedere.

I'm putting it here so that she can see it. (i.e. "in order that . . . ")

Nel caso che vengano i ragazzi di' loro che siamo già partiti.
Should/If (lit. "in the case that") the boys come, tell them we've already left.

Qualora arrivi mio padre, dagli questa lettera.
Should my father arrive, give him this letter.

Ci andremo, a condizione che tu non dica nulla.
We'll go, on condition you don't say anything.

Nonostante che sia presuntuoso, gli vogliamo bene.
Notwithstanding the fact that he is big-headed, we love him.

Accetto tutto, purché sia onesto.
I accept everything, provided that (or "as long as") it's honest.

Per quanto loro studino, non saranno mai bravo come te.
However much they study, they'll never be as good as you.

Non parte mai senza ch'io lo saluti.
He never leaves without my saying goodbye to him. (cf. NOTE(2))

Ho deciso di camminare finché non tramonti il sole.
I've decided to walk until the sun sets. (cf. NOTE(1) below)

BUT Camminerò finché ci sarà luce.
I'll walk as long as there's light (i.e. for as long as the light lasts).

AND Ho camminato finché ho potuto, poi mi sono riposato.
I walked (for) as long as I could, then I rested.

NOTES—(1) The student will also hear *finché non* used with the present indicative in sentences like: 'I've decided to walk until the sun sets', which is thus rendered: *Ho deciso di camminare finché non tramonta il sole*; this is somewhat less acceptable. The safest way of avoiding the subjunctive in this case would be to use the *future perfect indicative* (cf. Lesson XXIX): *Ho deciso di camminare finché non sarà tramontato il sole*; However, in many cases, the present indicative is not only acceptable with *finché + non*, but it is *compulsory*. In such cases, *finché non* still means 'until', but the element of intention has been removed, bringing *finché non* nearer to the meaning of "as long as", as in *Finché c'è vita c'è speranza* (= As long as there's life there's hope); thus, the sentence becomes a simple statement of fact, as in: *Non possiamo uscire finché non spiove* (= We can't go out until it stops raining).

(2) The problem of *benché* and *prima che* with the subjunctive can be obviated quite easily when the subjects of both main and subordinate clauses are the same:

e.g. Benché ricco non è felice.
Though rich, he isn't happy.
Roberto telefona sempre al suo amico prima di partire.
Before leaving, Robert always telephones his friend.

The same is true of *senza che*, which is teadily transformed into *senza* + infinitive when the subjects of the two clauses are the same:

e.g. Non partite senza salutare tutti.
Don't leave without saying goodbye to everyone.

(3) *Quando* may also take the subjunctive in the sense of a hypothetical 'if'; such a construction is rarely heard nowadays, however, and is not often found even in writing. *Se*, as will be seen in Lesson **XXIX**, is used with the imperfect and pluperfect subjunctives in certain types of conditional sentences, e.g. 'If you studied, you would learn' and 'If you had studied, you would have learned'. Otherwise, it is used with the indicative, since *se* + present subjunctive (like *quando* + *present subjunctive*) is now more or less literary.

(b) After a superlative relative, after u*nico* (or *solo*), and in certain restricted cases after *primo* and u*ltimo*:

e.g. È il cane più piccolo ch'io abbia mai visto. (*superlative relative*)
It is the smallest dog I have ever seen.
L'unica/La sola cosa che tu possa fare è aspettare. (u*nico*/ *solo*)
The only thing you can do is wait.
È l'ultimo uomo vivo che parli questa lingua. (*emphatic superlative*)
He is the last living man to speak this language.
È il primo film ch'io abbia visto in vita mia (*emphatic superlative*)

NOTE.—It is far more common for *primo* and *ultimo* to be used *without* superlative force; in such cases, the subjunctive is not used: *La prima/L'ultima volta che lo vidi* . . . (= The first/The last time I saw him . . .).

(c)   After certain indefinte words such as *chiunque* (whoever), *qualunque* (whatever), *checché* (whatever), *dovunque* (wherever), etc.

e.g.   Qualunque cosa tu faccia, sarai sempre un idiota.
       Whatever you do, you'll always be an idiot.
       Qualunque sia il suo nome, non lo conosco.
       Whatever his name is, I don't know him.
       Checché loro ne dicano, lo farò.
       Whatever they say about it, I'll do it.

(d)   After verbs expressing doubt, fear, opinion, emotion, preference, possibility, desire, probability, ignorance, permission, denial, prevention, hope, command, suggestion and insistence:

e.g.   Pensiamo/Crediamo che tu abbia ragione.
       We think/believe that you're right. (opinion)
       Ho paura/Temo che Giovanni perda/abbia perso l'autobus.
       I'm afraid/I fear John will miss/has missed the bus. (fear)
       È un vero peccato/Che peccato che Pietro non si sia divertito.
       It's a real pity/what a pity (that) Peter hasn't enjoyed himself.
       (emotion/opinion)
       Siamo contenti che siate felici; ci dispiace che loro siano tristi.
       We're glad you're happy; we're sorry they're sad. (emotion)
       Vuoi/Speri che vengano con te.
       You want them to come with you/You hope they'll come with you.
       (desire/hope)
       È possibile/probabile che arrivino mentre siamo fuori.
       It's possible/probable that they'll arrive while we're out.
       (possibility/probability)
       Preferiscono ch'io rimanga a casa.
       They prefer me to stay at home. (preference)
       È meglio che tu stia zitto.
       It's better for you to be quiet. (opinion/preference)
       Non so che cosa mi sia successo.
       I don't know what has happened to me. (ignorance)
       Non permetto che Carlo vada al cinema.
       I won't allow Charles to go to the cinema. (permission)
       Mio padre impedisce che mi succeda qualcosa di brutto.
       My father prevents anything bad happening to me. (prevention)

Dille che ci venga a trovare domani.
Tell her to come and see us tomorrow. (command)
Neghiamo/Dubitiamo che Anna l'abbia fatto.
We deny/doubt that Anna did it. (denial/doubt)
Insistiamo/Suggeriamo che Mario venga con noi.
We insist/suggest that Mario come(s) with us. (insistence/suggestion)

(*e*)   After certain verbs introducing a hypothetical statement:

e.g.   Facciamo finta che questa penna sia una matita.
Let us pretend that this pen is a pencil.
Supponiamo/Mettiamo che voi vi amiate.
Let us suppose/say that you love each other.

(*f*)   After certain impersonal verbs:

e.g.   Bisogna che tu ci vada.
You must go there.
Basta che lei lo faccia.
As long as she does it. (In the sense of "Provided that she does it")
Sembra/Pare che Maria faccia quello che vuole.
It seems/appears that Mary does what she likes.

NOTE.—The *che* of *sembra che* and *pare che* is often omitted, especially in speech.

(*g*)   In the second term of a comparison of inequality, when that term is introduced by *quanto* (cf. Lesson XXVI, **Comparison of Adjectives** B):

e.g.   Quell'animale è più pericoloso di quanto non pensiate.
That animal is more dangerous than you think.

NOTE.—The insertion of *non* in such sentences is compulsory.

(*h*)   In indirect questions:

e.g.   Chiede dove sia andata Maria.
He asks where Mary has gone.

BUT   the more normal form would be: *Chiede dov'è andata Maria,* and even with past tenses the tendency is to use the indicative instead of the subjunctive, as in: *Mi chiese dov'ero andato per le vacanze* for *Mi chiese dove fossi andato per le vacanze.*

(*i*)   In indirect statements, but only when there is an element of doubt, or when the verb in the main clause is negative:

e.g. Non dico che tu sia stupido.
       I'm not saying you're stupid.
      Non è ch'io ti voglia far male.
       It's not that I want to hurt you.
      Chi ti dice ch'io non lavori stasera?
       Who says/What makes you think that I'm not working this evening?
      Si dice che tu sia molto intelligente. (for *si* cf. Appendix 3)
       They say you're very intelligent.

The choice of the subjunctive in the last two examples (as opposed to the indicative, which is admissible, though not without a subtle change of meaning) increases the element of *doubt*, i.e. it is very possible that I *am* working tonight, and, even though people *say* you're intelligent, I might not be prepared to believe it.

NOTE.—When there is no doubt, then the indicative should be used:

e.g. Non sono sicuro che venga (*subjunctive*, because I'm *not* sure he'll come)
      Sono sicuro che viene/verrà (*indicative*, because *I am* sure he'll come)

(*j*) In certain jussive constructions, which involve the use of the word "let" in English:

e.g. Se vuol venire, venga pure.
       If he wants to come, let him come.

NOTE.—*Pure* strictly means "also" or "too", but it is widely used to add emphasis to polite commands or invitations:

e.g. Ti disturbo? – No, entra pure.
       Am I disturbing you? – No, do come in.

(*k*) In a relative clause after an indefinite antecedent:

e.g. Cerco un ragazzo che sappia parlare l'italiano.
       I'm looking for a boy who can speak Italian.
      Non troviamo nessuno che ci possa aiutare.
       We can't find anyone to help us.

NOTE.—In the first example, *un ragazzo* must be indefinite if the subjunctive is to be used; not just grammatically (i.e. by the use of the indefinite article), but also in the mind of speaker. Hence, the sentence: *Cerco un ragazzo che SA parlare l'italiano* is not only possible, but *compulsory* if the speaker is looking for a boy who can speak Italian *and* knows which boy he or she is looking for. When the antecedent is definite anyway, there is no ambiguity, and the *indicative* is used: *Cerco IL ragazzo che SA parlare l'italiano*.

(*l*)   In indirect questions which are, in effect, expressions of opinion or emotion:

e.g.   Non vedo come tu faccia ad amarlo.
>   *I don't see how you manage to love him.*
>   Non sai quanto io sia felice.
>   *You don't know/I can't tell you how happy I am.*

NOTE.—If *quanto* is replaced by *come* in sentences like the second one here, then the verb in the subordinate clause may be better in the indicative: Non sai *come sono* felice.

Conclusion

The student may have noticed that, in spite of the variety of the constructions with which the subjunctive is used, it is always a *subordinate* function of a main clause, expressed or understood. The subjunctive is still very much used in both spoken and written Italian (in spite of the considerable regression it has undergone and continues to undergo); but, at the same time, it is best avoided when not absolutely necessary. For instance, in sentences which have the same subject in both clauses, an infinitive construction with *di* is possible and advisable:

e.g.   Faccio finta di non capire.
>   *I pretend not to understand.*
>   Sperate di andarci presto.
>   *You (pl.) hope to go there soon.*
>   Dubitiamo di aver capito.
>   *We doubt that we've understood.*
>   Credo di aver lasciato le chiavi a casa.
>   *I think I've left the keys at home.*

The constructions *aver lasciato* (= literally "to have left") and *aver capito* (literally "to have understood") are called *past infinitives*, and are formed from *avere* and the past participle of the verb concerned. Verbs taking *essere* in their compound tenses (e.g.

partire, scendere, etc.) have past infinitives formed from e*ssere* and the relevant past participle, *which agrees in number and gender with its subject*:

e.g.   Dopo *e*ssere entrate nella stanza, le ragazze si sed*e*ttero.
   After entering (lit. "after having entered") the room, the girls sat down.

   Dopo *e*ssere scesi dall 'autobus, gli u*o*mini caddero per terra.
   After getting off (lit. "after having got off") the bus, the men fell on the ground.

NOTE.—(1) An even shorter way of expressing the English 'after coming, after going, after doing', etc. is explained in Lesson XXIX, **More Compound Tenses**, NOTE(2).

(2) The present and perfect subjunctives, which have been dealt with so far, are not the only tenses of the subjunctive; they are two tenses which can be used when the verb in the main clause is future, present or imperative (cf. Lesson XXVIII for imperatives). When the main-clause verb is in a past tense, the *imperfect* or *pluperfect subjunctive* is required in the subordinate clause. This will be mentioned in Lesson XXIX, by the end of which the student should be able to adapt the above examples accordingly, changing any present and perfect subjunctives to imperfects and pluperfects as the verb in the main clause changes from the present or future or imperative to past.

VOCABULARY

il giovanotto	young man	la fetta	slice
il gelato	ice-cream	il panino	roll (bread)
la caramella	sweet	il pacchetto	small parcel
il cestino	small basket	il fiaschetto	small flask
il cestino da viaggio	lunch-basket, packed lunch	la gente	people
		perfino	even
il tovagliolo	serviette	lasciare	to leave
le lasagne	(broad) strips of macaroni	gridare	to shout, cry out
		il raffreddore	cold, chill
il sale	salt	il marciapiede	pavement, (*station*) platform
la porzione	portion		
il pollo	chicken		
		essere raffreddati	to have a cold

DA ROMA A MILANO

Giovanni.   Ora lasciamo il Lazio e quando passeremo per Orvieto saremo in Umbria, poi, poco dopo, di nuovo in Toscana.

Mario.   È lungo il viaggio da Roma a Milano, non è vero?

Giovanni.   Sì, dura otto ore. Questo treno non si ferma tante volte.

Mario.   A quali stazioni si ferma?

Giovanni.   Credo che Orvieto, Firenze, Bologna e Parma siano le stazioni principali.

Mario.   In quale regione si trova Bologna?

Giovanni.   In Emilia.

Mario.   E Milano?

Giovanni.   In Lombardia.

(*I due viaggiatori leggono i giornali. Il treno arriva alla stazione di Bologna e si ferma. Dei giovanotti sul marciapiede, gridano: gelati, caramelle, frutta, cestini da viaggio!*)

Giovanni.   Non sarebbe una buon'idea compare due cestini invece di andare al vagone ristorante?

Mario.   Certo, costeranno meno di un pranzo in treno.

Giovanni.   E sono sempre buoni!

(*Comprano due cestini, e il treno riparte.*)

Mario.   Vorrei sapere che c'è in questo cestino.

Giovanni (*aprendo il suo*). Un piatto caldo di lasagne con una forchetta, pollo, due fette di prosciutto, panini, formaggio, frutta, un fiaschetto di vino, e perfino un pacchettino di sale ed un tovagliolo di carta.

Mario.   Anch'io ho lo stesso nel mio. Buon appetito!

Giovanni.   Grazie, altrettanto a Lei.

(*Cominciano a mangiare.*)

(*Segue*)

EXERCISES

A. Answer the following:

1. In quale regione si trova Orvieto?
2. È lungo il viaggio da Roma a Milano?
3. Come passano il tempo i nostri viaggiatori?
4. Che gridano alcuni giovanotti alla stazione di Bologna?
5. Che comprano Giovanni e Mario?

6. Che trovano nei cestini da viaggio?
7. Le piace il prosciutto?
8. Le piacciono i gelati?
9. Che dice Mario a Giovanni prima di cominciare a mangiare?
10. Che risponde Giovanni?

B. Translate:

1. Although Charles and Peter are poor, they are happy.
2. I'll speak to him before he leaves.
3. We'll go, unless it rains.
4. Should it rain, we'll stay at home.
5. However intelligent they are, they aren't witty (= *spiritoso*).
6. He's allowing us to go; as long as we're careful (= *stare* attenti*).
7. This is the most impressive picture I've ever seen.
8. The only thing you (*sing.*) don't like is rain.
9. Whatever you (*pl.*) say about it, I think he's right (= *aver ragione*).
10. Wherever you (*sing.*) go, you'll find life hard.

C. Translate:

1. I hope you are well.
2. We fear Robert is ill.
3. It appears they don't want to see us.
4. I'm sorry you (*sing.*) don't like these sweets.
5. It's a pity you (*pl.*) don't know Rome.
6. I prefer you (*sing.*) to go now.
7. Do you think Peter is ill? Why hasn't he come?
8. I think he has gone to London.
9. I love wine – as long as it's cool (= *fresco*).
10. Let us pretend it isn't raining.
11. The house is smaller than it seems.
12. She is happier than you (*pl.*) think.
13. It's not that he doesn't like you; he's a little shy (= *timido*).
14. They can't find anyone to help them with their homework (= *compiti a casa*).
15. She's looking for someone who speaks French fluently (= *correntemente*).

D. Conjugate the following verbs in the present subjunctive:

        1. avere   4. ric*e*vere
        2. *e*ssere   5. finire
        3. cantare

E. Revise all tenses of the indicative mood of the model verbs and write the second persons singular and plural of each tense.

LESSON XXVIII

The Imperative Mood

The imperative is used when one asks or commands someone to do something. It is really only used in the second persons singular and plural and the first person plural:

e.g. Parla italiano.   *Speak Italian.*
Parliamo italiano.   *Let us speak Italian.*
Parlate italiano.   *Speak Italian.*

As there is no imperative form for *Lei* and *Loro*, it is supplied by the third persons singular and plural of the present subjunctive:

e.g. Finisca il Suo lavoro.
Finish your work.
Mandino queste cartoline ai Loro amici.
Send these postcards to your friends.

PARLARE

Second person singular	parla	speak (tu *understood*)
Third person singular	parli	speak (Lei *understood*)
First person plural	parliamo	let us speak
Second person plural	parlate	speak (voi *understood*)
Third person plural	parlino	speak (Loro understood)

VENDERE	FINIRE	PARTIRE
vendi	finisci	parti
venda	finisca	parta
vendiamo	finiamo	partiamo
vendete	finite	partite
vendano	finiscano	partano

NOTE.—The first and second persons plural of the imperative are the same as the first and second persons plural of the present indicative minus the pronouns, except in the cases of *avere* and *essere*, where the second person plural is the same as the subjunctive, and *sapere* and *volere*. (For these last two verbs cf.

the list of irregular verbs, Appendix 7.)

AVERE	ESSERE
abbi	sii
abbia	sia
abbiamo	siamo
abbiate	siate
abbiano	siano

NOTE.—Except in the second person singular, the imperative is made negative in the usual way, by the use of *non*:

	e.g.	Non parli.	*Do not speak.*
		Non parliamo.	*Do not let us speak.*
		Non parlate.	*Do not speak.*
		Non parlino.	*Do not speak.*

But to form the imperative negative of the second person singular, the *infinitive* is used, preceded by *non*:

	e.g.	Non parlare	*Do not speak.*
		Non vendere.	*Do not sell.*
		Non finire.	*Do not finish.*

When used with the imperative affirmative in the second person singular and the first and second persons plural, the conjunctive pronouns (except *loro* and *Loro*) are joined to it and form one word:

	e.g.	Compra quella casa.	
		Buy that house.	
	BUT	Comprala.	*Buy it.*
		Compriamola.	*Let us buy it.*
		Compratela.	*Buy it.*

When used with the imperative negative, the pronouns may precede or follow the verb:

	e.g.	Non la compare. ⎫	*Do not buy it.*
		Non comprarla. ⎭	
		Non la compriamola.	*Do not let us buy it.*

NOTE.—With the polite form of the imperative the pronouns (except *loro* and *Loro*) *precede* the verb, when used either affirmatively or negatively:

e.g.	*sing. form:*	La compri, signora.	*Buy it, madam.*
		Non la compri, signora.	*Do not buy it, madam.*
	pl. form:	La comprino, signorine.	*Buy it, ladies.*
		Non la comprino, signorine.	*Do not buy it, ladies.*
	sing. form:	Parli loro.	*Speak to them.*
		Non parli loro.	*Do not speak to them.*
	pl. form:	Parlino loro.	*Speak to them.*
		Non parlino loro.	*Do not speak to them.*

There are three other cases in which the conjunctive pronouns are joined to the verb in the same way as in the imperative affirmative, viz:

(*a*) The infinitive, as already stated in Lesson IX:

e.g. Vado a comprarla.   *I am going to buy it (f.).*
È pericoloso sporgersi.
   It is dangerous to lean out (i.e. of the window).

(*b*) The gerund: e.g. vedendola   *seeing it* (or *her*)

(*c*) The past participle when used without an auxiliary verb:

e.g. Ho comprato una casa.   *I have bought a house.*

BUT Compratola sono molto felice.
   Having bought it, I am very happy.

NOTE.—The student should remember that, when the noun concerned is stated in full (i.e. not pronominalised, as in *Compratola*), the past participle agrees in gender and number with the noun it qualifies: *La casa comprata sono molto felice*/Having bought the house, I am very happy.

If the imperative consists of one syllable only, e.g. *da'* (give), *sta'* (stay, be or keep, as in the familiar *stammi bene*, keep well), *di'* (tell) and *fa'* (do, make), the initial letter of the pronoun joined to it is doubled:

e.g. dammi   *give me*; fammi   *do me, make me*; dille   *tell her, etc.*

    Dalle subito il telegramma.
        Give her the telegram at once.

Gli, however, is an exception to this rule:

e.g. dagli   *give him*

Loro is never attached to the verb:

e.g. da'loro   *give them*

TABLE OF CONJUNCTIVE PRONOUNS.

Subject		Direct object		Indirect object		Reflexive	
io	*I*	mi	*me*	mi	*to me*	mi	*myself*
tu	*you*	ti	*you*	ti	*to you*	ti	*yourself*
egli, lui	*he*	lo	*him, it*	gli	*to him, it*	si	*himself, itself*
ella, lei	*she*	la	*her, it*	le	*to her, it*	si	*herself, itself*
Lei	*you*	La	*you*	Le	*to you*	si	*yourself*
noi	*we*	ci	*us*	ci	*to us*	ci	*ourselves*
voi	*you*	vi	*you*	vi	*to you*	vi	*yourselves*
essi	*they*	li	*them*	loro	*to them*	si	*themselves*
esse	*they*	le	*them*	loro	*to them*	si	*themselves*
Loro	*you*	Loro	*you*	Loro	*to you*	si	*yourselves*

ne, *some, any, of it, some of it*, etc.

Double Conjunctive Pronouns

When two conjunctive pronouns are governed by the same verb and one is the *direct* and the other the *indirect object*, the *indirect* precedes the *direct object*.

Both these pronouns either precede or follow the verb according to the rules already stated for the single pronoun.

NOTE.—

    (*a*) the *i* of *mi, ti, si, ci* and *vi* is changed to *e* when followed by a direct object pronoun (*lo, la, li, le, ne*):

        e.g. Carlo me lo darà. *Charles will give it to me.*

    (*b*) *gli* (to him) and *le* (to her, to you) become *glie* and are written as one word with the pronoun which follows, thus giving these forms:

glielo }
gliela }   *it to him, it to her, it to you*

glieli }
gliele }   *them to him, them to her, them to you*

gliene   *some to him, some to her, some to you*

 (c) *Loro* and *loro*, as always, follow the verb:

  e.g. Lo do loro. *I give it to them.*

However, since *lo do loro* is halting, it can be, and often is, replaced by *glielo do*, especially in speech. The same is true of *lo dico loro*, which readily becomes *glielo dico*.

Conjunctive Adverbs

"Here", "there" and "in it", when referring to a place already mentioned and not used emphatically, are translated by *ci* or *vi*. "From there" and "thence" are translated by *ne*:

e.g. È stato a Londra questa settimana? Sì, ci sono andato due giorni fa.

 Have you been to London this week? Yes, I went there two days ago.

Vieni spesso a Lucca, Margherita? Sì, ci vengo ogni anno.
 Do you often come to Lucca, Margaret? Yes, I come here every year.

Maria uscì di casa alle dieci, io ne uscii a mezzogiorno.
 Mary left the house at ten o'clock, I left at noon.

NOTE. These adverbs, used only in connection with a verb, precede or follow the verb according to the rules studied for the conjunctive pronouns above:

e.g. Devo ritornarci. *I must return there.*

  Uscendone . . . *Going out from there . . .*

The student is referred to Appendix 4 for further details of conjunctive adverbs and their use.

VOCABULARY

la scale	staircase, stairs	l'ottava	
la scale mobile	moving staircase, escalator	meraviglia	eighth wonder
		il cappuccino	coffee with frothed-up milk
la Scala	Scala Theatre		
la Galleria	famous shopping arcade	il cafellatte	coffee with milk
		Santa Maria delle Grazie	famous church in Milan)
la guglia	spire		
		Leonardo da Vinci (1452–1519)	

Castello		il caffè,	strong (black)
Sforzesco	Sforza Castle	l'espresso	coffee
l'*U*ltima Cena,		notare	to note, notice
il Cen*a*colo	Last Supper	la coincidenza	connection (rail-
il lato	side		way), coinci-
l'esterno	exterior, outside		dence
l'interno	interior, inside	l'or*a*rio	timetable
lo stile	style	g*o*tico	gothic

MILANO

Mario.   Ecco la stazione centrale di Milano.

Giovanni.   Vedrà che è una stazione molto ornata, ma non piace a tutti. Scenderemo per la scale di marmo, vedrà anche una

scala mobile. Prima di uscire, prenderemo un caffè, o un cappuccino. Che preferisce?

Mario. ·Un espresso, per favore. Quante ore avremo a Milano?

Giovanni. Almeno quattro, ma vedremo l'orario fra poco.

Mario. Eccolo! Treni in Arrivo . . . Treni in Partenza . . . Ah, ecco! . . . Milano-Venezia.

Giovanni. La coincidenza per Venezia sarà alle diciannove.

Mario. Così avremo quasi cinque ore qui.

Giovanni. E poi tornando da Venezia, altre cinque ore; così potrà vedere un po' di questa città industriale. Sarebbe meglio prendere subito un tassì fino alla Piazza del Duomo.

Mario. Per vedere prima il famoso Duomo di Milano? Di che stile è?

Giovanni. È di stile gotico, e Lei sa che è tutto di marmo, (non è) vero?

Mario. Sì. Quante statue ci sono sul Duomo?

Giovanni. Più di duemila statue e centotrentacinque guglie.

Mario. Ora capisco perchè i Milanesi chiamano questo duomo "L'ottava meraviglia del mondo"!

Giovanni. Mi dispiace che non ci sia tempo oggi per vedere l'Ultima Cena, di Leonardo da Vinci, ma tornando da Venezia, avremo altre cinque ore a Milano, e così vedrà questo bel capolavoro.

Mario. Dov'è?

Giovanni. Nella chiesa di Santa Maria delle Grazie, ma sarà chiusa a quest'ora.

Mario. Potremo vedere La Scala?

Giovanni. Soltanto l'esterno—sarà chiusa anche lei

Mario. È lontano dal Duomo?

Giovanni. No, è dall'altra parte della famosa Galleria.

Mario. Dov'è il Castello Sforzesco?

Giovanni. Eccolo.

(*Fanno un giro della città in tassì, poi tornano alla stazione e prendono il treno per Venezia.*)

(*Segue*)

EXERCISES

A. Answer the following:

1. Piace a tutti la stazione di Milano?

2. Che prendono Mario e Giovanni prima di uscire dalla stazione?
3. A che serve un orario?
4. Vanno a piedi fino alla piazza del Duomo?
5. Di che stile è il Duomo di Milano?
6. Quante statue ci sono su questo Duomo?
7. Come lo chiamano i Milanesi?
8. Dov'è l'Ultima Cena di Leonardo da Vinci?
9. È lontano dalla Piazza del Duomo la Scala?
10. Quale castello vedono prima di tornare alla stazione?

B. Give all the imperative forms of *avere*, *essere*, *cantare*, *ricevere* and *finire*.

C. Translate:
1. Show me that book, please, Charles.
2. Bring me those newspapers, Mary.
3. Pass him that letter.
4. Show me your books, children.
5. Have you the post card from Mr. Valli? Give it to John, please.

D. Put into the negative:
1. Compra quel tavolino.
2. Parli a quell'uomo.
3. Mangiamo all'albergo.
4. Vendi la tua casetta.
5. Partano prima delle undici.

E. Substitute the words in brackets with a pronoun:
1. Ecco (il quadro).
2. Mostri (la piramide).
3. Ammirando (il campanile).
4. Vedo (i fiori) laggiù.
5. Parlo (a Roberto).
6. Scriviamo (a Rita).
7. Ecco (i giardini).
8. Devo visitare (il museo).
9. Non scrivo (alle signorine).
10. Chiama (il cameriere, per favore.

F. (a) Translate into English:
1. Gliene parleremo.
2. Carlo glieli mandò.
3. Maria me ne comprerà.
4. Glielo manderemmo.
5. Ce li venderà

(*b*) Translate into Italian:

1. He will give it (*f.*) to her.
2. He would show it (*m.*) to us.
3. They will read them to me.
4. I will speak of it to them.
5. Mary wrote it (*f.*) to me.

LESSON XXIX

The Imperfect Subjunctive

To form the imperfect subjunctive add the following endings to the stem of the verb. The characteristic vowel of the infinitive is retained in all regular and many irregular verbs. The endings are:

-ssi	-ssimo
-ssi	-ste
-sse	-ssero

As a general rule the present or perfect subjunctive is used in subordinate clauses of the various types shown in Lesson XXVII when the verb in the main clause is in the present, future or imperative. The imperfect or pluperfect subjunctive is used if the main verb is in any past tense:

e.g.   Temevo che Carlo non venisse oggi.
    I was afraid Charles might not come today.
    Pareva che tu l'avessi già fatto.
    It appeared you'd already done it.

Imperfect Subjunctive of the Model Verbs

PARLARE		VENDERE	
parlassi	*I spoke or might*	vendessi	*I sold or might*
parlassi	*speak, etc.*	vendessi	*sell, etc.*
parlasse		vendesse	
parlassimo		vendessimo	
parlaste		vendeste	
parlassero		vendessero	

FINIRE		PARTIRE	
finissi	*I finished or*	partissi	*I left or might*
finissi	*might finish,*	partissi	*leave, etc.*
finisse	*etc.*	partisse	
finissimo		partissimo	
finiste		partiste	
finissero		partissero	

Imperfect Subjunctive of the Auxiliaries

	AVERE		ESSERE
avessi	*I had* or *might have*,	fossi	*I was* or *might be*,
avessi	etc.	fossi	etc.
avesse		fosse	
avessimo		fossimo	
aveste		foste	
avessero		fossero	

Just as the present subjunctive of the auxiliaries is used to form the perfect subjunctive (cf. Lesson XXVII. Present Subjunctive of the Auxiliaries, NOTE), so the imperfect subjunctive of the auxiliaries is used to form the pluperfect subjunctive, e.g. *avessi parlato, fossi andato*, etc. The present, present perfect, imperfect and pluperfect are the *only* tenses of the subjunctive.

NOTE.—Except for the characteristic vowel, the endings are the same for all conjugations. The characteristic vowel of the infinitive is retained in all regular and many irregular verbs:

e.g.	comprassi	*from*	comprare	*to buy*
	recevessi	*from*	ricevere	*to receive*
	capissi	*from*	capire	*to understand*
	avessi	*from*	avere	*to have*
	venissi	*from*	venire*	*to come*

Verbs with a contracted infinitive add the endings to the stem of the original infinitive:

e.g.   dire (*contracted from* dicere) dicessi
       fare (*contracted from* facere) facessi

Note, however, the irregular forms of *essere* and the following two verbs:

	DARE	STARE
	dessi	stessi
	dessi	stessi
	desse	stesse
	dessimo	stessimo
	deste	steste
	dessero	stessero

The imperfect subjunctive is used in a conditional clause to imply that the statement is either contrary to fact in the present or doubtful in the future:

e.g. Se avessi tempo, studierei molte lingue.
If I had time I should study many languages
(this implies that I have not time).

Se Roberto arrivasse in tempo, usciremmo insieme.
If Robert arrived in time we should go out together
(a condition doubtful in the future).

When the conditional clause refers to past time, the pluperfect of the subjunctive is used with the conditional perfect (formed from the present conditional of the auxiliary plus the past principle, cf. below **More Compound Tenses**, 4):

e.g. Se Carlo mi avesse parlato in inglese, avrei capito tutto.
If Charles had spoken English to me, I should have understood everything.

Se fossimo stati più veloci, avremmo preso la mancia.
If we had been quicker, we would have got a tip.

NOTE.—As has already been mentioned in Lesson XXII (**Imperfect Tense** (*d*)), this rather cumbersome construction can be avoided, especially in speech, by the use of two imperfects: *Se eravamo più veloci, prendevamo la mancia.* The student should remember, however, that the imperfect and pluperfect subjunctives are compulsory: (i) after *come se* (as if), e.g. *come se piovesse/fosse piovuto* (as if it were raining/had rained); (ii) in certain rhetorical expressions in which *se* is implied but not stated, e.g. *sapessi/avessi saputo dov'erano* (if only I knew/had known where they were).

More Compound Tenses

1. The pluperfect, which is formed from the imperfect of the auxiliary and the past participle of the verb conjugated:

   e.g. avevo parlato   *I had spoken*
         ero partito   *I had left*

2. The past anterior, which is formed from the past definite of the auxiliary and the past participle of the verb conjugated:

   e.g. ebbi parlato   *I had spoken*
         fui partito   *I had left*

3. The future perfect, which is formed from the future of the

auxiliary and the past participle of the verb conjugated:

e.g.   avrò parlato   *I shall have spoken*
       sarò partito   *I shall have left*

4. The conditional perfect, which is formed from the conditional
   of the auxiliary and the past participle of the verb
   conjugated:

e.g.   avrei parlato   *I should have spoken*
       sarei partito   *I should have left*

NOTE.—(1) The pluperfect and the past anterior have the same
meaning; they denote what *had* happened. The past anterior is
used after certain conjunctions of time in a subordinate clause,
provided that the past definite has been used in the main clause. It
should be remembered, however, that the past anterior is very
much a "grammatical" tense which is used sparingly in both
speech and writing (cf. NOTE (2) below).

e.g.   Dopo che Roberto ebbe letto il telegramma, uscì.
       After Robert had read the telegram, he went out.
       Quando fu arrivato a casa, andò à letto.
       When he arrived home, he went to bed.
       Appena ebbero vísto il Duomo, andarono alla Galleria.
       As soon as they had seen the Cathedral they went to the Arcade.

NOTE.—(2) The past anterior, as has already been said, is not
used much, in speech or in writing. Where possible, the past
definite is used (or the pluperfect), even if the verb in the main
clause is also in the past definite:

e.g.   Dopo che Roberto lesse il telegramma, uscì.
or   Dopo che Roberto aveva letto il telegramma, uscì

both of which sentences mean the same as our earlier example:
Dopo che Roberto ebbe letto il telegramma, uscì. However, it is usually
better (and neater) not to use a finite verb at all; where the
subjects of both main and subordinate clauses are the same, an
infinitive construction is readily available, so that the above
examples can be rendered:

       Dopo aver letto il telegramma, Roberto uscì.
       *After reading (lit. "after having read") the telegram, Robert
       went out.*
       Dopo essere arrivato a casa, andò a letto.
       After arriving home, he went to bed.

Dopo aver visto il Duomo, and*a*rono alla Galleria.
After seeing the Cathedral, they went to the Arcade.

In all three examples, a further shortening is possible:

Letto il telegramma...(lit. "the telegram read")
Arrivato a casa... (lit. "arrived home")
Visto il Duomo...(lit. "the Cathedral seen")

The future perfect can be used to express what is probable:

e.g.   Paolo si sarà addormentato.
Paul has probably fallen asleep.

Cf. a similar use of the future in both English and Italian (Lesson XIV). Like the conditional perfect, it is used more or less in the same way as it is in English, with the following *important exceptions*:

Dopo che l'avrai fatto, vieni a dirmelo.
After you've done it, come and tell me. (N.B. English uses the perfect)
Mi ha detto che sarebbe venuto oggi.
He told me he would come today. (N.B. English uses the present conditional)

NOTE.—If *dire* (or any other verb of communication) is used in any past tense in the main clause, the tense of the subordinate verb should be the *conditional perfect*; it can *never* be the present conditional (as it is in English), although it can be, especially at the popular and spoken level, the *imperfect*: *Mi ha detto che veniva oggi*, etc.

Verbs followed by Prepositions

Some verbs do *not* require a preposition in Italian, whereas they do in English:

e.g.	ascoltare	*to listen to*	aspettare	*to wait for*
	cercare	*to look for*	guardare	*to look at*

Some verbs *do* require a preposition in Italian, but not in English:

e.g.	entrare* in	*to enter*	ubbidire a	*to obey*
		ricordarsi di	*to remember*	

Some verbs require one preposition in Italian and another in English:

e.g. coprire di *to cover with*   caricare di   *to load with*
 vivere* di *to live on*   dipendere* da *to depend on*

A number of verbs take the infinitive without any intervening preposition:

e.g. preferire *to prefer*   bisognare* *to be necessary*
 desiderare *to want, desire* volere*† *to want*

Simple and Compound Tenses of Verbs

FIRST CONJUGATION

Infinitive	Present	parlare	*to speak*
	Past	aver parlato	*to have spoken*
Gerund	Present	parlando	*speaking*
	Past	avendo parlato	*having spoken*
Past participle and verbal adjective		parlato (a) (i) (e)	*spoken*
Present		parlo, *etc.*	*I speak, etc.*
Perfect		ho parlato, *etc.*	*I have spoken, etc.*
Future		parlerò, *etc.*	*I shall speak, etc.*
Future perfect		avrò parlato, *etc.*	*I shall have spoken, etc.*
Conditional	Present	parlerei, *etc.*	*I would speak, etc.*
	Perfect	avrei parlato, *etc.*	*I would have spoken, etc.*
Imperfect		parlavo, *etc.*	*I used to speak, etc.*
Pluperfect		avevo parlato, *etc.*	*I had spoken, etc.*
Past definite		parlai, *etc.*	*I spoke, etc.*
Past anterior		ebbi parlato, *etc.*	*I had spoken, etc.*
Subjunctive	Present	parli, *etc.*	*(that) I may speak, etc.*
	Perfect	abbia parlato, *etc.*	*(that) I may have spoken, etc.*
Subjunctive	Imperfect	parlassi, *etc.*	*(that) I might speak, etc.*
	Pluperfect	avessi parlato, *etc.*	*(that) I might have spoken, etc.*
Imperative		parla, parli, *etc.*	*speak! etc.*

SECOND CONJUGATION

Infinitive	Present	vendere	*to sell*
	Past	aver venduto	*to have sold*
Gerund	Present	vendendo	*selling*
	Past	avendo venduto	*having sold*
Past participle and verbal adjective		venduto (a) (i) (e)	*sold*
Present		vendo, *etc.*	*I sell, etc.*

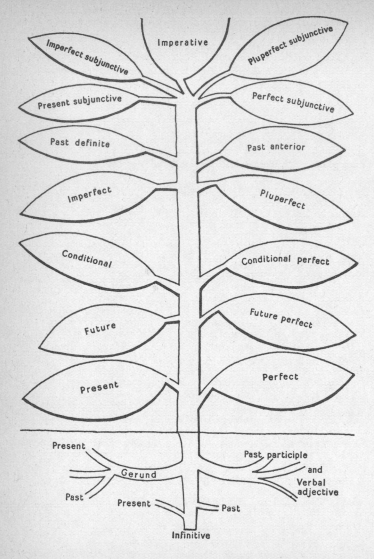

The **Verb Tree** and the table of verb tenses will help students to see, at a glance, the simple and compund tenses of verbs.

Perfect		ho venduto, *etc.*	*I have sold*, etc.
Future		venderò, *etc.*	*I shall sell*, etc.
Future perfect		avrò venduto, *etc.*	*I shall have sold*, etc.
Conditional	*Present*	venderei, *etc.*	*I would sell*, etc.
	Perfect	avrei venduto, *etc.*	*I would have sold*, etc.
Imperfect		vendevo, *etc.*	*I used to sell*, etc.
Pluperfect		avevo venduto, *etc.*	*I had sold*, etc.
Past definite		vendei (-etti), *etc.*	*I sold*, etc.
Past anterior		ebbi venduto, *etc.*	*I had sold*, etc.
Subjunctive	*Present*	venda, *etc.*	*(that) I may sell*, etc.
	Perfect	abbia venduto, *etc.*	*(that) I may have sold*, etc.
Sub-junctive	*Imperfect*	vendessi, *etc.*	*(that) I might sell*, etc.
	Pluperfect	avessi venduto, *etc.*	*(that) I might have sold*, etc.
Imperative		vendi, venda, *etc.*	*sell!* etc.

THIRD CONJUGATION

Infinitive	*Present*	partire	*to leave (depart)*
	Past	essere partito	*to have left*
Gerund	*Present*	partendo	*leaving*
	Past	essendo partito	*having left*
Past participle and verbal adjective		partito (a) (i) (e)	*left*
Present		parto, *etc.*	*I leave*, etc.
Perfect		sono partito (a), *etc.*	*I have left*, etc.
Future		partirò, *etc.*	*I shall leave*, etc.
Future perfect		sarò partito (a), *etc.*	*I shall have left*, etc.
Conditional	*Present*	partirei, *etc.*	*I would leave*, etc.
	Perfect	sarei partito (a), *etc.*	*I would have left*, etc.
Imperfect		partivo, *etc.*	*I used to leave*, etc.
Pluperfect		ero partito (a), *etc.*	*I had left*, etc.
Past definite		partii, *etc.*	*I left*, etc.
Past anterior		fui partito (a), *etc.*	*I had left*, etc.
Subjunctive	*Present*	parta, *etc.*	*(that) I may leave*, etc.
	Perfect	sia partito (a), *etc.*	*(that) I may have left*, etc.
Sub-junctive	*Imperfect*	partissi, *etc.*	*(that) I might leave*, etc.
	Pluperfect	fossi partito (a), *etc.*	*(that) I might have left*, etc.
Imperative		parti, parta, *etc.*	*leave!* etc.

VOCABULARY

la fine	end	il canale	canal
la tappa	stage, halting place	il Canal Grande	Grand Canal
l'impressione	impression	il Ponte dei Sospiri	Bridge of Sighs

la gondola	gondola	il Ponte di Rialto	Rialto Bridge
il gondoliere	gondolier		
il motoscafo	motor-launch	l'industria	industry
l'isoletta	little island	il vetro	glass
il modo	way, manner	la Barca	
il ritorno	return	Musicale	Music Boat
il ricordo	remembrance	bizantino	Byzantine
San Marco	Saint Mark	entusiastico	enthusiastic
il Palazzo Ducale	Ducal Palace	forse	perhaps
		chi sa?	who knows?
il sogno	dream	ammirare	to admire
la bellezza	beauty	camminare	to walk
la Regina dell' Adriatico	Queen of the Adriatic	scivolare* †	to glide, slip
		mancare*	to fail, miss
il vaporetto	steam-boat (especially those used in Venice)	strano	strange

VENEZIA

Giovanni. Siamo quasi alla fine del nostro viaggio. Venezia sarà l'ultima tappa.

Mario. Che bella vacanza è stata per me!

Giovanni. Avrà una strana impressione quando arriverà alla stazione di Venezia.

Mario Perchè?

Giovanni. Perchè uscendo dalla stazione vedrà le gondole, i motoscafi, ed i vaporetti che portano i viaggiatori agli alberghi.

Mario. Oh—come sarà interessante!

Giovanni. Durante la mia ultima visita a Venezia feci quasi tutta questa città a piedi.

Mario. A piedi, ma come?

Giovanni. Lei sa che Venezia è construita su numerose isolette che sono unite da piccoli ponti. In questo modo si può camminare da una parte all'altra, ammirando allo stesso tempo tante belle cose...ma eccoci arrivati!

Mario. Oh—quanti gondolieri! Prenderemo anche noi una gondola?

Giovanni. Sì, ci sarà quella del nostro albergo, eccola!

Mario (entusiastico di tutto esclama). Come scivolano in silenzio sull'acqua!

Giovanni. Fra poco vedrà il Ponte di Rialto, eccolo!

Mario. Com'è bello!

Giovanni.   Vede, ora, laggiù Piazza San Marco?

Mario.   Di che stile è la Basilica?

Giovanni.   Bizantino. Vede il gran campanile e il Ponte dei
Sospiri? (*Arrivano alla porta dell'albergo.*)

Mario.   Ha ragione, tutto mi pare tanto strano. Venezia è
veramente la Regina dell'Adriatico!

Giovanni.   Questo non è niente, domani vedrà il Palazzo Ducale,
poi un altro giorno andremo all'*i*sola di Murano, famosa per
'l'industria veneziana del vetro, ed una sera andremo sul Canal
Grande e sentirà la musica dalla *Barca Musicale.*

Mario.   Non so cosa dire, tutto mi pare un sogno!

Giovanni.   Un altr'anno dovrà ritornare in Italia per visitare altre
città, perchè ognuna ha le sue bellezze.

Mario.   Non mancherò di farlo. Quest'inverno leggerò alcuni
libri sull'Italia e cercherò di studiare meglio la lingua. Chi sa,
forse anch'io potrò aiutare qualcuno come Lei ha fatto con me
quest'anno.

(*Dopo la loro visita a Venezia ritornano a Milano. Alle cinque e mezzo del pomeriggio prendono il treno per Calais.*)

(*Fine*)

EXERCISES

A. Answer the following:

1. Quale impressione avrà Mario quando arriverà a Venezia?
2. Perchè?
3. Come visitò una volta questa città, Giovanni?
4. Com'è costruita Venezia?
5. Che videro dal Canal Grande?
6. Di che stile è San Marco?
7. Quali sono i due ponti famosi?
8. Perchè visiteranno l'isola di Murano?
9. Visiterà Venezia un giorno, Lei?
10. Quali altre città d'Italia visiterà?

B. Translate:

1. At Robert's house.
2. It depends on him.
3. Looking at the bridge.
4. Looking for the hotel.
5. Living in the town.

C. (*a*) Put into the future, and
   (*b*) Put into the future perfect:

1. Finisco il lavoro.
2. Vendiamo la macchina.
3. Comprano la casa.
4. Arriva all'una.
5. Parte a mezzanotte.

D. (*a*) Translate into English:

1. Se Maria fosse arrivata prima, avrebbe trovato suo cugino a casa.
2. Se Giovanni fosse ricco, comprerebbe quella macchina.
3. Se Roberto avesse studiato bene, suo padre sarebbe stato contento.
4. Se ricevessi una lettera, sarei felice.
5. Se andassimo a Pisa, vedremmo la Torre Pendente.

(*b*) Translate into Italian:

1. If we had enough money, we would buy a house.

2. If the ladies had arrived in time, they would have seen the race.
3. If we spoke French, the children would understand us.
4. If Mary came before midday, she would see her friend.
5. If you wrote to me in Italian, I would answer your letter.

E. Form sentences using the following words:

1. qualche volta	6. mai
2. fra un anno	7. prima di
3. sci mesi fa	8. prima che
4. ieri	9. appena
5. spesso	10. benchè

LESSON XXX

Idiomatic Expressions with certain Verbs

AVERE

aver caldo	*to be hot, warm*
aver freddo	*to be cold*
aver torto	*to be wrong*
aver ragione	*to be right*
aver appetito (fame)	*to be hungry*
aver sete	*to be thirsty*
aver luogo	*to take place*
aver sonno	*to be sleepy*
aver paura	*to be afraid*
aver bisogno di	*to be in need of, to need*
aver appena	*to have just*
aver voglia di far qualcosa	*to feel like doing something*

ESSERE*

essere* in ritardo	*to be late*
essere* d'accordo con	*to agree with*
essere* sul punto di	*to be on the point of*
essere* di	*to come from, to belong to*

ANDARE*

andare* a piedi	*to walk*
andare* in carrozza	*to ride in a carriage*
andare* in macchina	*to go by car*
andare* a cavallo	*to ride on horseback*
andarsene*	*to go away, to be off, to leave*
andar d'accordo con	*to get along with*

DARE

dare del lei/del tu	*to address formally/informally*
dare in prestito	*to lend*
dare un esame	*to take an examination*

FARE

fa bel tempo	*the weather is fine*
fa brutto tempo	*the weather is bad*
fa caldo	*it is hot*
fa freddo	*it is cold*
fa umido	*it is damp*
far colazione	*to have breakfast*
far finta di	*to pretend*
far piacere	*to please*
far male	*to hurt, harm*
far bene	*to do good*
fare una visita	*to pay a visit*
fare una passeggiata	*to go for a walk*
fare una domanda	*to ask a question*
fare attenzione	*to pay attention*
far capolino	*to peep (out, in)*
fare un brindisi	*to drink a toast*
far fare qualcosa (a qualcuno)	*to have (someone) do, make something*

Note also:

| non fa niente *or* nulla | *it does not matter*, or *never mind* |

STARE*

stare* in piedi	*to stand*
stare* per	*to be about to*
star* zitto	*to be silent*
star* male	*to be ill*
star* bene	*to be well*
star* attenti	*to be careful*

VOLERE*†

| voler bene *(with* avere, +a) | *to be fond of* |
| voler dire *(with* avere*)* | *to mean* |

SAPERE

| sapere a memoria | *to know by heart* |

MISCELLANEOUS

| cavarsela* (io me la cavo, tu te la cavi, etc.) | *to get by* |

| farcela (io ce la faccio, tu te la fai, etc.) | to manage (it) |
| riuscirci* (io ci riesco, tu ci riesci, etc.) | to manage (it) |

Classified Vocabulary

1. NOMI DI RAGAZZI	Boys' names	2. NOMI DI RAGAZZE	Girls' names
Luigi	Louis	Anna	Ann
Lorenzo	Lawrence	Maria	Mary
Pietro	Peter	Caterina	Catherine
Paolo	Paul	Ida	Ida
Giovanni	John	Rita	Rita
Giuseppe	Joseph	Ada	Ada
Guglielmo	William	Beatrice	Beatrice
Antonio	Anthony	Lucia	Lucy
Leonardo	Leonard	Isabella	Isabel
Francesco	Francis	Elisabetta	Elizabeth

3. ANIMALI DOMESTICI	Domestic animals	4. ANIMALI SELVATICI	Wild animals
il cane	dog	il leone	lion
il gatto	cat	la tigre	tiger
il cavallo	horse	l'elefante	elephant
il toro	bull	il lupo	wolf
la mucca	cow	la volpe	fox
il bue (fl. buoi)	ox	la giraffa	giraffe
l'asino, il ciuco,		la zebra	zebra
il somaro	ass, donkey	il coccodrillo	crocodile
il maiale	pig	il gorilla (pl. i	
il mulo	mule	gorilla)	gorilla
il coniglio	rabbit		

5. FIORI	Flowers	6. ALBERI	Trees
il giglio	lily	il cipresso	cypress
il garofano	carnation	il castagno	chestnut
il papavero	poppy	la quercia	oak
la violetta	violet	il faggio	beech
l'ortensia	hydrangea	l'oleandro	oleander

il glicine	*wistaria*	la magnolia	*magnolia*
la begonia	*begonia*	il mandorlo	*almond tree*
il geranio	*geranium*	l'olivo	*olive*
la dalia	*dahlia*	il pino	*pine*
la fucsia	*fuchsia*	l'abete	*fir*

7. LE FRUTTA	*Fruit*	8. UCCELLI	*Birds*
la mela	*apple*	la rondine	*swallow*
la pera	*pear*	l'allodola	*sky-lark*
l'arancia	*orange*	l'usignolo	*nightingale*
la pesca	*peach*	il merlo	*blackbird*
il melone		il tordo	*thrush*
(popone)	*melon*	il pettirosso	*robin redbreast*
il cocomero	*water-melon*	il passero	*sparrow*
il fico	*fig*	il piccione	*pigeon*
la susina	*plum*	la colomba	*dove*
l'uva	*grape(s)*	il pappagallo	*parrot*
l'albicocca	*apricot*		

9. VERDURA	*Vegetables*	10. MESTIERI	*Trades*
i piselli	*peas*	il macellaio	*butcher*
i fagioli	*beans*	il fornaio	
i carciofi	*artichokes*	(panettiere)	*baker*
il pomodoro		il lattaio	*milkman*
pl. pomidoro		il fruttivendolo	*greengrocer,*
or pomodori	*tomato*		*fruiterer*
il cavolo	*cabbage*	il pescivendolo	*fishmonger*
il cavolfiore	*cauliflower*	il pasticciere	*confectioner*
i fagiolini	*French beans*	il droghiere	*grocer*
le carote	*carrots*	il tabaccaio	*tobacconist*
le patate	*potatoes*	il postino	*postman*
gli zucchini	*small vegetable*	il sarto	*tailor*
	marrows		

VOCABULARY

il disturbo	disturbance, trouble	rimanere* (*irr.*)	to remain, stay
		ringraziare	to thank
il regalo	present, gift	caricare	to lade, load

la conferenza	lecture,	ciao	goodbye, hello
	conference		(*colloq.*)
appena	scarcely, barely	perbacco!	by Jove!

IL RITORNO

Ritornato in Inghilterra, e a casa da appena due giorni,
Giovanni riceve la lettera seguente.

25, Trafalgar Street,
Londra.
10 settembre 1960.

Caro Giovanni,

*E*ccomi a casa. Spero che tu *a*bbia fatto un buon viaggio fino a
casa tua. Vedi, ti do del tu. Siamo buoni amici ora, vero? Non so
come ringraziarti del disturbo che hai preso per me durante il
nostro soggiorno in Italia.

Non potrò mai dimenticare questa vacanza passata con te. I
miei genitori sono contenti dei regali, mia sorella è molto contenta
della sciarpa di seta pura, e per me ci sono le belle fotografie fatte
nelle varie città; saranno sempre un buon ricordo della mia visita
in Italia con te.

Quest'inverno riprenderò lo studio della lingua italiana e, se
avrò tempo, andrò, anche, a qualche lezione d'italiano.

Spesso penso alle belle serate passate insieme, alle gite fatte
intorno alle città ed ai laghi.

Ora devo mettermi al lavoro. Le vacanze sono finite e lontane,
ma i ricordi rimangono sempre. Di nuovo, grazie mille di tutto.

Ciào, Giovanni; saluti ai tuoi genitori, ed a te,

il tuo amico,
Mario.

EXERCISES

A. Translate:

  1. Where are Isabel and Catherine?
  2. I think they have gone out.
  3. Have William and Lawrence returned?
  4. No, not yet, they will be home at 11.30 a.m.
  5. I saw four oxen and two mules yesterday.
  6. We saw many donkeys laden with fruit and vegetables.

7. Where were they going?
8. To the market; we also went there and bought some fruit.
9. We bought peaches, plums, grapes and a water-melon.
10. Do you like melons? Yes, but I prefer peaches.

B. Translate:

1. A che ora pranza (Lei)?
2. Verso l'una, di solito.
3. Oggi fa caldo, ieri faceva molto freddo.
4. Abbiamo fatto un brindisi ad alcuni amici.
5. Partono per l'Italia fra due giorni.

C. Give the Italian for:

1. November 11th, 1945.
2. December 1st, 1958.
3. This student is twenty-two years old.
4. Two hundred years ago.
5. Five thousand nine hundred and seventy.

D. Translate the words in brackets:

1. Quando (*I was*) dieci anni, (*I spoke*) due lingue.
2. Questa città non ha (*any*) musco.
3. (*Do you know*) questi signori?
4. No, ma (*I know*) che parlano italiano.
5. Rita ha più (*than*) dodici anni.

E. Conjugate in the imperfect and pluperfect tenses:

(a) leggere   (b) volere   (c) venire

F. (a) Find the nouns derived from the following verbs:
arrivare ballare cenare domandare entrare fumare girare invitare leggere mostrare nevicare ordinare perder
rispondere salire telefonare usare vedere
(b) Find verbs from the nouns:
l'augurio la bevanda la celebrazione la divisione l'edu-
cazione la fine il gelo l'indicazione il lavoro la misura la
nuotata l'osservazione la partenza la quota il ritorno lo
studio la trovata l'uscita il viaggio

REVISION TEST

A. Translate and put into the plural:

1. That hand	6. I like fruit.
2. This arm.	7. This town is old.
3. That foot.	8. These grapes are sweet.
4. The eye.	9. That artist is clever.
5. The ear.	10. That poem is long.

B. Translate:

1. Non prendevo mai l'autobus.
2. Non incontravamo nessuno.
3. Questi ragazzi non hanno nè padre nè madre.
4. Starò solo due settimane in Italia.
5. Questa mano mi fa male.
6. Queste signorine hanno mal di testa.
7. Dove ha messo il mio biglietto?
8. Non so, sarà sul tavolino.
9. Conosco quella signora.
10. Mi sembra che sia la signora Valli.

C. Translate:

1. Travelling from Milan to Florence . . .
2. By repeating these words . . .
3. Having finished the letter . . .
4. Having been to Rome . . .
5. Saying this phrase . . .
6. Entering the station . . .

D. Translate:

1. We were speaking French.
2. I used to go to France every year.
3. They were selling their house.
4. Peter used to do his work at home.
5. They used to finish at midday.
6. Every year he would go to the same place.

E. Give the comparatives and superlatives of:

1. buono   4. lungo
2. cattivo   5. ricco
3. grande

F. Translate:

1. We left at midnight.
2. We arrived at 8 p.m.
3. I read this book two years ago.
4. Margaret wrote to me last week.
5. We went out together every Monday.
6. Have you been to the theatre lately?
7. No, but we are going to the opera next week.
8. I telephoned Robert two days ago.
9. Do you think he will come?
10. No, I think he has a cold.

G. Give (a) the third persons singular and plural, imperfect tense, of the following verbs:

1. cantare   4. tradurre
2. ricevere   5. finire
3. fare

(b) the first persons singular and plural, past definite, of:

1. avere   4. partire
2. andare   5. leggere
3. essere

H. Give the comparative and superlatives of the following adverbs:

1. bene   3. molto
2. male   4. poco

I. Translate the following conversation:

Pietro. Ci sarà un bel programma domani alla radio.
Paolo. A che ora?
Pietro. Alle undici di sera.
Paolo. Così tardi? Sono tanto stanco a quell'ora dopo il mio lavoro.

Pietro.   Ma quando saprai chi suonerà il violino e chi canterà
   sono sicuro che non vorrai perdere questo programma.
Paolo.   Dimmi, chi saranno gli artisti?
Pietro.   Guarda nel Radiocorriere e troverai i loro nomi.
paolo.   Non ho tempo di guardare adesso, dimmi tu.
pietro.   Il famoso violinista, Raimondo Pucci.
paolo.   Perbacco, hai ragione, non vorrei perderlo, e chi canterà?
Pietro.   La Celli.
Paolo.   Che bel programma!

J. Translate:

Many years ago my father bought a house in the country. My parents, my little sister and I used to spend our summer holidays there every year. Sometimes we invited friends, and we used to go out together for the whole day. The fresh air and the outdoor life did us so much good.

K. Translate:

1. We'll play football (=*giocare a calcio*), unless it rains.
2. It seemed those people had already heard him.
3. You didn't know where it was.
4. I think that you (*pl.*) are mad.
5. She's not sure they're coming.
6. Their dog was more ferocious than it appeared.
7. He is probably asleep.
8. If they had been more intelligent, you (*sing.*) would have accepted them (*two versions*).
9. If you studied you would learn (*pl.*).
10. She is less generous than you think (*sing.*).
11. If they had been there, we would have said something to them.
12. They said they'd arrive late.
13. He promised her he would come.
14. I'm afraid you've (*sing.*) lost your watch.
15. I want them (*m.*) to be quiet.
16. I'd prefer them to come to the party.
17. When you (*sing.*) have finished it, let me know (=*fammi sapere*).
18. My mother wants me to wash my hands.

19. We suggest they don't say anything to anyone.
20. I sent you a letter two years ago (*tu* and *Lei* forms).

L. Answer the following questions on grammar rules:
  1. When is the definite article used in Italian and not in English?
  2. When is the indefinite article omitted in Italian and not in English?
  3. With what does the past participle of a compound tense agree?
  4. Translate "some" in three different ways.
  5. Translate "only" in three ways.
  6. How do masculine nouns ending in -*a* form their plural? Give an example.
  7. How do nouns ending in -*ista* form their plural? Give two examples.
  8. Give the different forms of *bello*, with examples.
  9. Give the different forms of *buono*, with examples.
  10. Name two nouns ending in -*o* which have a feminine plural in -*a*.
  11. How are adverbs formed? Give examples.
  12. How are the comparatives and superlatives of adjectives formed in Italian?
  13. When is "than" translated by *di*?
  14. When is "than" translated by *che*? Give two or three examples.
  15. Explain the orthographic changes of verbs ending in -*care* and -*gare*.
  16. Give the comparative and superlatives of the irregular adverbs *bene* and *male*.
  17. What is an impersonal verb? Name two or three.
  18. Name two suffixes.
  19. Name two prefixes.
  20. Name two idiomatic uses of the preposition *da*.

KEY TO EXERCISES

SECTION ONE

Lesson I
A. 1. Where is the book? Il libro è sopra il tavolo/la tavola.
2. Where is the door? Ecco la porta. 3. Who has the exercise book?
L'alunno ha il quaderno. 4. Who has the pen? L'alunna ha la penna.
5. Where is the chair? Ecco la sedia. 6. Where is the desk? Ecco il banco.
7. Who has the chair? Il maestro ha la sedia. 8. Who has the pencil?
L'alunno ha la matita. 9. Where is the pupil (*m.*)? Ecco l'alunno.
10. Where is the pupil (*f.*)? Ecco l'alunna.

B. 1. L'alunno; 2. il maestro; 3. la penna; 4. il libro; 5. lo studente;
6. la matita; 7. il quaderno; 8. la porta; 9. lo zio; 10. il
banco; 11. la finestra; 12. la zia.

C. 1. La ragazza e la matita. 2. Il ragazzo e la penna. 3. Il maestro e
l'alunno. 4. La maestra e l'alunna. 5. La porta e la finestra. 6. Il libro
ed il quaderno. 7. Ecco lo studente. 8. Ecco la studentessa. 9. Mi passi
la sedia, per favore. 10. Grazie. Mi mostri il tavolo/la tavola.

D. 1. Buon giorno, signora. 2. Buon giorno, signore. 3. Come sta? 4. Bene,
grazie, e Lei? 5. Molto bene, grazie. 6. Dov'è la maestra? 7. Chi ha il
libro? 8. Mi mostri la matita, per favore. 9. Mi passi il quaderno, per favore.
10. Grazie, signora.

E. 1. il, la; The teacher (*m.*) has the book and the pen. 2. la; Show me the
television. 3. l'; Where is the animal? 4. la; Please pass me the chair,
sir. 5. il; The exercise book is under the table. 6. la; The pencil is on the
radio. 7. il; Show me the exercise book, please. 8. lo; Here is/There is the
study. 9. la; The girl has the pencil. 10. lo; Where is the student (*m.*)?

Lesson II
A. 1. Where is the house? Ecco la casa. 2. Where is the door? Ecco la
porta. 3. What is there to the left? A sinistra c'è il salotto. 4. What is there to
the right? A destra c'è la sala da pranzo. 5. Who is this girl? Questa ragazza
è Maria. 6. Who is this boy? Questo ragazzo è Giovanni. 7. What has the
father got? Il padre ha un giornale. 8. What has the mother got? La madre
ha una rivista. 9. What has Mary got? Maria ha un libro. 10. What has
John got? Giovanni ha un quaderno.

B. 1. una; 2. una; 3. un; 4. una; 5. un'; 6. una; 7. un; 8. uno;
9. una; 10. un; 11. un; 12. uno.

C. 1. Un ragazzo ed una ragazza. 2. Un padre ed una madre. 3. Uno
studente ed un'alunna. 4. Una casa ed un giardino. 5. A destra c'è una
porta. 6. A sinistra c'è una finestra. 7. Ecco una sala da pranzo. 8. Ecco un
salotto. 9. Un giornale è sopra la sedia. 10. Una rivista è sotto il tavolo/la
tavola.

D. 1. Buona sera, signore. 2. Buona sera, signora. 3. Dov'è la sala da
pranzo? 4. A destra, signora. 5. Dov'è il salotto? 6. A sinistra, signore.

7. (Che) cos'è questo? 8. E una rivista. 9. (Che) cos'è questo? 10. È un giornale.

E. 1. ragazzo, banco, etc.; 2. porta, rivista, etc.; 3. alunna, amica, etc.; 4. casa, sedia, etc.; 5. studio, zio, etc.; 6. libri, giornali, etc.; 7. case, salotti, etc.; 8. sale, giardini, etc.; 9. porte, spilli, etc.; 10. ragazze, tavoli, etc.

Lesson III

A. 1. Is the garden big? No, è piccolo. 2. What is there under the tree? Ci sono due sedie e un tavolo. 3. What colour is the grass? L'erba è verde. 4. What colour is the rose? La rosa è rossa. 5. How many poppies has the boy got? Il ragazzo ha tre papaveri. 6. How many daisies has the girl got? La ragazza ha dieci margheritine. 7. Who has four roses? La madre ha quattro rose. 8. Who has two carnations? Il padre ha due garofani. 9. How many are six plus two? Sei più due fanno otto. 10. How many are nine minus four? Nove meno quattro fanno cinque.

B. 1. Ecco il giardino. 2. Dov'è l'entrata? 3. Questo tavolo è rotondo. 4. Dove sono le sedie? 5. C'è un ragazzo sotto l'albero. 6. Ci sono molte farfalle in questo giardino. 7. (Che) cos'è questo? 8. (Che) cosa sono questi? 9. Ecco il maestro/la maestra. 10. Ecco gli studenti/le studentesse.

C. 1. This gentleman is Italian. 2. This lady is English. 3. These boys are Italian. 4. These girls are English. 5. Here is a red exercise book. 6. Here is a yellow pencil. 7. Here is a green book. 8. Here are two black pens. 9. Ten plus two are twelve. 10. Eleven minus two are nine.

D. 1. Una rosa rossa e due garofani. 2. Una farfalla e tre fiori. 3. Quattro tavoli/tavole. 4. Cinque giardini. 5. Sei alberi. 6. Sette fiori. 7. Questo libro rosso. 8. Questa penna nera. 9. Questi fiori gialli. 10. Queste matite verdi.

E. 1. i; 2. le; 3. i; 4. le; 5. i; 6. gli; 7. i; 8. le; 9. le; 10. i.

Lesson IV

A. 1. What is there in this dining-room? Ci sono sei sedie, una credenza e una grande tavola. 2. And what is there on the table? C'è una tovaglia bianca e un vaso di fiori. 3. How many chairs are there? Ci sono sei sedie. 4. What is there to the right? A sinistra c'è una credenza. 5. Which flowers are in this vase? I fiori in questo vaso sono rose. 6. Who is the father? Il padre è il signor Valli. 7. Who is the mother? La madre è la signora Valli. 8. Who are the two children? I due figli sono Pietro e Mario Valli. 9. What is the first month of the year? Il primo mese dell'anno è gennaio. 10. What is the second month? Il secondo mese è febbraio.

B. 1. noi; 2. egli, lui, esso, ella, lei, essa, Lei; 3. io; 4. noi; 5. tu; 6. voi; 7. tu; 8. essi, esse, loro, Loro; 9. egli, lui, esso, ella, lei, essa, Lei; 10. essi, esse, loro, Loro.

C. 1. grande; 2. buona; 3. giallo; 4. rotonda; 5. piccola; 6. rosso; 7. verdi; 8. azzurre; 9. rossi; 10. verde (NOTE: *these are suggestions*).

D. 1. (io) ho; 2. (egli) ha; 3. (noi) abbiamo; 4. (ella, lei) è; 5. (noi) siamo; 6. (Lei) è; 7. (essi, esse, loro) hanno; 8. (io) sono; 9. (Loro) hanno; 10. (noi) non siamo.

E. 1. tre coltelli; 2. quattro forchette; 3. due bicchieri; 4. cinque ore; 5. il secondo mese; 6. il quarto giorno; 7. il primo anno; 8. (Noi) abbiamo una casa piccola; 9. (Tu) sei italiano (-a); 10. (Io) non ho un bicchiere.

Lesson V

A. 1. What is there in this square on the right? C'è un museo. 2. And what is there on the left? C'è una cattedrale. 3. Where is the town hall? Il municipio è in un'altra piazza. 4. Are all the streets long? No, alcune sono lunghe; altre sono corte. 5. Are the avenues narrow? No, sono larghi. 6. What do the two ladies enter? Le due signore entrano in un negozio. 7. What do they buy? Comprano una tovaglia bianca e dodici tovaglioli. 8. What does the young lady buy? Compra una scatola con sei fazzoletti. 9. How many days are there in a week? Ci sono sette giorni in una settimana. 10. How many seasons are there in a year? Ci sono quattro stagioni in un anno.

B. 1. noi/we buy; 2. io/I speak; 3. egli, ella, etc./he, she, etc. sells; 4. voi/ you (*pl.*) find; 5. egli, ella, etc./he, she, etc. does not receive; 6. io/I believe; 7. egli, ella, etc./he, she, etc. does not buy; 8. loro, Loro/they, you (*polite pl.*) sell; 9. tu/you (*sing.*) show; 10. noi/we receive.

C. 1. (io) non vendo; 2. (noi) compriamo; 3. (ella, lei, essa) crede; 4. (io) parlo; 5. (essi, esse, loro) credono; 6. (noi) troviamo; 7. (egli, lui, esso) parla; 8. (io) perdo; 9. (essi, esse, loro) trovano; 10. (tu) compri, (voi) comprate, (Lei) compra, (Loro) comprano.

D. 1. Questi fazzoletti sono bianchi. 2. Queste scatole sono bianche. 3. I giardini sono lunghi. 4. Le porte sono larghe. 5. Questi ragazzi sono tedeschi. 6. Queste ragazze sono tedesche. 7. Questi signori comprano le case. 8. Queste signore parlano italiano. o. Gli alunni passano i quaderni. 10. Le alunne ripetono le lezioni.

E. 1. On the right there is the town hall. 2. On the left there is a shop. 3. There are two churches in this street. 4. Pass me the French magazine, please. 5. Where is the museum please, madam?. 6. Excuse me, sir, where is the cathedral? 7. What is this? 8. It's a German newspaper. 9. What are these? 10. They are two German newspapers.

F. 1. Quanti fuochi ci sono? 2. Queste penne sono tedesche, ma le barche sono greche. 3. Questa barca è magnifica. 4. Queste barche sono magnifiche. 5. Questi medici sono amici.

Lesson VI

A. 1. Roberto e i tre ragazzi sono sotto un albero in campagna. 2. C'è un cestino. 3. Ci sono molte cose per il pranzo dei ragazzi. 4. Roberto apre il cestino. 5. In una bottiglia c'è limonata. 6. Nell'altra c'è aranciata. 7. La signora dice Buon appetito. 8. I ragazzi rispondono – Grazie, altrettanto a Lei, signora. 9. Sì, capisco questa lezione. 10. Io rispondo alle domande.

B. 1. of the lady; 2. on/in the book; 3. from/by the pupil(*m.*); 4. in the study; 5. to the teacher(*m.*); 6. with the students(*m.*); 7. for the gentleman; 8. with the aunt; 9. in the garden; 10. by/from the uncles.

C. 1. The boys understand almost everything. 2. We answer the questions. 3. The teacher(*m.*) is not in the study. 4. The newspapers are on the dining table. 5. The fruit is in the basket. 6. This bottle is full of water. 7. There's a magazine under this chair. 8. Here are/There are the girl's books. 9. This bird sings well. 10. The students' exercise books are on the grass.

D. 1. C'è una bottiglia sull'erba. 2. Ci sono due ragazzi vicino all'*a*lbero. 3. Il sole non splende ora/adesso. 4. Un uccello canta. 5. Non vedo l'uccello. 6. Cominciamo a parlare italiano. 7. Non capisco. 8. Capisci, Roberto?. 9. Gli studenti rispondono bene. 10. Ecco un libro per Lei, signora.

E.(a) 1. il cestino della signora; 2. la mano del ragazzo; 3. il pranzo di Anna; 4. due bottiglie di limonata; 5. vicino all casa; 6. lontano dall'*a*lbero; 7. nel cestino; 8. della ragazza; 9. al signore; 10. dal maestro.

(b)   AVERE   ESSERE

io non ho   io non sono
tu non hai   tu non sei
egli, lui, esso } non ha   egli, lui, esso } non è
ella, lei, essa }   ella, lei, essa }
noi non abbiamo   noi non siamo
voi non avete   voi non siete
essi, esse } non hanno   essi, esse } non sono
loro, Loro }   loro, Loro }

Il primo gioco dell'alfabeto

1. aprile(*m.*); 2. bianco; 3. (il) coltello; 4. (la) dom*e*nica; 5. ecco; 6. febbr*a*io(*m.*); 7. (il) giardino; 8. ha?/hanno? 9. inverno(*m*); 10. luglio(*m.*); 11. (la) matita; 12. nove; 13. ottobre(*m.*); 14. (il) primo; 15. questo(a); 16. (la) rosa; 17. (lo/la) studente/ssa; 18. (il/la) t*a*volo/a; 19. *u*ndici; 20. venerdì(*m.*); 21. (lo) zio.

Lesson VII

A. 1. I mesi d'estate sono giugno, luglio ed agosto. 2. Le passo in It*a*lia/al mare/in campagna, etc. 3. No, qualche volta è mosso. 4. Ci sono cabine con t*a*voli e s*e*die. 5. Ci sono le s*e*die a sdr*a*io. 6. Sì, è sana. 7. Preferisco la campagna/il mare (*according to preference*). 8. I ragazzi p*a*ssano molto tempo nel

mare. 9. Sì, è lontano/No, è vicino (*according to personal geography*). 10. Sì, è
vicina/No, è lontana (*according to personal geography*).

B. 1. delle;   2. dei;   3. del;   4. della;   5. dell';   6. del;   7. delle;   8. dei

C. 1. Maria la capisce.   2. Giovanni l'impara.   3. (Noi) li troviamo.   4.
(Loro, essi, etc.) le perdono.   5. (Noi) ti vediamo.   6. Anna ci vede.   7. (Noi)
le abbiamo.   8. (Io) li ho.   9. Anna l'ha.   10. (Loro, essi, etc.) non
l'hanno.

D. 1. pane, vino, etc.;   2. frutta, carne, etc.;   3. zucchero, etc.;   4. libri,
quaderni, etc.;   5. penne, riviste, etc.;   6. domanda, lezione, etc.;   7. libro,
cestino, etc.;   8. ragazzo, quaderno;   9. casa, ragazza, etc.;   10. casa, cabina,
etc.

E. 1. (Noi) non vediamo la spiaggia.   2. (Lei) trova una cabina.   3. (Loro,
etc.) parlano alla signora.   4. (Egli, etc.) capisce questa lezione.   5. (Ella, etc.)
compra del pane.   6. (Io) compro dello zucchero.   7. Hai/Ha (degli) amici
italiani?   8. No, (io) non ho amici italiani.   9. Hanno (delle) amiche
inglesi?   10. Sì, hanno molte amiche inglesi.

F.

COMPRARE	VENDERE
non compro	non vendo
non compri	non vendi
non compra	non vende
non compriamo	non vendiamo
non comprate	non vendete
non comprano	non vendono

Lesson VIII

A. 1. Sì, parlo italiano/Sì, lo parlo; No, non lo parlo.   2. No, non capisco tutte
le parole/Sì, capisco tutte le parole; No, non le capisco tutte/Sì, le capisco tutte,
etc.   3. No, è facile/Sì, è difficile.   4. Oggi, la data è il nove dicembre,
etc.   5. Ci sono trenta giorni nel mese di settembre.   6. In autunno le foglie
sono gialle.   7. Sì, cammino molto/No, non cammino molto/No, ma cammino
abbastanza, etc.   8. Sì, nuoto bene/No, non nuoto/Sì, ma nuoto male,
etc.   9. Sì, preferisco il mare alla montagna/No, preferisco la montagna al
mare.   10. Ci sono trecentosessantasei giorni in un anno bisestile.

B. 1. Il primo giugno.   2. L'undici dicembre.   3. Ci sono ventotto giorni nel
mese di febbraio.   4. Ci sono trecentosessantacinque giorni in un
anno.   5. Oggi la data è il ventotto ottobre.   6. Quest'anno non è un anno
bisestile.   7. Questa foglia è quasi gialla.   8. Questo sentiero è
corto.   9. Questi laghi sono molto profondi.   10. Queste montagne sono alte.

C. 1. Le parlo.   2. Gli parliamo.   3. (Lei) mi parla.   4. Parli loro/Gli parli;
Parla loro/Gli parla; Parlate loro/Gli parlate; Parlano loro/Gli parlano.   5. Gli
mandiamo un giornale.   6. (Lei) ci manda una cartolina.   7. Le mando una

scatola di fazzoletti. 8. Maria mi manda una lettera. 9. I bambini ci mandano dei fiori. 10. Gli mandi una rivista; Gli manda una rivista; Gli mandate una rivista; Gli mandano una rivista.

D. 1. How old is this boy? 2. He is nearly seven. 3. How old are you (*polite sing.*)? 4. I am eighteen. 5. Thursday, 15th May. 6. In 1946. 7. There are three months in every season. 8. There are 206 pages in this book. 9. Italy has 50 million inhabitants. 10. There are 366 days in a leap year.

E. 1. Questa montagna è alta. 2. Questa collina è bassa. 3. Il mese di febbraio è corto. 4. L'aria è fresca. 5. Ecco un bosco. 6. Queste foglie sono quasi gialle. 7. Ogni stagione dura tre mesi. 8. Venerdì, dieci luglio, millenovecentocinquantanove. 9. Quattrocentotrentotto. 10. Duemilasette-centosessanta.

F. 1. DIVENTARE*

io divento
tu diventi
egli, lui, esso ⎱ diventa
ella, lei, essa ⎰
noi diventiamo
voi diventate
essi, esse ⎱ diventano
loro, Loro ⎰

2. CREDERE

io credo
tu credi
egli, lui, esso ⎱ crede
ella, lei, essa ⎰
noi crediamo
voi credete
essi, esse ⎱ credono
loro, Loro ⎰

3. PREFERIRE

io preferisco
tu preferisci
egli, lui, esso ⎱ preferisce
ella, lei, essa ⎰
noi preferiamo
voi preferite
essi, esse ⎱ preferiscono
loro, Loro ⎰

4. SENTIRE

io sento
tu senti
egli, lui, esso ⎱ sente
ella, lei, essa ⎰
noi sentiamo
voi sentite
essi, esse ⎱ sentono
loro, Loro ⎰

Lesson IX

A. 1. Vanno a fare delle compere. 2. Si fermano davanti ad un negozio. 3. Ci sono guanti, colletti e sciarpe. 4. No, i prezzi non ci sono. 5. Entrano nel negozio e domandano il prezzo delle sciarpe. 6. Anna compra una sciarpa verde di nailon. 7. Maria compra una sciarpa/ne compra una celeste, di seta pura. 8. Si, preferisco il nailon alla seta/No, preferisco la seta al nailon. 9. Incontrano due altre amiche, Caterina e Margherita. 10. Entrano in un ristorante a mangiare.

B. 1. si alza; 2. compra; 3. ci divertiamo; 4. ricevono; 5. finisco; 6. si diverte; 7. ha; 8. sono; 9. parlano; 10. capisce.

C. 1. Ho dei guanti nuovi. *Ecco*li. 2. Maria ha delle lettere. *Ecco*le. 3. Dove sono le sciarpe di seta? 4. *Ecco*le in vetrina/nella vetrina. 5. Dove vai/va/andate/vanno? 6. (Che) cosa fai/fa/fate/fanno? 7. Come state/stanno, signore? 8. Stiamo tutte bene, grazie. 9. Rimango/Sto a casa ogni martedì. 10. Questi bambini non stanno bene.

D. 1. si; he/she/it/you (*polite sing.*) enjoys himself/herself/itself (*or* is enjoying himself, *etc.*); 2. ci; we get up/are getting up; 3. si; they/you (*polite pl.*) enjoy/are enjoying themselves/yourselves; 4. vi; you wash/are washing (*pl.*); 5. si; they/you (*polite pl.*) get up/are getting up; 6. vi; you enjoy/are enjoying yourselves (*pl.*); 7. si; they/you (*polite pl.*) wash/are washing; 8. mi; I get up/am getting up; 9. ti; you wash/are washing (*sing.*) 10. ci; we enjoy/are enjoying ourselves.

E. 1. This boy is enjoying himself. 2. Mary does not go into town every day. 3. This scarf is not nylon. 4. This lesson is not easy. 5. These boys are not well. 6. We enjoy ourselves at the seaside. 7. Anna often goes to the shops. 8. We are going for a walk in the country. 9. Are you enjoying yourself, (miss, young lady, *etc.*)? 10. Yes, thanks, I'm enjoying myself very much.

Lesson X

A. 1. È la domestica della signora Valli. 2. Va al mercato. 3. Compra della carne. 4. Sì, ne mangio molta/No, ne mangio poca. 5. Sì, preferisco il pesce (alla carne)/No, preferisco la carne (al pesce). 6. La mela, l'uva, la pera, *etc.* 7. I piselli, i fagiolini, gli zucchini, *etc.* 8. È vicino alla finestra, *etc.* 9. Sono sul tavolo, *etc.* 10. Sono sotto il tavolo, *etc.*

B. 1. il mio; 2. la sua; 3. tua/Sua/vostra/la Loro; 4. il loro; 5. la mia; 6. il suo; 7. i tuoi/i Suoi/i vostri/i Loro; 8. i suoi; 9. le sue; 10. i miei.

NOTE.—For emphasis, or to avoid confusion, sentences 2, 6, 8 and 9 might read (respectively): Ecco la casa *di lui*; Ecco il libro *di lei*; Dove sono gli zii *di lui*?; Queste sono le sorelle *di lei*.

C. 1. La prima casa. 2. Capitolo terzo. 3. Enrico ottavo. 4. Volume sesto. 5. Lezione quinta. 6. Le signore che parlano italiano sono inglesi. 7. I signori di cui parli/parla/parlate/parlano sono francesi. 8. Il ragazzo (a) cui do il libro. 9. La ragazza da cui ricevo una lettera. 10. Gli studenti che sono in questa classe. 11. La metà di questa pera e per Lei/Loro. 12. Trenta minuti fanno mezz'ora.

D. 1. My brother is going to the library. 2. I am writing the exercise in my exercise book. 3. The students are studying their lessons. 4. I am replying to my mother's letter. 5. I am writing a post-card to my friend (*f.*). 6. I am well, but my sister is ill. 7. My friend's brother is at the seaside. 8. My parents are well. 9. Here is my father's watch/There is . . . 10. Here is my mother's bag/There is . . .

E. 1. Non vado al mercato. 2. Mio padre va in città. 3. Margherita non c'è oggi. 4. Come state, Carlo e Roberto? 5. Stiamo molto bene, grazie. 6. Mia sorella non sta bene. 7. I miei fratelli sono in campagna. 8. I nostri amici sono al mare. 9. Hai dei fratelli, Maria? 10. Sì, ho due fratelli e tre sorelle.

Revision Test

A. 1. questo libro/questi libri; 2. la porta/le porte; 3. l'idea/le idee; 4. lo zio/gli zii; 5. la lezione/le lezioni; 6. il giardino/i giardini; 7. la finestra/le finestre; 8. il nome/i nomi; 9. lo studente/gli studenti; 10. la studentessa/le studentesse.

B. 1. ragazzo, *etc.*; 2. signora, *etc.*; 3. libri, *etc.*; 4. foglie, *etc.*; 5. fiori, *etc.*; 6. amica, *etc.*; 7. penne, *etc.*; 8. signori, *etc.*; 9. viali, *etc.*; 10. vie, *etc.*

C. 1. Maria e Giovanni hanno molti amici. 2. Anna e Roberto sono italiani. 3. Margherita e Carlo parlano francese. 4. Riceviamo una cartolina. 5. Ricevi/Riceve/Ricevete/Ricevono una lettera. 6. I loro figli/bambini stanno bene. 7. Non capisco tutte queste parole. 8. Capiamo la nostra lezione perché è facile.

D. 1. Bene, grazie, e Lei? 2. Ecco il mio quaderno, sul tavolo, *etc.* 3. Il terzo mese dell'anno è marzo. 4. La quarta stagione dell'anno è l'inverno. 5. L'erba è verde. 6. Il mio dizionario è rosso, azzurro, *etc.* 7. Sì, capisco bene questa lezione/No, non capisco questa lezione/Sì, la capisco (bene)/No, non la capisco, *etc.* 8. Sì, le capiamo tutte/No, non le capiamo tutte, *etc.* 9. Tredici più due fanno quindici. 10. Diciannove meno tre fanno sedici.

E. 1. nella mia scatola; 2. sull'albero; 3. per la signora; 4. nel loro giardino; 5. a casa tua/Sua/vostra/Loro; 6. con il nostro studente; 7. dall'amico; 8. di suo zio; 9. alla studentessa; 10. del maestro.

F. 1. nelle mie scatole; 2. sugli alberi; 3. per le signore; 4. nei loro giardini; 5. alle tue/Sue/vostre/Loro case; 6. con i nostri studenti; 7. dagli amici; 8. dei suoi zii; 9. alle studentesse; 10. dei maestri.

G. ventotto; trentacinque; quarantanove; cinquantadue; sessantanove; cento; quattrocentosessanta; mille; cinquemilaottocento; un milione; due terzi; un quarto; tre quarti; un quinto.

H. 1. Il sei maggio. 2. Il primo luglio. 3. Nel millenovecentoquarantanove. 4. Questo è il terzo orologio che compro. 5. Questa è la prima volta che lo vedo.

I. 1. italiani, etc.; 2. piccole, etc.; 3. grande, etc.; 4. magnifica, etc.; 5. inglesi, etc.

J. 1. Vedo il maestro, lo vedo. 2. Vediamo la maestra, la vediamo. 3. Maria gli parla. 4. Giovanni le parla. 5. I maestri/Le maestre ci parlano.

SECTION TWO

Lesson XI

A.   1. I genitori di Maria hanno comprato i biglietti per l'opera.   2. Perché è l'onomastico di Maria.   3. Si chiama Margherita.   4. Vanno al teatro.   5. Vanno a vedere *Norma*.   6. È di Vincenzo Bellini.   7. I genitori di Maria hanno già visto l'opera.   8. Sì, ho visto . . . /No, non ne ho viste.   9. Sì, canto (bene, male, etc.)/No, non canto.   10. Sì, suono il pianoforte, etc./No, non suono (nessuno strumento).   11. Comincia alle otto e venti.   12. Finisce a mezzanotte.

B.   1. finito;   2. cantato;   3. partito;   4. ricevuto;   5. potuto;   6. suonato;   7. venduto;   8. servito;   9. creduto;   10. giocato.

C.   1. Non ho comprato i biglietti per loro.   2. Abbiamo venduto la casa a te/Lei/voi/Loro, non a lui.   3. Oggi Roberto ha ricevuto una lettera da lei.   4. Carlo e Pietro hanno ricevuto una cartolina da noi.   5. Ho finito il (mio) pranzo/Ho finito di pranzare.   6. Questo bambino/Questa bambina non ha capito l'opera.   7. Avete sentito questo tenore?   8. Questi bambini mi hanno parlato in italiano.   9. Mario ha comprato un pianoforte.   10. Mia madre ha invitato degli/alcuni amici.

D.   1. The lady opens the book and reads it.   2. The gentleman is buying a car for them.   3. We (have) received two postcards from him.   4. Margherita (has) played the violin for us.   5. My name-day is 15th August.   6. But my birthday is 6th October.   7. This conductor is very good.   8. Who has heard this opera?

Lesson XII

A.   1. Il signor Moscari è lo zio di Carlo.   2. No, abita in campagna.   3. Si chiamano Roberto e Pietro.   4. Ogni tanto, Carlo e i suoi genitori passano una giornata in campagna con i loro parenti.   5. Conversa/Chiacchiera con sua cognata.   6. Suo padre visita il podere.   7. Si divertono insieme.   8. I buoi lavorano nei campi.   9. Sì, l'ho capita bene/No, non l'ho capita bene.   10. Io ho capito ogni parola.

B. (*a*) 1. buon;   2. buoni;   3. buon'/buona;   4. buone;   5. buon.
       (*b*) 1. grand';   2. grande;   2. grande;   3. gran;   4. grande;   5. grandi.

C.   1. Non abitiamo in campagna.   2. Il padre di Roberto ha una fattoria.   3. Ha cavalli, maiali, mucche e molti altri animali domestici.   4. Questo piccolo cane mi segue dappertutto.   5. Quest'asino si chiama Morella.   6. Ci sono molti conigli a questa fattoria.   7. I bambini si sono divertiti.   8. Hanno aiutato il loro padre.   9. Si sono alzati presto stamattina/questa mattina/stamani.   10. I contadini hanno lavorato bene oggi.

D. (*a*) 1. bel;   2. bella;   3. bei;   4. belle;   5. bell'.
       (*b*) 1. Santa;   2. San;   3. Sant';   4. Santo;   5. Sant'.

E.   1. che;   2. che;   3. con cui;   4. che;   5. di cui;   6. che;   7. da cui   8. a cui;   9. che;   10. che.

F. PARLARE	RICÆVERE	PARTIRE
ho parlato	ho ricevuto	sono partito(a)
hai parlato	hai ricevuto	sei partito(a)
ha parlato	ha ricevuto	è partito(a)
abbiamo parlato	abbiamo ricevuto	siamo partiti(e)
avete parlato	avete ricevuto	siete partiti(e)
hanno parlato	hanno ricevuto	sono partiti(e)

Il secondo gioco dell'alfabeto

1. agosto(*m.*); 2. basso; 3. cinque; 4. (il) duomo; 5. estate(*f.*); 6. facile; 7. Giuseppe, Giovanni, *etc.*; 8. Italiani(*m. pl.*); 9. lungo; 10. Maria, *etc.*; 11. nono; 12. ottobre(*m.*); 13. primavera(*f.*); 14. quaranta; 15. (la) rosa; 16. sabato(*m.*); 17. trenta; 18. undici; 19. verde, viola, *etc.*; 20. (lo) zio.

Lesson XIII

A. The Lakes

There are many beautiful lakes in Italy, big and small. Not far from Milan the three most important lakes are called Lake Maggiore, Lake Como and Lake Garda. The view of the mountains around Lake Garda is magnificent. People go on beautiful steamer-excursions on the lake, or go by car along the road through the numerous tunnels. What a lot of fine gardens (there are), with splendid trees and multi-coloured flowers! The light is bright, the beautiful sun shines in the blue sky, and it is a pleasure to be near the water. A good many people go on coach-excursions. In view of the great heat which prevails in the summer months, it is always preferable to leave early in the morning, rest during the hot hours of the afternoon and return in the evening. Often, there are magnificent sunsets, especially in August and September. We are always happy to see a beautiful sunset.

B. 1. Quel lago è profondo. 2. Questi vaporetti non sono molto grandi. 3. Abbiamo visto molti bei fiori. 4. Il tramonto è bello stasera/questa sera. 5. Hai/Ha visto il Lago di Garda? 6. No, ma sono stato al Lago Maggiore. 7. Oggi andiamo al Lago di Como. 8. È un piacere visitare i tre laghi. 9. Che cielo azzurro! 10. Quante gallerie! 11. Quella rosa, vicino a te/Lei/voi/Loro, è bella. (Codesta rosa *is grammatically correct, though unlikely to be heard outside Tuscany.*) 12. La luce non è forte oggi.

C. 1. va, è andato(a); 2. dà, ha dato; 3. fa, ha fatto; 4. sta, è stato(a); 5. legge, ha letto; 6. scrive, ha scritto; 7. dice, ha detto; 8. apre, ha aperto; 9. tiene, ha tenuto; 10. finisce, ha finito.

D. 1. The sun has been strong today. 2. The sunset is magnificent this evening. 3. I have been/I went on a coach-excursion. 4. Where have you (*polite sing.*) been? 5. Around the lake. 6. Have you (*polite sing.*) read the newspaper? 7. Yes, I read it this afternoon. 8. Charles has written/wrote three postcards. 9. Catherine (has) opened the window. 10. We gave/have given the letter to the lady. 11. What did Mary say? 12. What did you say, Mary?

E. 1. Twenty-one (the English letters *j, k, w, x, y* are not part of the Italian alphabet).

2. Two (masculine and feminine).

3. By changing the final *-o* and *-e* to *-i* (e.g. *libro/libri; padre/padri*).

4. (*a*) *Parole piane*: change final *-o* (e.g. *brusio/brusii*).
   (*b*) *Parole sdrucciole*: remove final *-o* (e.g. *studio/studi*).

5. *il* (libro); *la* (penna); *lo* (zio); *l'* (amico/amica); *i* (libri); *le* (penne); *gli* (zii).

6. *un* (ragazzo); *una* (ragazza); *un'* (amica); *uno* (studente).

7. (*a*) *Regular*: four forms: un amico caro; una ragazza cara; dei laghi limpidi; delle scarpe comode.

   (*b*) The *irregular* adjectives *buono* (six forms), *bello* (seven) and *santo*, when it means *saint* (three):

buono:	un buon ragazzo/amico	dei buoni ragazzi/amici
	un buono studente	dei buoni studenti
	una buona madre	delle buone madri
	una buon'amica	delle buone amiche
bello:	un bel giardino	dei bei giardini
	un bello specchio	dei begli specchi
	una bell'isola	delle belle isole
	un bell'albero	dei begli alberi
santo:	Santo Stefano (*but* San Zeno)	
	Sant'Antonio	
	Sant'Anna	
	San Giuseppe	

8. (*a*) *Regular*: two forms only: un uomo/una donna intelligente; due uomini/due donne intelligenti.

   (*b*) The *irregular* adjective *grande* (four forms):

un gran favore	dei grandi favori
una grande donna	delle grandi donne
un grande studioso	dei grandi studiosi
un	dei grandi
grand'avvenimento	avvenimenti
una grand'anima	delle grandi anime

9. (*a*) *Parole piane*: insert *h* to keep the hard sound in the plural (e.g. *fuoco/fuochi; lago/laghi; lungo/lunghi*); except in cases of words such as *amico* and *greco* (*amici* and *greci* in the plural).

   (*b*) *Parole sdrucciole*: change final *o* to *i* in usual way (e.g. *medico/medici; magnifico/magnifici; maniaco/maniaci*).

10. Three: *-are* (e.g. *ballare*); *-ere* (e.g. *ricevere*); *-ire* (e.g. *capire, partire*).

11. No; *partire*-type verbs do not have *-isc*, which *capire*-type verbs have in the first, second and third persons singular, and the third person plural (*pulisco, pulisci, pulisce, puliscono,* etc.).

12. io, tu, egli, lui, esso, ella, lei, essa, Lei; noi, voi, essi, esse, loro, Loro.

13. No; but they *are* usually used when emphasis and/or contrast is required (e.g. *Tu* vai a casa, *io* resto qui/*You* (*sing.*) go home, *I'll* stay here.)

14. *Dal* (padre); *dalla* (madre); *dall'* (inizio, amica) *dallo* (studente); *dai* (bambini); *dalle* (ragazze); *dagli* (uomini).

15. *con* and *per*.

16. il mio, il tuo, il suo, il Suo; il nostro, il vostro, il loro, il Loro; i miei, i tuoi, i suoi, i Suoi; i nostri, i vostri, i loro, i Loro.

17. la mia, la tua, la sua, la Sua; la nostra, la vostra, la loro, la Loro; le mie, le tue, le sue, le Sue; le nostre, le vostre, le loro, le Loro.

18. mi, ti, si, ci, vi, si; alzarsi, lavarsi, *etc.*

19. In *-are* verbs, change *-are* to *-ato* (e.g. *ballare/ballato*); in *-ere* verbs, change *-ere* to *-uto* (e.g. *ricevere/ricevuto*); in *-ire* verbs (of both types), change *-ire* to *-ito* (e.g. *pulire/pulito; sentire/sentito*).

20. *stare*, dare, andare*, fare*.

Lesson XIV

A. 1. Giovanni ha scritto una *lettera*/Giovanni l'ha scritta, *etc.* 2. È scritta all'amico di Giovanni, Mario/È scritta a Mario, l'amico, *etc.* 3. Non ha potuto visitare il suo amico perché è stato molto occupato/indaffarato, *etc* 4. Le sue vacanze cominceranno alla fine di luglio. 5. Avrà tre settimane. 6. Ha deciso di fare un altro viaggio in Italia. 7. Ha preparato un bell'itinerario. 8. Sarà in città questo sabato. 9. A mezzogiorno e un quarto. 10. Li manda a Mario, e alla sua famiglia.

B. 1. parleremo/We shall speak Italian; 2. riceverà/Charles will receive a post-card; 3. capirà/You (*polite sing.*)/She will not understand this letter; 4. avranno/Robert and Mario will have a holiday; 5. sarò/I shall not be in London tomorrow.

C. 1. Io/I shall sell the car; 2. Noi/We shall buy a house; 3. Tu/You'll (*sing.*) finish the letter tomorrow; 4. Voi/You(*pl.*) will be busy; 5. Egli, ella, Lei, *etc.*/He, she, you(*polite sing.*), *etc.* will be able to understand this lesson.

D. 1. Mario e Giovanni andranno in Italia. 2. Viaggeranno insieme. 3. Le mie vacanze cominciano oggi. 4. Andrò/Vado a Londra domani. 5. Giovanni sa parlare l'italiano molto bene. 6. (Io) lo so parlare un poco. 7. Il passaporto non è in ordine. 8. Abbiamo deciso di stare a casa. 9. Vuoi/Vuole leggere questa lettera?10. No grazie, sono troppo indaffarato/occupato, *etc.* 11. Quando sarò famoso sarò felice. 12. Quando lo vedranno lo saluteranno. 13. Se vincerai, festeggerai?/Se vincerà, festeggerà?/Se vincerete, festeggerete?/Se vinceranno, festeggeranno?

E. 1. ho preparato, preparerò; 2. ho creduto, crederò; 3. ho finito, finirò; 4. ho avuto, avrò; 5. sono stato(a), sarò 6. ho potuto, potrò 7. ho viaggiato, viaggerò; 8. sono andato(a), andrò; 9. ho fatto, farò; 10. ho dato, darò.

Lesson XV

A. 1. Giovanni ha ricevuto una *lettera*/Giovanni l'ha ricevuta, etc. 2. Sì, c'è stato una volta. 3. Giovanni sarebbe una buona guida per lui/Giovanni lo sarebbe (NOTE: *the use of the pronoun* lo *here, where English has no pronoun*: John would be [*i.e. a good guide, in answer to the question*]. 4. Sarà líbero alla fine di luglio. 5. L'aspetterà davanti alla porta principale della Banca Commerciale. 6. Potrebbero pranzare insieme. 7. Li manda a Giovanni, e ai suoi genitori. 8. La capitale dell'Inghilterra è Londra. 9. Mario abita a Londra, in Trafalgar Street. 10. (Io) abito a Oxford, *etc.* (*according to personal geography*).

B. 1. Gli Inglesi/Gl'Inglesi parlano inglese. 2. I Francesi parlano francese. 3. Gli Italiani/Gl'Italiani parlano italiano. 4. I Tedeschi parlano tedesco. 5. Gli Spagnoli parlano spagnolo. 6. Madrid è la capitale della Spagna. 7. Berna è la capitale della Svizzera. 8. Parigi è la capitale della Francia. 9. Roma è la capitale dell'Italia. 10. I quattro punti cardinali sono nord, sud, -est, ovest. (NOTE.—*The capital letters in questions 1–5 are not obligatory.*)

C. (*a*) (the) north; (the) south; (the) east; (the) west; central.
(*b*) dei Tedeschi; degli Inglesi; degli Spagnoli; degli Svizzeri; dei Francesi; degli Americani.

D. 1. Oggi non ho ricevuto una lettera. 2. Saremmo contenti(e). 3. Potrei venire. 4. Riceverebbero una cartolina. 5. Mandiamo i nostri saluti a tutti. 6. Questa banca è molto grande. 7. Quella banca è molto piccola. 8. Ho visto solo un giornale oggi/Oggi ho visto solo/soltanto un giornale, *etc.* 9. La Riviera di Ponente è molto bella. 10. Questa volta non visiteremo la Riviera di Levante.

E. (*a*) canterei, canteresti, canterebbe, canteremmo, cantereste, canterebbero; (*b*) riceverei, riceveresti, riceverebbe, riceveremmo, ricevereste, riceverebbero; (*c*) finirei, finiresti, finirebbe, finiremmo, finireste, finirebbero; (*d*) avrei, avresti, avrebbe, avremmo, avreste, avrebbero; (*e*) sarei, saresti, sarebbe, saremmo, sareste, sarebbero.

Lesson XVI

A. 1. Guardano una carta geografica d'Italia. 2. Vedono la catena delle Alpi. 3. Le Alpi separano l'Italia dalla Francia. 4. Formano una spina dorsale. 5. Il Mare Mediterraneo la circonda. 6. I mari sono il Mare Ligure, il Mare Tirreno, il Mare Ionio ed il Mare Adriatico. 7. La Sicilia, la Sardegna, etc. 8. Il capoluogo del Lazio (e la capitale dell'Italia) è Roma. 9. Il capoluogo della Toscana è Firenze. 10. Il capoluogo dell'Emilia è Bologna.

B. 1. I poeti; 2. Dei telegrammi; 3. Quelle pianiste; 4. Quei violinisti; 5. I programmi 6. I duchi; 7. Le artiste; 8. Questi poemi; 9. Quei piloti; 10. Questi diagrammi.

C. 1. Guardiamo una carta geografica. 2. Ho visitato queste città. 3. Ecco un programma. 4. C'è un telegramma per Lei. 5. Mi piace questo pianista. 6. Ci sono delle belle poesie in questo libro. 7. C'è un poeta in questa città? 8. Il capoluogo della Lombardia è Milano. 9. Il capoluogo della Liguria è Genova. 10. Il capolugo dell'Umbria è Perugia.

D. 1. Parlerei con lui. 2. Avrebbe una vacanza. 3. Sarebbero felici. 4. Venderesti la casa? 5. Darei loro questo programma. 6. Non andreste

a Londra? 7. Faremmo una gita intorno al lago. 8. Sarebbero a casa?
9. Finirei il lavoro. 10. Riceveremmo quella lettera domani.

E. Getting Ready for the Trip

Before making their trip, John and Mario look at a map of Italy. They see the
great peninsula with the Alpine Chain in the north. The Alps separate Italy from
France, Switzerland, Austria and Yugoslavia. The Mediterranean Sea surrounds
the peninsula. This sea has different names, namely – the Ligurian Sea, the
Tyrrhenian Sea to the west, the Ionian Sea to the south and the Adriatic Sea to the
east. Then they both study the twenty regions and the chief towns.

F. (*a*) avrei, avresti, avrebbe, avremmo, avreste, avrebbero; (*b*) sarei, saresti,
sarebbe, saremmo, sareste, sarebbero; (*c*) comincerei, cominceresti,
comincerebbe, cominceremmo, comincereste, comincerebbero; (*d*) viaggerei,
viaggeresti, viaggerebbe, viaggeremmo, viaggereste, viaggerebbero.

Lesson XVII

A. 1. Vanno alla stazione. 2. Le prende il facchino. 3. Le mette sulla
rete. 4. Sì, sono riservati. 5. Gli danno una mancia. 6. Parte alle tredici e
trenta/all'una e mezzo. 7. No, viaggiano in seconda. 8. Li ringrazia, e gli
augura/augura loro un buon viaggio. 9. Sì, mi piace molto/No, non mi piace per
niente, *etc.* 10. Sì, ne faccio uno ogni anno/No, ma quasi ogni anno *etc.*

B. 1. darò, daremo; darei, daremmo; 2. andrò, andremo; andrei,
andremmo; 3. preparerò, prepareremo; preparerei, preparereremmo;
4. prenderò, prenderemo; prenderei, prenderemmo; 5. partirò, partiremo;
partirei, partiremmo; 6. salirò, saliremo; salirei, saliremmo; 7. uscirò,
usciremo; uscirei, usciremmo; 8. dirò, diremo; direi; diremmo; 9. seguirò,
seguiremo; seguirei, seguiremmo; 10. viaggerò, viaggeremo; viaggerei,
viaggeremmo.

C. (*a*) 1. venire; 2. partire; 3. vendere; 4. uscire; 5. scendere.
(*b*) 1. le frecce; 2. le ciliegie; 3. le province; 4. le arance; 5. le
farmacie.

D. 1. Aspetto la mia amica. Ha le mie camicie. 2. Dov'è il
tassì? 3. Eccolo. 4. Devo preparare/fare le (mie) valigie. 5. Il mio passaporto è in ordine. 6. Ecco i biglietti. 7. È quasi mezzogiorno. 8. Il treno
parte all'una/alle tredici. 9. Questo facchino è molto cortese, e prende mance
buone/abbondanti, *etc.* 10. Il treno per Folkestone è partito.

E. 1. I'm going to buy some oranges. 2. This suitcase belongs to Mr.
Monti. 3. The travellers are giving tips to the porters. 4. We must follow this
porter. 5. I'll go on in front. 6. I don't like this place. 7. Which is our
train? 8. It's probably that one. 9. This porter will get a good
tip. 10. Here's his/her your (*polite sing.*) passport, where's mine?

Lesson XVIII

A. 1. Li ha portati Mario/Mario li ha portati. 2. Ci arriveranno fra due
ore. 3. No, non sempre. 4. Vede la Manica. 5. Leggono i giornali; poi,
quando sono quasi arrivati, i viaggiatori si preparano e scendono dal
treno. 6. Vanno alla dogana. 7. Sì, richiede poco tempo. 8. Fanno un

segno misterioso con un pezzo di gesso. 9. Salgono sul traghetto. 10. La vedranno fra un'ora.

B. 1. cerco, cerchiamo; 2. faccio, facciamo; 3. salgo, saliamo; 4. pago, paghiamo; 5. vado, andiamo.

C. 1. Leggerò questo giornale. 2. Cosa leggi, Giovanni? 3. Leggo una rivista italiana. 4. A che ora arriverà questo treno a Folkestone? 5. Fra un'ora, signore. 6. Siamo quasi arrivati. 7. Il treno si ferma. Anzi, si è già fermato. 8. Posso trovare una rivista sola/soltanto una rivista/solo una rivista. 9. Ecco l'altra. 10. Non c'è niente in questa scatola. 11. Alla fine delle vacanze non avrò più soldi/denaro. 12. Non conosci/conosce/conoscete/conoscono nessuno a Siena? 13. Non ha niente, e non ha mai avuto amici. 14. Non ci andranno mai più. 15. Non imparerai mai?

D. 1. Where have the porters gone? 2. I like the sea when it's calm. 3. I prefer a rough sea. 4. There they are, getting on the ferry. 5. This ferry is not big. 6. We'll leave at three o'clock. 7. What time will we arrive at Folkestone? 8. At about twenty past three. 9. Here's my suitcase, where's yours (*pòlite sing.*)/his/hers? 10. There it is, near the porter.

E. *a*) Arriverò, arriverai, arriverà, arriveremo, arriverete, arriveranno;
   (*b*) cercherò, cercherai, cercherà, cercheremo, cercherete, cercheranno.

Lesson XIX

A. 1. No, qualche volta è calmo. 2. Visiteranno la Francia, la Svizzera e l'Italia. 3. Mario vuole bere qualcosa. 4. Vanno al bar. 5. Comprano sigarette e cerini. 6. Perché costano meno sul traghetto. 7. Ci sarà un altro controllo a bordo del traghetto, prima di arrivare a Calais. 8. Vanno subito all'ufficio. 9. Vorrebbe fare delle fotografie. 10. Si preparano a venire a bordo.

B. 1. eviterà, eviteranno; 2. spiegherà, spiegheranno; 3. starà, staranno; 4. berrà, berranno; 5. andrà, andranno.

C. 1. Quei re; 2. Quelle città; 3. Quegli uomini; 4. Delle uova; 5. Gli amici francesi; 6. Le amiche inglesi; 7. Delle riviste tedesche; 8. Dei viaggiatori svizzeri; 9. Delle macchine fotografiche; 10. Degli artisti italiani.

D. 1. Vuoi/Vuole/Volete/Vogliono delle sigarette? 2. Sì, e(d) anche dei cerini/fiammiferi. 3. Quanto costano? 4. Non (lo) so, domanderemo il prezzo. 5. Conosci/Conosce quella signora? 6. Sì, l'ho conosciuta (incontrata *would be too casual here*) a Londra. 7. Queste valigie non sono pesanti. 8. La mia è molto leggera. 9. Questa pianista suona bene. 10. Questa città è molto moderna. 11. Hai fame, Giovanni? 12. No, ma ho sete/No, ho sete però.

E. (*a*) sbarcherei, sbarcheresti, sbarcherebbe, sbarcheremmo, sbarchereste, sbarcherebbero; (*b*) farei, faresti, farebbe, faremmo, fareste, farebbero.

Lesson XX

A. 1. Vorrà provare molti piatti italiani. 2. Sì, mi piace molto/Non lo so, non l'ho mai provato, *etc.* 3. Sì, mi piacciono/Non lo so, non li ho mai provati/No, non mi piacciono, *etc.* 4. È l'agnello arrosto con rosmarino. 5. Preferisco il rosso al bianco/il bianco al rosso. 6. No, qualche volta è dura. 7. Sì, moltissime/No, ma ne conosco tre o quattro, *etc.* 8. Sì, sono le . . . 9. Parto alle . . . 10. Ci arrivo alle . . . 11. Sì, mi piace molto/No, non mi piace, *etc.* 12. Sì, preferisco la macchina al treno/No, preferisco il treno alla macchina, *etc.*

B. 1. fortunatamente; 2. difficilmente; 3. timidamente; 4. regolarmente ; 5. follemente.

C. 1. Mi piace questa vista. 2. Non mi piacciono queste cartoline. 3. Ti piacciono/Vi piacciono/Le piacciono/Piacciono loro questi colori? 4. Preferisco questo colore a quello. 5. Questo vino è molto buono/è buonissimo/è ottimo. 6. Quanto costa? 7. Non è molto caro/costoso. 8. Preferisci/ Preferisce/Preferite/Preferiscono un vino dolce. 9. Mi piace molto l'Asti Spumante. 10. Mi piacciono quasi tutti i vini.

D. 1. Dei vini secchi. 2. Delle bistecche tenere. 3. Questi vini sono buoni. 4. Quelle sigarette mi piàcciono. 5. Queste viste mi sembrano belle.

E. (*a*) 1. Gli sembra. 2. Ci sembra. 3. Sembra loro?/Gli sembra? 4. Basta questo?/Basta così? 5. Questi non bastano. 6. Non ci è piaciuta la festa. 7. Mi è toccato (di) parlare davanti a tutti. 8. È sembrato loro/ Gli è sembrato un poco infelice/scontento. 9. Questo vi sembrerà strano. 10. Se farà bel tempo in marzo faremo il bagno.

(*b*) non saprei, non sapresti, non saprebbe, non sapremmo, non sapreste, non saprebbero.

Revision Test

A. 1. amato; 2. fatto; 3. bevuto; 4. letto; 5. scritto; 6. servito; 7. p reso; 8. stato; 9. detto; 10. aperto.

B. (*a*) 1. This student (*m.*) (has) worked well. 2. Mary and Catherine wrote/ have written badly. 3. Robert has been to the country. 4. The boys (have) left today. 5. Charles (has) looked for his dog.
(*b*) 1. Questo studente lavorerà bene. 2. Maria e Caterina scriveranno male. 3. Roberto sarà in campagna. 4. I ragazzi partiranno domani/ tra due giorni, etc.

C. (*a*) 1. The doctor doesn't say anything. 2. A week ago. 3. The house is in front of the lake. 4. There is a church near (to) the school. 5. That tree is magnificent.

(*b*) 1. I medici non dicono niente. 2. Settimane fa. 3. Le case sono davanti al lago. 4. Ci sono delle chiese vicino alle scuole. 5. Quegli alberi sono magnifici.

D. 1. Ho soltanto un fratello/un fratello solo/un solo fratello, etc. 2. Margherita non ha né zio né zia. 3. Non abbiamo niente/nulla in questo cestino. 4. Paolo non studia più l'inglese. 5. Non abbiamo mai visto questi laghi.

E. 1. i violinisti; 2. le pianiste; 3. le uova; 4. quegli uomini; 5. quelle città; 6. gli autobus; 7. i re; 8. le mie mani; 9. le braccia; 10. quelle paia.

F. 1. domandare, chiedere; 2. arrivare; 3. entrare; 4. scendere; 5. venire; 6. la settimana prossima; 7. l'ultimo giorno; 8. dietro a; 9. sotto la tavola; 10. vicino alla stazione.

G. The following sentences are merely examples, since the field of object pronouns is large: 1. *lo/la*: I see him/her. 2. *li/le*: We take them (*m. and f.*). 3. *lo/la*: He'll/She'll, etc. have it. 4. *lo*; We'll do it. 5. *gli/le*: I speak to him/her/them (*this last as a secondary meaning of* gli). 6. *ti/vi*: You (*sing. and pl.*) like it/him/her. 7. *lo*: He'll do it. 8. *ci/ti*: It seems to us/you (*sing.*) 9. *li/le*: He/She/You (*polite sing.*) would buy them (*m. and f.*). 10. *mi/ti*: They are enough for me/you (*sing.*).

H. 1. Questo telegramma è per lei. 2. Queste lettere sono per me. 3. Quella cartolina sarà sua (*here,* sua *means* da lui, *which an Italian might avoid saying in this case because it would sound ugly without a verb of sending or receiving to strengthen it*). 4. Margherita è stata con noi. 5. Paolo non andrà con te.

I. (*a*) 1. sinceramente; 2. utilmente; 3. tristemente; 4. generosamente; 5. particolarmente.

(*b*) (i) Non sarò
       Non sarai
       Non sarà
       Non saremo   }   a casa domani

       Non sarete
       Non saranno

   (ii) Vorrei
       Vorresti
       Vorrebbe
       Vorremmo   }   una vacanza

       Vorreste
       Vorrebbero

J. (*a*) mi sono divertito (a), ti sei divertito (a), si è divertito (a), ci siamo divertiti (e), vi siete divertiti (e), si sono divertiti (e);   (*b*) mi alzerò, ti alzerai, si alzerà, ci alzeremo, vi alzerete, si alzeranno.

SECTION THREE

Lesson XXI

A. 1. Sì, ha dormito benissimo. 2. Sono in Piemonte. 3. È montagnosa e collinosa. 4. La chiamano così a causa delle ricchezze dei suoi bei palazzi. 5. Giovanni l'ha aperto. 6. Si trova in Liguria. 7. Sono la Riviera di Ponente e la Riviera di Levante. 8. Vanno fino all'America. 9. Vanno al vagone ristorante. 10. Fanno colazione (NOTE: *this idiomatic expression*).

B. 1. metterebbe, metterebbero; 2. leggerebbe, leggerebbero; 3. dovrebbe, dovrebbero; 4. chiuderebbe, chiuderebbero; 5. verrebbe, verrebbero.

C. 1. gli occhi celesti; 2. le bocche; 3. le guance; 4. le mogli; 5. le dita; 6. le mani; 7. le orecchie; 8. le uova; 9. gli uomini; 10. le città.

D. 1. Genoa station is near the sea. 2. Some passengers are going into the corridor. 3. The train is about to enter the station. 4. Why have you closed/ did you close the window (*polite sing.*)? 5. I'm looking at the sea. 6. We're buying an Italian magazine. 7. When will my friend (*f.*) come? 8. My finger hurts/is hurting/I've got a sore finger. 9. Every hand has five fingers. 10. We have eyes to see and ears to hear.

E. 1. Ho mal di testa oggi. 2. Questo bambino ha mal di denti. 3. Il mio amico/La mia amica avrà mal di gola domani. 4. Il cuore è l'organo vitale de corpo umano. 5. Questo treno va fino a Genova. 6. Fra un'ora saremo a Torino. 7. Mi piace molto questo paesaggio. 8. Ci sono delle grandi navi in questo porto. 9. Quella nave andrà fino all'America. 10. C'è una bella vista del mare da questo finestrino. 11. Cosa fai/stai facendo? – Sto leggendo. 12. Andiamo a trovare i nostri amici – No, staranno magiando.

Lesson XXII
A. 1. Perché ci sono tante gallerie fra Genova e La Spezia. 2. Passerà per Santa Margherita. 3. Arriveranno a Viareggio. 4. È una delle più belle di queste parti/È *tra* le più belle, *etc.* 5. Nella pineta di Viareggio. 6. Si trova in Toscana. 7. No, prendono una carrozza. 8. Vanno all'albergo. 9. Faranno una passeggiata. 10. Prendono l'ascensore.

B. 1. avevo, avevamo; 2. ero, eravamo; 3. viaggiavo, viaggiavamo; 4. ricevevo, ricevevamo; 5. finivo, finivamo.

C. 1. Facevo il mio lavoro all'ufficio/in ufficio. 2. Cosa dicevi, Giovanni?/ Cosa diceva, Giovanni? 3. Parlavo al facchino. 4. Questa è una bella camera, (non è) vero? 5. Sì, ma era più bella quella che avevo prima/Sì, ma quella che avevo ... 6. A che piano era? 7. Al terzo, ma la vista (dalla finestra) era magnifica. 8. Quest'albergo è molto moderno. 9. Non è molto grande, ma è comodo. 10. Hai visto la fontana?/Ha visto la fontana? No, non ancora.

D. (*a*) 1. aperto; 2. trovato; 3. brutto; 4. troppo freddo; 5. al sole.

(*b*) 1. Questo albergo moderno. 2. Quella fontana luminosa. 3. Una passeggiata lunga. 4. Uno studio difficile. 5. Quell'ascensore è pieno.

E. (*a*) dicevo, dicevi, diceva, dicevamo, dicevate, dicevano; (*b*) andavo, andavi, andava, andavamo, andavate, andavano; (*c*) facevo, facevi, faceva, facevamo, facevate, facevano.

Lesson XXIII
A. 1. Decidono di fare una gita in pullman fino a Pisa, 2. No, è vicino. 3. No, vanno in pullman. 4. Si ferma in Piazza del Duomo. 5. La chiamano Piazza dei Miracoli. 6. La Torre Pendente, il Battistero e il Duomo. 7. Entrano nel Duomo. 8. Visitano la Torre. 9. Vanno a visitare la villa di Giacomo Puccini. 10. Si trova a Torre del Lago.

B. 1. Viaggiavi, viaggiavate; 2. scendevi, scendevate; 3. partivi, partivate; 4. avevi, avevate; 5. eri, eravate.

C. 1. Hai/Ha/Avete/Hanno letto questo libro del Manzoni (NOTE: *it might be better to use the definite article with Manzoni, given his literary stature; but* un libro di Manzoni *is not wrong*). 2. Parlavo con il/col signor Valli stamane/ stamattina. 3. Come sta, signora Berti? 4. Questa Torre Pendente ci sembra una delle sette meraviglie del mondo. 5. Dov'è la villa di Giacomo Puccini? 6. È a Torre del Lago, non lontano da Pisa. 7. Hai/Ha sentito un'opera italiana? 8. Sì, non soltanto una, ma molte/parecchie/tante. 9. Ti/Le piace la musica di Puccini? (NOTE: del *does not go very well here*.) 10. Sì, ma mia sorella preferisce la musica di Giuseppe Verdi/Sì, ma mia sorella *invece* preferisce . . . (NOTE: invece *is the usual word to use when some sort of contrast or antithesis is required*.)

D. 1. Attraversando la strada; 2. Leggendo il giornale; 3. Trovando l'albergo; 4. Partendo dalla stazione; 5. Finendo la cena.

E. 1. My brother is a doctor. 2. Pisa, a city of Tuscany, is not far from Florence. 3. Tuscany, a region of Italy, is very beautiful. 4. What a pity! There isn't time to visit the museum. 5. Have you answered the letter, Robert? No, no yet.. 6. We got off at Viareggio station. 7. The girl has grown a lot this year. 8. These three buildings are magnificent.

Lesson XXIV
A. 1. Dice ch'è bello. 2. Si trovano in Toscana. 3. È d'un marmo di bei colori, d'un colore roseo e verde scuro. 4. E sull'Arno. 5. Sì, l'ho visto. 6. Santa Maria Novella e Santa Croce. 7. Dante Alighieri. 8. Ghiberti, Michelangelo, Giotto, Brunelleschi, *etc.* 9. Si trovano sul Ponte Vecchio; 10. È famosa perché è la patria di molti uomini famosi.

B. 1. arrivò, arrivarono; 2. vendette, vendettero; 3. preferì, preferirono.

C. 1. Dante nacque a Firenze. 2. Anche Benvenuto Cellini, Giotto e Michelangelo nacquero in questa città. 3. Queste porte di bronzo sono un capolavoro d'arte. 4. Ora siamo vicini al Campanile di Giotto. 5. L'anno scorso visitai il Palazzo Vecchio e la Galleria degli Uffizi, 6. Firenze diede/ha date all'Italia molti scrittori, poeti, architetti e pittori. 7. Questa facciata è veramente bella. 8. L'anno scorso comprammo degli orecchini e dei cammei nelle piccole botteghe sul Ponte Vecchio. 9. Questi edifici/palazzi sono molto vecchi (stravecchi *would not really do here*) e le vie molto strette. 10. Domani compreremo dei ricordi.

D. (*a*) 1. sfare, disfare; 2. disdire; 3. spiacevole; 4. scontento; 5. disubbidire.

(b) 1. un gattino; 2. un fiaschetto; 3. una casetta/casina; 4. un fratellino; 5. una sorellina.

E. Donatello created/produced famous works. He made a wooden crucifix for the Church of Santa Croce in Florence. Dante Alighieri was Italy's greatest poet. When I went to Florence last year, I admired Benvenuto Cellini's *Perseus*. I saw Ghiberti's bronze gates – "worthy of being the Gates of Paradise", said Michelangelo. This monument is Giotto's bell-tower. That enormous building is the Uffizi Gallery, a museum which contains a large collection of paintings.

Lesson XXV

A. 1. Arrivarono a Siena. 2. Sì, ci sono stato(a)/No, non ci sono mai stato(a) etc. 3. Si chima la Corsa del Palio/Si chiama il Palio. 4. La fanno in piazza (del Campo) il due luglio e il sedici agosto. 5. Si chiama Piazza del Campo. 6. Prendono parte numerosi fantini che rappresentano i vari quartieri di Siena. 7. Sono vestiti in costumi medievali. 8. È di marmo rosso, bianco e nero. 9. Si trova in Toscana. 10. Sì, mi piacerebbe molto/L'ho già visitata, ma la rivedrei volentieri (= *willingly*), etc.

B. (a) 1. finì; 2. vendemmo; 3. fecero; 4. andai; 5. arrivaste.
    (b) 1. due mesi fa; 2. qualche volta; 3. spesso; 4. che peccato; 5. mille.

C. 1. Mary finished her work. 2. We sold the car. 3. They(*m*.) went for a walk. 4. I went to Pisa three years ago. 5. You (*pl*.) arrived too late. 6. We went to the seaside two months ago. 7. We would sometimes visit the museum. 8. We would often speak/talk of the trip/journey. 9. What a pity! I have missed the train. 10. I have almost one thousand stamps in my album.

D. Dove andate, Margherita e Elena? Andiamo in città, vuoi venire con noi? No grazie, adesso devo andare da mia sorella. Dove abita? In Via Trento, numero undici. Quando parte per Milano? La settimana prossima/entrante, in aereo. (Che) cosa comprerai, Elena? Delle tazze da caffè per i miei cugini. E(d) io comprerò dei cucchiaini da tè.

E. 1. lessi, leggesti, lesse, leggemmo, leggeste, lessero; 2. chiesi, chiedesti, chiese, chiedemmo, chiedeste, chiesero; 3. chiusi, chiudesti, chiuse, chiudemmo, chiudeste, chiusero; 4. dissi, dicesti, disse, dicemmo, diceste, dissero; 5. misi, mettesti, mise, mettemmo, metteste, misero.

F. 1. La ragazza dagli occhi azzurri/celesti. 2. Stavano per uscire. 3. Quando vai da Roberto? – Tra un'ora. 4. Due tazze da caffè e una tazza di tè. 5. Abitiamo a Firenze, in Italia. 6. È proprio da Pietro perdere il treno. 7. È da parecchio tempo che abiti/abita/abitate/abitano a Siena? – No, da un anno solo/da soltanto un anno, etc. 8. Mi diede un francobollo da duecento lire, e un paio di scarpe da uomo. 9. Di sera, viaggiavamo in macchina, di giorno in treno. 10. Facciamo alla romana.

Lesson XXVI

A. 1. Arrivano verso mezzogiorno. 2. Sono nel Lazio. 3. Sono San Pietro, San Giovanni in Laterano, Santa Maria Maggiore e San Paolo fuori le Mura. 4. Visiteranno tutt'e quattro. 5. Butteranno un soldo nella fontana. 6. Perché si dice che chi farà così sarà sicuro/certo di tornare a Roma. 7. Sì. 8. Vicino a Porta San Paolo. 9. Sì, mi piacerebbe molto/L'ho già visitata, ma la rivedrei, etc. 10. La capitale della Francia è Parigi. 11. La capitale dell'Inghilterra è Londra. 12. Ho visitato Londra, Roma, Parigi, etc.

B. 1. leggeremmo, leggerebbero; 2. diremmo, direbbero; 3. visiteremmo, visiterebbero; 4. faremmo, farebbero; 5. partiremmo, partirebbero.

C. 1. Luigi parla l'italiano meglio di Paolo. 2. Questo libro è il migliore dei tre. 3. Questa è un'ottima idea. 4. Carlo è il più grande/il maggiore. 5. Elena è la più piccola/la minore. 6. Quella torre è più alta di questa. 7. Tre giorni fa ho visto un panorama meraviglioso. 8. Purtroppo, non ho potuto farne una fotografia. 9. Pietro è alto quanto Paolo/Pietro è (così) alto come Paolo. 10. Roberto è il più alto. 11. Sono più intelligenti di quello che sembrano. 12. Siamo più belli(e) che ricchi(e).

D. (a) 1. minore; 2. inferiore; 3. peggio; 4. pessimo; 5. male
  (b) 1. piccolissimo/minimo; 2. pochissimo; 3. altissimo (supremo *tends to be used as a totally detached adjective, having clear spiritual or legal, etc. connotations*); 4. moltissimo; 5. benissimo/ottimante.

E. 1. *present indicative*: ha, hanno; è, sono; 2. *future*: avrà, avranno; sarà, saranno; 3. *conditional*: avrebbe, avrebbero; sarebbe, sarebbero; 4. *imperfect*: aveva, avevano; era, erano; 5. *past definite*: ebbe, ebbero; fu, furono; 6. *perfect*: ha avuto, hanno avuto; è stato(a), sono stati(e).

Lesson XXVII
A. 1. Si trova in Umbria. 2. Sì, dura otto ore. 3. Parlano, mangiano e leggono i giornali. 4. Gridano – Gelati, caramelle, frutta, cestini da viaggio! 5. Comprano due cestini da viaggio. 6. Trovano lasagne, pollo, prosciutto, panini, formaggio, frutta, sale, un tovagliolo di carta, una forchetta ed un fiaschetto di vino. 7. Sì, mi piace molto/No, non mi piace, etc. 8. Sì, mi piacciono/No, non mi piacciono, etc. 9. Gli dice – Buon appetito! 10. Risponde – Grazie, altrettanto a Lei.

B. 1. Benché/Sebbene Carlo e Pietro siano poveri, sono felici. 2. Gli parlerò prima che parta. 3. Andremo, a meno che non piova. 4. Nel caso che piova rimarremo/resteremo a casa. 5. Per quanto siano intelligenti, non sono spiritosi(e). 6. Ci permette di andare; a condizione che/basta che/purché stiamo attenti(e). 7. Questo è il quadro più impressionante ch'io abbia mai visto. 8. L'unica cosa che non ti piaccia è la pioggia. 9. Checché ne diciate voi, io penso che lui abbia ragione. 10. Dovunque tu vada, troverai(che)la vita(è) dura.

C. Spero che tu/Lei/voi/Loro stia/stiate/stiano bene. 2. Temiamo che Roberto sia ammalato. 3. Pare che non ci vogliano vedere. 4. Mi dispiace che non ti piacciano queste caramelle. 5. È un peccato che non conosciate Roma. 6. Preferisco che tu vada ora. 7. Pensi/Pensa che Roberto stia male/sia ammalato? Perché non è venuto? 8. Penso (che) sia andato a Londra. 9. Amo il vino – purché/basta che/a condizione che sia fresco. 10. Facciamo finta che non piova/non stia piovendo. 11. La casa è più

piccola di quello che sembra/di quanto non sembri.   12. E più contenta/felice di
quanto non pensiate/di quello che pensate.   13. Non è che tu non gli piaccia; è
un po' timido.   14. Non riescono a trovare nessuno che li/le possa aiutare con i
loro compiti (a casa).   15. Cerca qualcuno che parli correntemente il francese.

D.   1. abbia, abbia, abbia, abbiamo, abbiate, abbiano;   2. sia, sia, sia, siamo,
siate, siano;   3. canti, canti, canti, cantiamo, cantiate, cantino;   4. riceva,
riceva, riceva, riceviamo, riceviate, ricevano;   5. finisca, finisca, finisca, finiamo,
finiate, finiscano.

E.   1. *present*: parli,   parlate;   vendi,   vendete;   capisci,   capite;   parti,
partite;   2. *future*: parlerai, parlerete; venderai, venderete; capirai, capirete;
partirai, partirete;   3. *conditional*: parleresti, parlereste; venderesti, vendereste;
capiresti, capireste;   partiresti,   partireste;   4. *imperfect*: parlavi, parlavate;
vendevi, vendevate; capivi, capivate; partivi, partivate;   5. *past definite*: parlasti,
parlaste; vendesti, vendeste; capisti, capiste; partisti, partiste;   6. *perfect*: hai
parlate, avete parlato; hai venduto, avete venduto; hai capito, avete capito; sei
partito (a), siete partiti (e).

Lesson XXVIII

A.   1. No, non piace a tutti.   2. Prendono un caffè.   3. Serve per sapere gli
arrivi e le partenze dei treni.   4. No, prendono un tassì.   5. È di stile
gotico.   6. Ce ne sono più di duemila.   7. Lo chiamano "l'ottava meraviglia del
mondo".   8. È nella chiesa di Santa Maria delle Grazie.   9. No, è dall'altra
parte della Galleria.   10. Vedono il Castello Sforzesco.

B.   1. abbi, abbia, abbiamo, abbiate, abbiano;   2. sii, sia, siamo, siate,
siano;   3. canta, canti, cantiamo, cantate, cantino;   4. ricevi, riceva,
riceviamo, ricevete, ricevano;   5. finisci, finisca, finiamo, finite, finiscano.

C.   1. Mostrami/Mi mostri quel libro per favore, Carlo.   2. Portami/Mi porti
quei giornali, Maria.   3. Passagli/Gli passi quella lettera.   4. Mostratemi i
vostri libri, ragazzi.   5. Hai/Ha la cartolina del signor Valli? (NOTE: dal *could also
be used here, but* del *is perhaps the more normal form,* di *being used to indicate the sender,
rather than possession*.) Dalla/La dia a Giovanni, per favore.

D.   1. Non compare quel tavolino.   2. Non parli a quell'uomo.   3. Non
mangiamo all'albergo.   4. Non vendere la tua casetta.   5. Non partano prima
delle undici.

E.   1. Eccolo;   2. La mostri;   3. Ammirandolo;   4. Li vedo laggiù;   5. Gli
parlo;   6. Le scriviamo;   7. Eccoli;   8. Devo visitarlo;   9. Non scrivo loro/
Non gli scrivo: 10. Chiamalo per favore.

F.   (*a*)   1. We shall speak to him/her/you (*polite sing.*) about it.   2. Charles
sent them (*m*). to him/her/you (*polite sing.*).   3. Mary will buy me
some.   4. We should send it to him/her/you (*polite sing.*)   5. He will sell
them(*m.*) to us/He will sell them(*m.*) there/here.

(*b*)   1. Gliela   darà.   2. Ce   lo   mostrerebbe.   3. Me   li/le
leggeranno.   4. Ne parlerò loro/Gliene parlerò.   5. Maria me la scrisse/
me l'ha scritta.

Lesson XXIX

A. 1. Avrà una strana impressione. 2. Perché si saranno gondole, motoscafi e vaporetti. 3. Fece quasi tutta la città a piedi. 4. È costruita su numerose isolette che sono unite da piccoli ponti. 5. Videro Piazza San Marco. 6. È di stile bizantino. 7. Sono il Ponte di Rialto e(d) il Ponte pei Sospiri. 8. La visiteranno perché è famosa per l'industria del vetro. 9. Sì, la visiterò violentieri/ L'ho già visitata, *etc.* 10. Mi piacerebbe visitare Roma, Firenze, Napoli, *etc.*

B. 1. da Roberto; 2. dipende da lui; 3. guardando il ponte; 4. cercando l'albergo; 5. abitando in città.

C. (*a*) 1. Finirò il lavoro. 2. Venderemo la macchina. 3. Compreranno la casa. 4. Arriverà all'una. 5. Partirà a mezzanotte.

(*b*) 1. Avrò finito il lavoro. 2. Avremo venduto la macchina. 3. Avranno comprato la casa. 4. Sarà arrivato (a) all'una. 5. Sarà partito(a) a mezzanotte.

D. (*a*) 1. If Mary had arrived earlier, she would have found her cousin (*m*) at home. 2. If John were rich, he would buy that car. 3. If Robert had studied well, his father would have been pleased. 4. If I received a letter, I would be happy. 5. If we went to Pisa, we would see the Leaning Tower.

(*b*) 1. Se avessimo abbastanza soldi/denaro, compreremmo una casa. 2. Se le signore fossero arrivate in tempo, avrebbero visto la gara. 3. Se parlassimo francese, i bambini ci capirebbero. 4. Se Maria venisse prima di mezzogiorno, vedrebbe la sua amica/il suo amico. 5. Se mi scrivessi/scrivesse in italiano, risponderei alla tua/Sua lettera.

E. 1. Di solito sono allegro; ma qualche volta sono triste, *etc.* 2. *Fra un anno* avrò cominciato il mio corso universitario, *etc.* 3. *Sei mesi fa* mi sposai, *etc.* 4. *Ieri* sono stato (a) male, *etc.* 5. Ci vado *spesso*, *etc.* 6. Non ho *mai* letto quel libro. 7. *Prima di* parlar bene una lingua, bisogna conoscere la grammatica, *etc.* 8. Scappò via, *prima ch'* io avessi tempo di dirgli qualcosa, *etc.* 9. *Appena* esco, comincia a piovere, *etc.* 10. *Benché* sia una buona persona, non ha molti amici, *etc.*

Lesson XXX

A. 1. Dove sono Isabella e Caterina? 2. Penso siano uscite/che siano uscite. 3. Sono tornati Guglielmo e Lorenzo? 4. No, non ancora, saranno a casa alle undici e mezzo. 5. Ieri ho visto quattro buoi e due muli. 6. Abbiamo visto molti asini carichi di frutta e di verdura. 7. Dove andavano? 8. Al mercato; ci siamo andati (e) anche noi e abbiamo comprato della frutta. 9. Abbiamo comprato pesche, susine, uva ed un cocomero. 10. Ti piacciono i meloni? Si, ma preferisco le pesche.

B. 1. What time do you have lunch? 2. About one o'clock usually. 3. Today it's hot; yesterday it was very cold. 4. We drank/have drunk a toast to some friends. 5. They're leaving for Italy in two days.

C. 1. L'undici novembre, millenovecentoquarantacinque. 2. Il primo dicembre, millenovecentocinquantotto. 3. Questo studente ha ventidue anni. 4. Duecento anni fa. 5. Cinquemilanovecentosettanta.

D. 1. Quando <u>avevo</u> dieci anni <u>parlavo</u> due lingue. 2. Questa città non ha <u>nessun</u> museo. 3. <u>Conosci</u>/<u>Conosce</u> questi signori? 4. No, però <u>so</u> che parlano italiano. 5. Rita ha più <u>di</u> dodici anni.

E. (a) leggevo, avevo letto; leggevi, avevi letto, leggeva, aveva letto; leggevamo, avevamo letto; leggevate, avevate letto; leggevano, avevano letto.

(b) volevo, avevo voluto; volevi, avevi voluto; voleva, aveva voluto; volevamo, avevamo voluto; volevate, avevate voluto; volevano, avevano voluto.

(c) venivo, ero venuto(a); venivi, eri venuto(a); veniva, era venuto(a); venivamo, eravamo venuti(e); venivate, eravate venuti(e); venivano, erano venuti(e).

F. (a) l'arrivo; il ballo; la cena; la domanda; l'entrata; il fumo; il giro; l'invito; la lettura; la mostra; la neve; l'ordine (*m.*) la perdita; la risposta; la salita; la telefonata; l'uso; la vista.

(b) augurare; bere; celebrare; dividere; educare; finire; gelare; indicare; lavorare; misurare; nuotare; osservare; partire; quotare; (ri) tornare; studiare; trovare; uscire; viaggiare.

Revision Test

A. 1. Quella mano, quelle mani. 2. Questo braccio, queste braccia. 3. Quel piede, quei piedi. 4. L'occhio, gli occhi. 5. L'orecchio, le orecchie. 6. Mi piace la frutta/Mi piace la frutta (*no "real" plural: collective*) 7. Questa città è vecchia/Queste città sono vecchie. 8. Quest'uva è dolce/Quest'uva è dolce (*no "real" plural: collective*) 9. Quell'artista è bravo/Quegli artisti sono bravi. 10. Quella poesia è lunga/Quelle poesie sono lunghe.

B. 1. I never used to take the bus. 2. We used not to meet anyone. 3. These children have neither father nor mother. 4. I will stay only two weeks in Italy. 5. This hand is hurting/hurts. 6. These young ladies have headaches. 7. Where did he/she/you (*polite sing.*) put my ticket? 8. I don't know, it's probably on the (little) table. 9. I know that lady. 10. I think (*literally*: it seems to me) she's Mrs Valli.

C. 1. Viaggiando da Milano a Firenze . . . 2. Ripetendo queste parole . . . 3. Avendo finito la lettera/La lettera finita . . . 4. Essendo stato/stata/stati/state a Roma . . . 5. Dicendo questa frase . . . 6. Entrando nella stazione . . .

D. 1. Parlavamo francese/Stavamo parlando francese. 2. Andavo in Francia ogni anno. 3. Vendevano la loro casa. 4. Pietro faceva il suo lavoro a casa. 5. Finivano a mezzogiorno. 6. Ogni anno andava allo stesso posto.

E. 1. più buono(migliore), il più buono(il migliore), buonissimo(ottimo); 2. più cattivo(peggiore), il più cattivo (il peggiore), cattivissimo (pessimo); 3. più grande (maggiore), il più grande (il maggiore), grandissimo (massimo); 4. più lungo, il più lungo, lunghissimo; 5. più ricco, il più ricco, ricchissimo.

F. 1. Partimmo/Siamo partiti (e) a mezzanotte. 2. Arrivammo/Siamo arrivati

(e) alle otto (di sera). 3. Lessi questo libro due anni fa. 4. Margherita mi ha scritto la settimana scorsa. 5. Uscivamo insieme ogni lunedì. 6. Siete stati (e) al teatro ultimamente/in questi giorni? 7. No, ma andremo all'opera la settimana prossima/entrante. 8. Ho telefonato a Roberto due giorni fa. 9. Pensi/Pensa che verrà? 10. No, penso (che) sia raffreddato.

G. (a) 1. centava, cantavano; 2. riceveva, ricevevano; 3. faceva, facevano; 4. traduceva, traducevano; 5. finiva, finivano.

(b) 1. ebbi, avemmo; 2. andai, andammo; 3. fui, fummo; 4 .partii, partimmo; 5. lessi, leggemmo.

H. 1. meglio, il meglio, benissimo (ottimamente); 2. peggio, il peggio, malissimo (pessimamente); 3. più, il più, moltissimo; 4. meno, il meno, pochissimo.

I.
Peter:	There's a good programme on the radio tomorrow.
Paul:	(At) what time?
Peter:	At eleven (p.m.).
Paul:	So late? I'm very tired at that hour, after my work.
Peter:	But when you know who's playing the violin and who's singing, I'm sure you won't want to miss this programme.
Paul:	Tell me, who are the artists?
Peter:	Look in the Radio Times and you'll find their names.
Paul:	I haven't got time to look now. (You) tell me.
Peter:	The famous violinist, Raimondo Pucci.
Paul:	Good gracious, you're right; I wouldn't want to miss it; and who's singing?
Peter:	Celli.
Paul:	What a fine programme!

J. Parecchi/Molti anni fa mio padre comprò una casa in campagna. Ogni anno, io, i miei genitori e la mia sorellina ci passavamo le nostre vacanze estive. Qualche volta, invitavamo (degli) amici, e uscivamo insieme per tutta la giornata. L'aria fresca e la vita all'aperto ci facevano tanto bene.

K. 1. Giocheremo a calcio, a meno che non piova. 2. Pareva/Sembrava (che) quella gente l'avesse già sentito. 3. Non sapevi/sapeva/sapevate/sapevano dove fosse. 4. Penso che siate pazzi (e). 5. Non è sicura che vengano. 6. Il loro cane era più feroce di quello che sembrava/di quanto non sembrasse. 7. Starà dormendo. 8. (a) Se fossero stati(e) più intelligenti, li/le avresti accettati(e); (b) Se erano più intelligenti, li/le accettavi. 9. Se studiaste imparereste. 10. È meno generosa di quanto non pensi/di quello che pensi. 11. Se fossero stati(e) lí/Se ci fossero stati(e), gli avremmo detto qualcosa/avremmo detto loro qualcosa. 12. Hanno detto/Dissero che sarebbero arrivati(e) tardi/che arrivavano tardi. 13. Le promise che sarebbe venuto. 14. Temo che tu abbia perso l'orologio. 15. Voglio che stiano zitti. 16. Preferirei che venissero alla festa. 17. Quando l'avrai finito, fammelo sapere/fammi sapere. 18. Mia madre vuole che mi lavi le mani. 19. Suggeriamo che non dicano niente a nessuno. 20. Ti/Le mandai una lettera due anni fa.

L. 1. (a) Before nouns (especially abstract nouns) used in a general sense (e.g. l'amore, la vita, etc.)

(b) Before famous historical/literary etc. surnames, when not preceded by the first name (e.g. *il Manzoni*)

(c) In possessives (e.g. *il mio libro*, etc.)

(d) When a title is followed by a proper name (e.g. *il professor Ponti*, etc.)

2. (a) Before a noun in apposition (e.g. *Pisa, città toscana*)

(b) Before an unqualified professional noun in the predicate (e.g. *Mio fratello è professore*)

(c) In exclamations after *che* (e.g. *Che bel panorama*)

(d) Before *cento* and *mille* (e.g. *Ho cento lettere da scrivere*)

3. (a) With preceding direct object pronoun (e.g. *Ho scritto la lettera/L'ho scritta*)

(b) *Sometimes*, though not often, with the preceding direct object (e.g. *La casa che ho comprata*)

(c) With the subject of reflexive verbs, or of *essere*-conjugated verbs (e.g. *Anna si è lavata/si è lavata le mani*; *Le ragazze sono partite*)

(d) When used adjectivally, the past participle agrees with the noun it qualifies (e.g. *Lette le notizie* = Having read the news)

4. (a) *qualche* (e.g. *qualche volta*) N. B. Always followed by the singular

(b) *alcuni(e)* (e.g. *alcune amiche*)

(c) the *partitive*, formed from *di* + definite article (e.g. *della frutta, del pane*, etc.)

(d) *ne* (e.g. *Ne vuoi un po'?* = Do you want some?)

5. (a) *solo* (e.g. *Ho un fratello solo*)

(b) *soltanto* (c.g. *Ho soltanto un fratello*)

(c) (rarer) *solamente* (e.g. *Ti dico solamente che . . .*)

6. They replace the final *a* with an *i* (e.g. *il poeta/i poeti*, etc.)

7. (a) If the noun is masculine, change final *a* to *i* (e.g. *il pianista/i pianisti*)

(b) If the noun is feminine, change final *a* to *e* (e.g. *la pianista/le pianiste*)

8. un *bel* ragazzo, un *bell'*uomo, una *bell'*amica, una *bella* donna, un *bello* specchio; dei *bei* regali, dei *begli* occhi, delle *belle* donne.

The form *belli* is used only when the adjective *follows* the noun, as in *due gatti belli*, or when it is used predicatively (e.g. *i gatti sono belli*).

9. un *buon* amico, libro, una *buon'*amica, una *buona* ragazza, un *buono* studente; dei *buoni* ragazzi, delle *buone* persone.

10. Good examples would be: *il braccio/le braccia*; *il ginocchio/le ginocchia*; *il dito/le dita*; *il muro/le mura*; *il lenzuolo/le lenzuola*, etc.

11. Add -*mente* to the feminine form of the adjective (e.g. *stupido/stupida/stupidamente; ricco/ricca/riccamente*, etc.) In the case of single-form adjectives, such as *felice, intelligente*, etc., -*mente* is appended directly to the masculine form, which will also be the feminine form (e.g. *felicemente, intelligentemente*, etc.) In the case of adjectives ending in -*le* or -*re*, the final -*e* is dropped, and -*mente* then added (e.g. *particolarmente, utilmente*, etc.)

12. Comparative: *più* + adjective (e.g. *più furbo, più caro*, etc.) Superlative relative: *il più* + adjective (e.g. *il più semplice*, etc.) Superlative absolute: adjectival stem + −*issimo*/−*a*/−*i*/−*e* (e.g. *pratico/praticissimo*/−*a*/−*i*/−*e*, etc.)

Exceptions:

(a) *celebre* (superl. abs. *celeberrimo*); *integro* (superl. abs. *integerrimo*); *acre* (superl. abs. *acerrimo*); *salubre* (superl. abs. *saluberrimo*)

(*b*) *magnifico*, *munifico* and similar adjectives ending in —*efico* or —*ifico* are irregular in their superlative absolutes: *magnificentìssimo*, *munificentìssimo*, etc.

(*c*) The following adjectives, as well as having the regular comparatives and superlatives (e.g. *più buono*, *il più buono*, *buonissimo*, etc.), also show certain alternative irregularities:

buono, migliore, il migliore, ottimo

cattivo, peggiore, il peggiore, pessimo

alto, superiore, il superiore, sommo/supremo

basso, inferiore, l'inferiore, ìnfimo

grande, maggiore, il maggiore, màssimo

pìccolo, minore, il minore, mìnimo

(*d*) The following two adjectives are totally irregular:

molto, più, il più, moltìssimo

poco, meno, il meno, pochìssimo

13. (*a*) With a pronoun or noun: *Luigi è più alto di me/di suo padre*

　　(*b*) With a number: *Ho più di mille lire*

　　(*c*) In comparisons of inequality involving a clause as the second term: *È più alto di quanto non pensassi/di quello che pensavo*

14. (*a*) In comparisons involving two adjectives: *È piu studioso che dotato*

　　(*b*) With an adverb: *Meglio tardi che mai*

　　(*c*) With a verb: *Preferisco mangiare che studiare*

　　(*d*) With prepositions: *Ci sono più sigarette in questo pacchetto che in quella scatola*

　　(*e*) When two nouns, used without articles, are subjects or objects of the same verb: *C'è più latte che caffè in questa tazza*

15. Verbs whose infinitives end in -*care* or -*gare* insert an *h* between *c* and *e*, *c* and *i*; *g* and *e*, *g* and *i*:

CERCARE	PAGARE
cerco	pago
cer*ch*i	pag*h*i
cerca	paga
cer*ch*iamo	pag*h*iamo
cercate	pagate
cercano	pagano

Similarly in other tenses (e.g. *cercherò*, etc., *cercherei*, etc.; *pagherò*, etc., *pagherei*, etc.)

16. (*a*) *meglio, il meglio, benìssimo (ottimamente)*

　　(*b*) *peggio, il peggio, malìssimo (pessimamente)*

17. An impersonal verb is one usually employed only in the third person singular or plural, so that the agency of any action is detached from any personal element and displaced or inverted:

e.g.　*bisognare*:　to be necessary (e.g. *Bisogna andare*/We, etc. must go)

　　　bastare:　to suffice, to be enough (e.g. *Basta così*/That's enough)

　　　piacere:　to like (where the liking is changed into pleasing and bestowed on the object or person liked, which/who then becomes the subject of the verb [*Mi piace il fiore*/I like the flower])

18. — *ino*/— *ina* (e.g. *fratellino, sorellina*); — *one*/— *ona* (e.g. *ragazzone*/— *ona*); — *etto*/— *etta* (e.g. *fiaschetto, casetta*), etc.

19. *dis* — (e.g. *disapprovare*)

s — (e.g. *sfare, sfortunato*)

stra — (e.g. *stravecchio*)

ri — (e.g. *rileggere*)

20. (*a*) at/to the house or shop of: (e.g. *Vado da Roberto*)

(*b*) quantity or type: (e.g. *Scarpe da uomo; un francobollo da cento lire*)

(*c*) personal/physical characteristics: (e.g. *la ragazza dai capelli lunghi; è da Luigi dimenticare le cose più importanti*)

(*d*) temporal constructions involving the use of the present perfect continuous and the past perfect continuous in English (e.g. *Aspetto/ Aspettavo da due ore*)

APPENDICES

1. AGREEMENT IN COMPOUND TENSES OF REFLEXIVE VERBS

There are several possibilities here. If the verb is a "true" reflexive, i.e. if the subject and direct object of the verb are one and the same, then the past participle agrees in gender and number with the subject/object of the verb:

e.g. Anna si è lavat**a**. *Anne has washed herself.*
Paolo si è alzat**o**. *Paul has got up.*
Giovanni e Maria si sono vist**I** nello specchio.
John and Mary have seen themselves in the mirror.

However, there are also cases in which the subject and direct object of a reflexive verb do *not* coincide. In such cases, the reflexive pronoun will be an indication either of possession, or of what is known as an "ethic dative", i.e. a sign that the action of the verb is being performed *by* its subject, *for* its subject (cf. the English: "I'm going to buy myself a hat", etc.):

e.g. Anna si è lavat**a** le mani. *Anne has washed her hands.*
Giovanni si è lavat**o** le mani. *John has washed his hands.*
Giovanni si è magiat**o** una mela.
John has eaten an apple.
Anna si è magiat**a** una mela. *Anne has eaten an apple.*
Giovanni si è comprat**o** due biciclette.
John has bought himself two bicycles.
Anna si è comprat**a** due biciclette.
Anne has bought herself two bicycles.

In the first two examples here, the reflexive pronoun indicates *possession*; while in the other four sentences it provides an ethic dative.

NOTE.—When a reflexive verb is used with a pronominal direct object, that direct object pronoun is placed *before* the verb, so that the past participle *in all cases* should agree with the object pronoun:

e.g. Giovanni se l'è lavat**e** (= *se le è lavate*) (*le* for *le mani*)
Paolo ed *E*lena se le sono mangiat**e** (*le* for *le mele*)

The student will also hear past participial agreements made with the direct object, even when the direct object *follows* the verb, so that such sentences as *Giovanni si è comprate due biciclette*, *Anna si è lavate le mani*, *Giovanni si è mangiata una mela*, though technically "incorrect", are possible, and not uncommon.

2. THE PASSIVE

(a) The Italian passive is formed in exactly the same way as it is in English, and its use covers more or less the same field (a reservation which is made clear in the conclusion at the end of Appendix 3), the English "by" being translated in Italian by *da*:

e.g.   Il postino è/fu/è stato/sarà, *etc.* morso da un cane.
   The postman is/was/has been/will be, etc. bitten by a dog.

(b) In certain cases, however, a construction with *venire** and the past participle can be used instead of the straightforward passive, so that "The firewood was burned" may be translated: *La legna FU bruciata* or *La legna VENNE bruciata*.

The normal passive form and the construction: *venire** + *past participle* are *NOT* totally synonymous, nor interchangeable. The *venire** construction, for instance, can often hint, rather more than the simple passive does, at the presence of the *agent* (cf. "The wood *was* burned" v. "The wood *got* burned" in English). Yet, even if the student chooses, for safety, to stick to the passive forms, he/she should still be aware of this second possibility, and listen out for the *venire** construction in order to understand its use, especially when it is used, as it may well be, *in preference to* the passive.

3. THE IMPERSONAL PRONOUN *SI*

The pronoun *si*, as has already been seen, means "(to/for) himself, herself, itself, yourself, yourselves and themselves":

e.g.   Egli si lava. *He washes himself.*
   Maria si compra qualcosa.
   Mary buys something for herself, etc.

In addition, it also means "one" (cf. the French pronoun *on* and the German *man*), i.e. it is an *indefinite/impersonal pronoun*, with a number of possible agreements. Let us take the two sentences:

   (a)   Si vendono le mele
   (b)   Si vende le mele

In (a), it will be seen that the pronoun *si* agrees with *le mele*, in both number and gender; (strictly speaking, the gender-agreement is non-existent in the present tense, and can be better seen from the perfect: *Si sono vendute le mele*). It is therefore part of a reflexive/passive construction, i.e. "Apples sell themselves" or "Apples are sold".

In (b), *si* serves as an indefinite *active* pronoun, and does *not* have to agree in either number or gender with *le mele* (cf. the compound tenses, where the past participle may or may not agree: *Si è venduto/vendute le mele*). Sentences of type (b) can exist only in one form, i.e. the form *Le mele si vende* is *not* possible; whereas sentences of type (a) can be expressed (without changing the meaning too much) with the verb following or preceding the noun: *Si vendono le mele/Le mele si vendono*. However, the second, active use of *si* (as in type (b) sentences), can be rather complex, and for the moment the student should try to make *si + verb* agree with its noun:

e.g. Si sono comprate le biciclette.
> *The bicycles have been bought.*

Si sono segnati i nomi.
> *The names have been written down.*

NOTES.—(1) With e*ssere*, as well as with verbs conjugated with e*ssere* in the compound tenses, *si* requires a plural adjective or participle:

e.g. *Essere* ricchi non vuol dire *essere* felici.
> *Being rich does not mean being happy.*

Quando si è giovani si è buoni.
> *When one is young one is good.*

Si è arrivatI presto stamani.
> *We arrived early this morning.*

(2) With reflexive verbs, *si*, is not repeated but replaced by *ci* to avoid cacophony:

e.g. CI SI LAUREA a ventidue anni.
(*laurearsi +si*)
> *One gets one's degree at twenty-two.*

Quando CI SI LAVA bene, non CI SI
SENTE più sporchi. *sentirsi + si*)
> *When we wash ourselves well, we no longer feel dirty.*

(3) With *avere*-conjugated verbs, including certain fixed expressions

e.g. *si dice*, they say; and *si vede*, it can be seen, it is obvious,

si does *not* require a plural adjective or participle:

e.g.   SI È DETTO che quell'uomo sia un genio.
     It has been said that that man is a genius.
    SI È PARLATO molto di te ieri sera.
     We spoke a lot about you yesterday evening.
    SI È SAPUTO che è un imbroglione.
     We have discovered that he's a cheat.

(4) When coupled with the impersonal *si*, all the conjunctive pronouns (except *ne* and *loro*) procede *si*:

e.g.   Mi si dice che . . .   *They tell me that* . . .
    Ci si va in treno.
     We're going there/One gets there by train.
    Gli si è detto che . . .   *People have told him that* . . .

BUT Si dice loro che . . .   *People tell them that* . . .
    Se ne beve molto da queste parti.
     We drink a lot of it around here.

Conclusion

It may be deduced from Appendices 2 and 3 that there are three ways of expressing the passive in Italian (or what might be translated into English as a passive notion). In practice, the three sentences:

> *La legna fu bruciata*
> *La legna venne bruciata*
> and *Si bruciò la legna*

may well be interchangeable; but such is not the case for all similar forms. The phrase *si dice* could not very well be replaced by *vien detto* or *è detto* (for all the three phrases have the same grammatical meaning); nor, to take another example, could the phrase *si vede la montagna* be expressed by *la montagna è vista* or *vien vista*. The student should be conscious of these subtleties, and listen out for them.

4. POSSIBLE COMBINATIONS OF CONJUNCTIVE PRONOUNS AND ADVERBS

The table on pages 262 and 263 is an expansion of the less detailed table to be found in Lesson XXVIII.

Notes to the table

1. Pronouns 1–11 are to be understood in all their possible conjunctive meanings:

> e.g. *mi* = (to/for) me, (to/for) myself
> *ti* = (to/for) you, (to/for) yourself
> *ne* = some, of it/them, from there, etc.

2. Pronoun 12, *si*, has the following meanings in the table: (to/for) oneself; (to/for) himself; (to/for) herself; (to/for) itself; (to/for) yourself (*polite form sing.*); (to/for) yourselves (*polite form pl.*); (to/for) themselves. But it does *not* have its extra meaning of "one", i.e. an impersonal active pronoun (cf. Appendix 3). If it did, then its combinations with *lo*, *la*, *li* and *le* would be different: *lo si vede*, *la vi vede*, *li si vede* and *le si vede* respectively. However, such combinations are not often heard and are, in any case, better avoided in the following manner.

> *lo/la si vede* can be expressed by *si vede*
> *li/le si vede* can be expressed by *si vedono*,

even though, technically speaking, *si vede* and *si vedono* are not synonyms of *lo/la si vede* and *li/le si vede* respectively.

3. Pronouns 13 and 14 are not simply repetitions of pronouns 7 and 8, but are conjunctive adverbs (cf. Lesson XXVIII) meaning "there, to it", etc., or sometimes having no readily translatable meaning, as in impersonal constructions like *ci vuole* (= one needs, it is necessary, etc.). The pronoun *vi* is simply a (less common) variant of *ci*; it is also used to replace *ci* where the use of the latter would be cacophonous. For instance, if we take the (highly unlikely) sentence: "We wash ourselves there", it would be cacophonous to translate it by: *Ci ci laviamo*; so *Vi ci laviamo* provides a ready substitute.

4. A blank space in the table indicates that that particular combination is not possible in Italian, even if, grammatically and

logically, such a combination is perfectly conceivable. For instance, the phrase: "I surrender to him" has only one possible form in Italian: *(Io) mi arrendo a lui*, i.e. Italian has recourse to the disjunctive pronoun *lui*, because *(Io) mi gli arrendo* or *(Io) gli mi arrendo* is impossible. Also, the combinations *gli ci* and *le ci*, although possible, are not particularly elegant, and are found only in such phrases as: *le/gli ci vuole* (= she/he needs). *Note*, however, that although the combinations *gli ci* and *le ci* are conceivable and possible in such phrases, the sentence: "We surrender to her/him" exists in Italian only in the form: *(Noi) ci arrendiamo a lei/a lui*, i.e. the sentence: *(Noi) le/gli ci arrendiamo* is not acceptable to an Italian ear.

	1. mi	2. ti	3. lo	4. la	5. gli	6. le	7. ci	8. vi	9. li	10. le	11. ne	12. si	13. ci	14. vi
1. mi			me lo	me la					me li	me le	me ne	mi si	mi ci	
2. ti			te lo	te la					te li	te le	te ne	ti si	ti ci	
3. lo	me lo	te lo			glielo	glielo	ce lo	ve lo				se lo	ce lo	ve lo
4. la	me la	te la			gliela	gliela	ce la	ve la				se la	ce la	ve la
5. gli			glielo	gliela					glieli	gliele	gliene	gli si	gli ci	
6. le			glielo	gliela					glieli	gliele	gliene	le si	le ci	

7.	ci		ce lo	ce la			ce li	ce le	ce ne	ci si		
8.	vi		ve lo	ve la			ve li	ve le	ve ne	vi si	vi ci	
9.	li	me li / te li			glieli	glieli				se li	ce li	ve li
10.	le	me le / te le			gliele	gliele				se le	ce le	ve le
11.	ne	me ne / te ne			gliene	gliene				se ne	ce ne	ve ne
12.	si	mi si / ti si	se lo	se la	gli si	le si	se li	se le	se ne		ci si	vi si
13.	ci	mi ci / ti ci	ce lo	ce la	gli ci	le ci	ce li	ce le	ce ne	ci si		vi ci
14.	vi		ve lo	ve la			ve li	ve le	ve ne	vi si		

Infinitive	Gerund and Past Participle	Present Indicative	Future	Conditional
AVERE *to have*	avendo avuto	ho hai ha abbiamo avete hanno	avrò avrai avrà avremo avrete avranno	avrei avresti avrebbe avremmo avreste avrebbero
*e*SSERE* *to be*	essendo stato	sono sei è siamo siete sono	sarò sarai sarà saremo sarete saranno	sarei saresti sarebbe saremmo sareste sarebbero

6. CONJUGATION OF THE

Infinitive	Gerund and Past Participle	Present Indicative	Future	Conditional
PARLARE *to speak*	parlando parlato	parlo parli parla parliamo parlate parlano	parlerò parlerai parlerà parleremo parlerete parleranno	parlerei parleresti parlerebbe parleremmo parlereste parlerebbero
V*e*NDERE *to sell*	vendendo venduto	vendo vendi vende vendiamo vendete vendono	venderò venderai venderà venderemo venderete venderanno	venderei venderesti venderebbe venderemmo vendereste venderebbero
CAPIRE *to understand*	capendo capito	capisco capisci capisce capiamo capite capiscono	capirò capirai capirà capiremo capirete capiranno	capirei capiresti capirebbe capiremmo capireste capirebbero
PARTIRE* *to depart*	partendo partito	parto parti *etc.*	partirò partirai *etc.*	partirei partiresti *etc.*

VERBS *AVERE* AND E*SSERE*

Imperfect	Past Definite	Present Subjunctive	Imperfect Subjunctive	Imperative	Present Perfect
avevo	ebbi	abbia	avessi	—	ho avuto
avevi	avesti	abbia	avessi	abbi	etc.
aveva	ebbe	abbia	avesse	abbia	
avevamo	avemmo	abbiamo	avessimo	abbiamo	
avevate	aveste	abbiate	aveste	abbiate	
avevano	ebbero	abbiano	avessero	abbiano	
ero	fui	sia	fossi	—	sono stato (a)
eri	fosti	sia	fossi	sii	etc.
era	fu	sia	fosse	sia	
eravamo	fummo	siamo	fossimo	siamo	
eravate	foste	siate	foste	siate	
erano	furono	siano	fossero	siano	

MODEL REGULAR VERBS

Imperfect	Past Definite	Present Subjunctive	Imperfect Subjunctive	Imperative	Present Perfect
parlavo	parlai	parli	parlassi	—	ho parlato
parlavi	parlasti	parli	parlassi	parla	etc.
parlava	parlò	parli	parlasse	parli	
parlavamo	parlammo	parliamo	parlassimo	parliamo	
parlavate	parlaste	parliate	parlaste	parlate	
parlavano	parlarono	parlino	parlassero	parlino	
vendevo	vendetti (-ei)	venda	vendessi	—	ho venduto
vendevi	vendesti	venda	vendessi	vendi	etc.
vendeva	vendette(-è)	venda	vendesse	venda	
vendevamo	vendemmo	vendiamo	vendessimo	vendiamo	
vendevate	vendeste	vendiate	vendeste	vendete	
vendevano	vendeterro (-erono)	vendano	vendessero	vendano	
capivo	capii	capisca	capissi	—	ho capito
capivi	capisti	capisca	capissi	capisci	etc.
capiva	capì	capisca	capisse	capisca	
capivamo	capimmo	capiamo	capissimo	capiamo	
capivate	capiste	capiate	capiste	capite	
capivano	capirono	capiscano	capissero	capiscano	
partivo	partii	parta	partissi	—	sono partito (a)
partivi	partisti	parta	partissi	parti	etc.
etc.	etc.	etc.	etc.	parta etc.	

Here are the most important Irregular Verbs. Only the first two persons of Regular Tenses are given; the others are conjugated according to the rules given for the model verbs.

Infinitive	Gerund and Past Participle	Present Indicative	Future	Conditional
ACCADERE* to happen (impersonal)	accadendo accaduto	accade accadono	accadrà accadranno	accadrebbe accadrebbero
AGGIUNGERE to add	see giungere			
AMMETTERE to admit	see mettere			
ANDARE* to go	andando andato	vado vai va andiamo andate vanno	andrò andrai etc.	andrei andresti etc.
APPARIRE* to appear	apparendo apparso	appaio (or apparisco) appari (or apparisci) appare (or apparisce) appariamo apparite appaiono (or appariscono)	apparirò apparirai etc.	apprarirei appariresti etc.
APPARTENERE to belong	see tenere			
APRIRE to open	aprendo aperto	apro apri etc.	aprirò aprirai etc.	aprirei apriresti etc.
BERE to drink	bevendo bevuto	bevo bevi etc.	berrò berrai etc.	berrei berresti etc.
CADERE to fall	cadendo caduto	cado cadi etc.	cadrò cadrai etc.	cadrei cadresti etc.
CHIEDERE to ask	chiedendo chiesto	chiedo chiedi etc.	chiederò chiederai etc.	chiederei chiederesti etc.

VERBS

The rule for forming the Past Definite of Irregular Verbs is given in Lesson XXV.

Imperfect	Past Definite	Present Subjunctive	Imperfect Subjunctive	Imperative	Present Perfect
accadeva accadevano	accadde accaddero	accada accadano	accadesse accadessero		è accaduto (a) sono accaduti (e)
andavo andavi *etc.*	andai andasti *etc.*	vada vada vada andiamo andiate vadano	andassi andassi *etc.*	va' vada andiamo andiate vadano	sono andato (a) *etc.*
apparevo apparevi *etc.*	apparvi (*or* apparii) apparisti apparve (*or* appari) apparimmo appariste apparvero (*or* apparirono)	appaia (*or* apparisca) appaia (*or* apparisca) appaia (*or* apparisca) appariamo appariate appaiano (*or* appariscano)	apparessi apparessi *etc.*	apparisci apparisca appariamo apparite appariscano	sono apparso (a) *etc.*
aprivo aprivi *etc.*	aprii apristi *etc.*	apra apra *etc.*	aprissi aprissi *etc.*	apri apra *etc.*	ho aperto *etc.*
bevevo bevevi *etc.*	bevvi (*or* bevetti) bevesti *etc.*	beva beva *etc.*	bevessi bevessi *etc.*	bevi beva *etc.*	ho bevuto *etc.*
cadevo cadevi *etc.*	caddi cadesti *etc.*	cada cada *etc.*	cadessi cadessi *etc.*	cadi cada *etc.*	sono caduto (a) *etc.*
chiedevo chiedevi *etc.*	chiesi chiedesti *etc.*	chieda chieda *etc.*	chiedessi chiedessi *etc.*	chiedi chieda *etc.*	ho chiesto *etc.*

Infinitive	Gerund and Past Participle	Present Indicative	Future	Conditional
CHIUDERE *to close, shut*	chiudendo chiuso	chiudo chiudi *etc.*	chiuderò chuiderai *etc.*	chiuderei chiuderesti *etc.*
COGLIERE *to gather*	cogliendo colto	colgo cogli coglie cogliamo cogliete colgono	coglierò coglierai *etc.*	coglierei coglieresti *etc.*
CONOSCERE *to know*	conoscendo conosciuto	conosco conosci *etc.*	conoscerò conoscerai *etc.*	conoscerei conosceréstei *etc.*
CONTENERE *to contain*	*see* tenere			
COPRIRE	*see* aprire			
CORREGGERE *to correct*	*see* reggere			
CORRERE* † *to run*	correndo corso	corro corri *etc.*	correrò correrai *etc.*	correrei correresti *etc.*
COSTRUIRE *to build, construct*	costruendo costruito (*rarely* costrutto)	costruisco costruisci *etc.*	costruirò costruirai *etc.*	costruirei costruiresti *etc.*
CRESCERE* † *to grow*	crescendo cresciuto	cresco cresci *etc.*	crescerò crescerai *etc.*	crescerei cresceresti *etc.*
CUOCERE *to cook*	cuocendo cotto	cuocio cuoci cuoce cociamo (*or* cuociamo) cocete (*or* cuocete) cuociono	cuocerò cuocerai *etc.*	cuocerei cuoceresti *etc.*

Imperfect	Past Definite	Present Subjunctive	Imperfect Subjunctive	Imperative	Present Perfect
chiudevo chiudevi *etc.*	chiusi chiudesti *etc.*	chiuda chiuda *etc.*	chiudessi chiudessi *etc.*	chiudi chiuda *etc.*	ho chiuso *etc.*
coglievo coglievi *etc.*	colsi cogliesti *etc.*	colga colga colga cogliamo cogliate colgano	cogliessi cogliessi *etc.*	cogli colga cogliamo cogliete colgano	ho colto *etc.*
conoscevo conoscevi *etc.*	conobbi conoscesti *etc.*	conosca conosca *etc.*	conoscessi conoscessi *etc.*	conosci conosca *etc.*	ho conosciuto *etc.*
correvo correvi *etc.*	corsi corresti *etc.*	corra corra *etc.*	corressi corressi *etc.*	corri corra *etc.*	ho corso/sono corso (a) *etc.*
costruivo costruivi *etc.*	costruii (*rarely* costrussi) costruisti costruí (*rarely* costrusse) costruimmo costruiste costruírono (*rarely* costrussero)	costruisca costruisca *etc.*	costruissi costruissi *etc.*	costruisci costruisca *etc.*	ho costruito *etc.*
crescevo crescevi *etc.*	crebbi crescesti *etc.*	cresca cresca *etc.*	crescessi crescessi *etc.*	cresci cresca *etc.*	ho cresciuto/ sono cresciuto (a)
cuocevo cuocevi *etc.*	cossi cocesti cosse cocemmo coceste cossero	cuocia cuocia cuocia cociamo (*or* cuociamo) cociate (*or* cuociate) cuociano	cuocessi cuocessi *etc.*	cuoci cuocia cociamo (*or* cuociamo) cocete (*or* cuocetè) cuociano	ho cotto *etc.*

Infinitive	Gerund and Past Participle	Present Indicative	Future	Conditional
DARE to give	dando dato	do dai dà diamo date danno	darò darai etc.	darei daresti etc.
DECÌDERE to decide	.decidendo deciso	decido decidi etc.	deciderò deciderai etc.	deciderei decidèresti etc.
DIFéNDERE to defend	difendendo difeso	difendo difendi	difendero difenderai etc.	difenderei difenderesti etc.
DIRE to say, tell (contracted from dìcere)	dicendo detto	díco dici dice diciamo dite dícono	dirò dirai etc.	direi diresti etc.
DIRÌGERE to direct	dirigendo diretto	dirigo dirigi dirige dirigiamo dirigete dirigono	dirigerò dirigerai etc.	dirigerei dirigeresti etc.
DISCÙTERE to discuss, argue	discutendo discusso	discuto discuti etc.	discuterò discuterai etc.	discuterei discuteresti etc.
DISTÌNGUERE to distinguish	distinguendo distinto	distinguo distingui etc.	distinguerò distinguerai etc.	distinguerei distingueresti etc.
DIVENTARE* to become	as for regular -are verbs, but conjugated with essere in compound tenses			
DIVÌDERE to divide	dividendo diviso	divido dividi etc.	dividerò dividerai etc.	dividerei divideresti etc.
DOVERE* † to have to, to be obliged to, to owe	dovendo dovuto	devo (or debbo) devi deve dobbiamo dovete devono (or debbono)	dovrò dovrai etc.	dovrei dovresti etc.
FARE to do, make	facendo fatto	faccio fai fa facciamo fate fanno	farò farai etc.	farei faresti etc.

Imperfect	Past Definite	Present Subjunctive	Imperfect Subjunctive	Imperative	Present Perfect
davo davi etc.	diedi (or detti) desti diede (or dette) demmo deste diedero (or dettero)	dia dia etc.	dessi dessi etc.	da dia etc.	ho dato etc.
decidevo decidevi etc.	decisi decidesti etc.	decida decida etc.	decidessi decidessi etc.	decidi decida etc.	ho deciso etc.
difendevo difendevi etc.	difesi difendesti etc.	difenda difenda etc.	difendessi difendessi etc.	difendi difenda etc.	ho difeso etc.
dicevo dicevi etc.	dissi dicesti etc.	dica dica etc.	dicessi dicessi etc.	di dica etc.	ho detto etc.
dirigevo dirigevi etc.	diressi dirigesti etc.	diriga diriga etc.	dirigessi dirigessi etc.	dirigi diriga etc.	ho diretto etc.
discutevo discutevi etc.	iscussi discutesti etc.	discuta discuta etc.	discutessi discutessi etc.	discuti discuta etc.	ho discusso etc.
distinguevo distinguevi etc.	distinsi distinguesti etc.	distingua distingua etc.	distinguessi distinguessi etc.	distingui distingua etc.	ho distinto etc.
dividevo dividevi etc.	divisi dividesti etc.	divida divida etc.	dividessi dividessi etc.	dividi divida etc.	ho diviso etc.
dovevo dovevi etc.	dovetti (rarely dovei) dovesti dovette dovemmo doveste (rarely doverono)	debba debba debba dobbiamo dobbiate debbano	dovessi dovessi etc.	No imperative	ho dovuto/sono dovuto (a) etc.
facevo facevi etc.	feci facesti fece facemmo faceste fecero	faccia faccia etc.	facessi facessi etc.	fa' faccia etc.	ho fatto etc.

Infinitive	Gerund and Past Participle	Present Indicative	Future	Conditional
GIACERE* *to lie*	giacendo giaciuto	giaccio giaci giace giacciamo (*rarely* giaciamo) giacete giacciono	giacerò giacerai *etc.*	giacerei giaceresti *etc.*
GIUÑGERE* † *a* *to arrive, reach*	giungendo giunto	giungo giungi *etc.*	giungerò giungerai *etc.*	giungerei giungeresti *etc.*
IMPORRE *to impose*	*see* porre			
LæGGERE *to read*	leggendo letto	leggo leggi *etc.*	leggerò leggerai *etc.*	leggerei leggeresti *etc.*
METTERE *to put*	mettendo messo	metto metti *etc.*	metterò metterai *etc.*	metterei metteresti *etc.*
MORDERE *to bite*	mordendo morso	mordo mordi *etc.*	morderò morderai *etc.*	morderei morderesti *etc.*
MORIRE* *to die*	morendo morso	muøio muori muore moriamo morite muøiono	morirò (*rarely* morrò) morirai (*rarely* morrai) *etc.*	morirei (*rarely* morrei) moriresti (*rarely* morresti) *etc.*
MUØVERE *to move*	muovendo mosso	muovo muovi *etc.*	muoverò muoverai *etc.*	muoverei muoveresti *etc.*
NaSCERE* *to be born*	nascendo nato	nasco nasci *etc.*	nascerò nascerai *etc.*	nascerei nasceresti *etc.*
NASCONDERE *to hide, conceal*	nascondendo nascosto	nascondo nascondi *etc.*	nasconderò nasconderai *etc.*	nasconderei nasconderesti *etc.*
OFFRIRE *to offer*	*see* apire			

Imperfect	Past Definite	Present Subjunctive	Imperfect Subjunctive	Imperative	Present Perfect
giacevo giacevi *etc.*	giacqui giacesti *etc.*	giaccia giaccia *etc.*	giacessi giacessi *etc.*	giaci giaccia giacciamo giacete giacciano	sono giaciuto (a) *etc.*
giungevo giungevi *etc.*	giunsi giungesti *etc.*	giunga giunga *etc.*	giungessi giungessi *etc.*	giungi giunga *etc.*	sono giunto (a) *etc.*
leggevo leggevi *etc.*	lessi leggesti *etc.*	legga legga *etc.*	leggessi leggessi *etc.*	leggi legga *etc.*	ho letto *etc.*
mettevo mettevi *etc.*	misi mettesti *etc.*	metta metta *etc.*	mettessi mettessi *etc.*	metti metta *etc.*	ho messo *etc.*
mordevo mordevi *etc.*	morsi mordesti *etc.*	morda morda *etc.*	mordessi mordessi *etc.*	mordi morda *etc.*	ho morso *etc.*
morivo morivi *etc.*	morii moristi *etc.*	muoia muoia muoia moriamo moriate muoiano	morissi morissi *etc.*	muori muoia *etc.*	sono morto (a) *etc.*
muovevo muovevi *etc.*	mossi movesti *etc.*	muova muova *etc.* (mova *etc.* also found)	muovessi muovessi *etc.* (movessi *etc.* also found)	muovi muova muoviamo (or moviamo) muovete (or movete) muovano	ho mosso *etc.*
nascevo nascevi *etc.*	nacqui nascesti *etc.*	nasca nasca *etc.*	nascessi nascessi *etc.*	nasci nasca *etc.*	sono nato (a) *etc.*
nascondevo nascondevi *etc.*	nascosi nascondesti *etc.*	nasconda nasconda *etc.*	nascondessi nascondessi *etc.*	nascondi nasconda *etc.*	ho nascosto *etc.*

Infinitive	Gerund and Past Participle	Present Indicative	Future	Conditional
PARERE* *to seem, appear (generally used impersonally)*	parendo parso	paio pari pare paiamo parete paiono	parrò parrai *etc.*	parrei parresti *etc.*
PERDERE *to lose*	perdendo perso *(or perduto when lost forever)*	perdo perdi *etc.*	perderò perderai *etc.*	perderei perderesti *etc.*
PERMETTERE *to allow, permit*	*see* mettere			
PIACERE* *to please*	piacendo piaciuto	piaccio piaci piace piacciamo piacete piacciono	piacerò piacerai *etc.*	piacerei piaceresti *etc.*
PIANGERE *to cry, weep*	piangendo pianto	piango piangi piange piangiamo piangete piangono	piangerò piangerai *etc.*	piangerei piangeresti *etc.*
PIOVERE* *to rain*	piovendo piovuto	piove	pioverà	pioverebbe
PORRE *to place, put, pose*	ponendo posto	pongo poni pone poniamo ponete pongono	porrò porrai *etc.*	porrei porresti *etc.*
POSSEDERE *to posses*	*see* sedere			
POTERE* † *to be able*	potendo potuto	posso puoi può possiamo potete possono	potrò potrai	potrei potresti
PRENDERE *to take*	prendendo preso	prendo prendi *etc.*	prenderò prenderai *etc.*	prenderei prenderesti *etc.*
PROTEGGERE *to protect*	proteggendo protetto	proteggo proteggi *etc.*	proteggerò proteggerai *etc.*	proteggerei proteggeresti *etc.*

Imperfect	Past Definite	Present Subjunctive	Imperfect Subjective	Imperative	Present Perfect
parevo parevi etc.	parvi paresti etc.	paia paia paia paiamo paiate (or pariate) paiano	paressi paressi etc.		sono parso (a) etc.
perdevo perdevi etc.	persi perdesti etc.	perda perda etc.	perdessi perdessi etc.	perdi perda etc.	ho perso etc. (or perduto when lost forever)
piacevo piacevi etc.	piaqui piacesti etc.	piaccia piaccia etc.	piacessi piacessi etc.	No imperative	sono piaciuto (a) etc.
piangevo piangevi etc.	piansi piangesti etc.	pianga pianga etc.	piangessi piangessi etc.	piangi pianga etc.	ho pianto etc.
pioveva	piovve	piova	piovesse	No imperative	è piovuto
ponevo ponevi etc.	posi ponesti etc.	ponga ponga etc.	ponessi ponessi etc.	poni ponga etc.	ho posto etc.
potevo potevi etc.	potei potesti potè potemmo poteste poterono	possa possa etc.	potessi potessi etc.	No imperative	ho potuto/ sono potuto (a) etc.
prendevo prendevi etc.	presi prendesti etc.	prenda prenda etc.	prendessi prendessi etc.	prendi prenda etc.	ho preso etc.
proteggevo proteggevi etc.	protessi proteggesti etc.	protegga protegga etc.	proteggessi proteggessi etc.	proteggi protegga etc.	ho protetto etc.

Infinitive	Gerund and Past Participle	Present Indicative	Future	Conditional
REGGERE to support, hold, govern	reggendo retto	reggo reggi *etc.*	reggerò reggerai *etc.*	reggerei reggeresti *etc.*
RENDERE to render, give back	rendendo reso	rendo rendi *etc.*	renderò renderai *etc.*	renderei renderesti *etc.*
RICONOSCERE to recognise	see conoscere			
RIDERE to laugh	ridendo riso	rido ridi *etc.*	riderò riderai *etc.*	riderei rideresti *etc.*
RIMANERE* to remain	rimanendo rimasto	rimango rimani rimane rimaniamo rimanete rimangono	rimarrò rimarrai *etc.*	rimarrei rimarresti *etc.*
RISPONDERE to reply	rispondendo risposto	rispondo rispondi *etc.*	risponderò risponderai *etc.*	risponderei risponderesti *etc.*
RIUSCIRE* a to succeed	see uscire			
ROMPERE to break	rompendo rotto	rompo rompi *etc.*	romperò romperai *etc.*	romperei romperesti *etc.*
SALIRE* to mount, ascend	salendo salito	salgo sali sale saliamo salite salgono	salirò salirai *etc.*	salirei saliresti *etc.*
SAPERE to know	sapendo saputo	so sai sa sappiamo sapete sanno	saprò saprai *etc.*	saprei sapresti *etc.*
SCEGLIERE to choose	scegliendo scelto	scelgo scegli sceglie scegliamo scegliete scelgono	sceglierò sceglierai *etc.*	sceglierei sceglieresti *etc.*
SCENDERE* to descend, get off (bus etc.)	scendendo sceso	scendo scendi *etc.*	scenderò scenderai *etc.*	scenderei scenderesti *etc.*

Imperfect	Past Definite	Present Subjunctive	Imperfect Subjunctive	Imperative	Present Perfect
reggevo reggevi *etc.*	ressi reggesti *etc.*	regga regga *etc.*	reggessi reggessi *etc.*	reggi regga *etc.*	ho retto *etc.*
rendevo rendevi *etc.*	resi rendesti *etc.*	renda renda *etc.*	rendessi rendessi *etc.*	rendi renda *etc.*	ho reso *etc.*
ridevo ridevi *etc.*	risi ridesti *etc.*	rida rida *etc.*	ridessi ridessi *etc.*	ridi *etc.*	ho riso *etc.*
rimanevo rimanevi *etc.*	rimasi rimanesti *etc.*	rimanga rimanga *etc.*	rimanessi rimanessi *etc.*	rimani rimanga *etc.*	sono rimasto (a) *etc.*
rispondevo rispondevi *etc.*	risposi rispondesti *etc.*	risponda risponda *etc.*	rispondessi rispondessi *etc.*	rispondi risponda *etc.*	ho risposto *etc.*
rompevo rompevi *etc.*	ruppi rompesti *etc.*	rompa rompa *etc.*	rompessi rompessi *etc.*	rompi rompa *etc.*	ho rotto *etc.*
salivo salivi *etc.*	salii salisti *etc.*	salga salga *etc.*	salissi salissi *etc.*	sali salga *etc.*	sono salito (a) *etc.*
sapevo sapevi *etc.*	seppi sapesti *etc.*	sappia sappia *etc.*	sapessi sapessi *etc.*	sappi sappia sappiamo sappiate sappiano	ho saputo *etc.*
sceglievo sceglievi *etc.*	scelsi scegliesti *etc.*	scelga scelga *etc.*	scegliessi scegliessi *etc.*	scegli scelga *etc.*	ho scelto *etc.*
scendevo scendevi *etc.*	scesi scendesti *etc.*	scenda scenda *etc.*	scendessi scendessi *etc.*	scendi scenda *etc.*	sono sceso (a) *etc.*

Infinitive	Gerund and Past Participle	Present Indicative	Future	Conditional
SCIOGLIERE *to loosen, untie, melt*	sciogliendo sciolto	sciolgo sciogli scioglie sciogliamo sciogliete sciolgono	scioglierò scioglierai *etc.*	scoglierei scioglieresti *etc.*
SCOMMETTERE *to bet, wager*	*see* mettere			
SCOPRIRE *to discover*	*see* aprire			
SCRÍVERE *to write*	scrivendo scritto	scrivo scrivi *etc.*	scriverò scriverai *etc.*	scriverei scriveresti *etc.*
SCUOTERE *to shake*	scuotendo scosso	scuoto scuoti scuote scuotiamo scuotete scuotono	scuoterò scuoterai *etc.*	scuoterei scuoteresti *etc.*
SEDERE* *to sit* SEDERSI *to sit down formally identical to* sedere* *but used with reflexive pronouns*	sedendo seduto	siedo siedi siede sediamo sedete siedono	siederò siederai *etc.*	siederei siederesti *etc.*
SOFFRIRE *to suffer*	*see* aprire			
SORRÍDERE *to smile*	*see* ridere			
SPEGNERE *to extinguish, turn off*	spegnendo (*or* spengendo) spento	spengo spegni spegne spegniamo spegnete spengono	spegnerò spegnerai *etc.*	spegnerei spegneresti *etc.*
SPENDERE *to spend*	*see* prendere			
SPINGERE *to push*	spingendo spinto	spingo spingi *etc.*	spingerò spingerai *etc.*	spingerei spingeresti *etc.*

Imperfect	Past Definite	Present Subjunctive	Imperfect Subjunctive	Imperative	Present Perfect
scioglievo	sciolsi	sciolga	sciogliessi	sciogli	ho sciolto
scioglievi	sciogliesti	sciolga	sciogliessi	sciolga	etc.
etc.	etc.	sciolga	etc.	sciogliamo	
		sciogliamo		sciogliete	
		sciogliate		sciolgano	
		sciolgano			
scrivevo	scrissi	scriva	scrivessi		ho scritto
scrivevi	scrivesti	scriva	scrivessi	scrivi	etc.
etc.	etc.	etc.	etc.	scriva	
				etc.	
scuotevo	scossi	scuota	scuotessi	scuoti	ho scosso
scuotevi	scotesti	scuota	scuotessi	scuota	etc.
etc.	etc.	scuota	etc.	scuotiamo	
		scuotiamo		scuotete	
		scuotiate		scuotano	
		scuotano			
sedevo	sedetti (or sedei)	sieda	sedessi		sono seduto (a)
sedevi	sedesti	sieda	sedessi	siedi	etc.
etc.	sedette	sieda	etc.	sieda (or segga)	
	sedemmo	sediamo		sediamo	
	sedeste	sediate		sedete	
	sedettero	siedano		siedano (or	
	(or sederono)			seggano)	
spegnevo (or spengevo)	spensi	spenga	spegnessi (or spengessi)	spegni	ho spento
spegnevi (or spengevi)	spegnesti	spenga	spegnessi (or spengessi)	spenga	hai spento
				spegniamo	
etc.	etc	spenga	etc.	spegnete	etc.
				spengano	
		spegniamo			
		spegniate			
		spengano			
spingevo	spinsi	spinga	spingessi		ho spinto
spingevi	spingesti	spinga	spingessi	spingi	etc.
etc.	etc.	etc.	etc.	spinga	
				etc.	

Infinitive	Gerund and Past Participle	Present Indicative	Future	Conditional
STARE* *to stay (be)*	stando stato	sto stai sta stiamo state stanno	starò starai *etc.*	starei staresti *etc.*
STRINGERE *to squeeze, tighten*	stringendo stretto	stringo stringi *etc.*	stringerò stringerai *etc.*	stringerei stringeresti *etc.*
SUCCÆDERE* *to happen* (*impersonal*)	succedendo successo	succede succedono *etc.*	succederà succederanno *etc.*	succederebbe succederebbero *etc.*
SUPPORRE *to suppose*	*see* porre			
TACERE *to be silent*	tacendo taciuto	taccio taci tace taciamo tacete tacciono	tacerò tacerai *etc.*	tacerei taceresti *etc.*
TENERE *to hold*	tenendo tenuto	tengo tieni tiene teniamo tenete tengono	terrò terrai *etc.*	terrei terresti *etc.*
TOGLIERE *to take off,* remove	togliendo tolto	tolgo togli toglie togliamo togliete tolgono	toglierò toglierai *etc.*	toglierei toglieresti *etc.*
TRADURRE *to translate*	traducendo tradotto	traduco traduci *etc.*	tradurrò tradurrai *etc.*	tradurrei tradurresti *etc.*
TRARRE *to draw, pull*	traendo tratto	traggo trai trae triamo traete traggono	trarrò trarrai *etc.*	trarrei trarresti *etc.*
USCIRE* *to go out*	uscendo uscito	esco esci esce usciamo uscite escono	uscirò uscirai *etc.*	uscirei usciresti *etc.*

Imperfect	Past Definite	Present Subjunctive	Imperfect Subjective	Imperative	Present Perfect
stavo	stetti	stia	stessi		sono stato (a)
stavi	stesti	stia	stessi	sta'	etc.
etc.	stette	stia	etc.	stia	
	stemmo	stiamo		etc.	
	steste	stiate			
	stettero	stiano			
stringevo	strinsi	stringa	stringessi	stringi	ho stretto
stringevi	stringesti	stringa	stringessi	stringa	etc.
etc.	etc.	etc.	etc.	etc.	
succedeva	successe	succeda	succedesse		è successo (a)
succedevano	successero	succedano	succedessero		sono successi (e)
tacevo	tacqui	taccia	tacessi	taci	ho taciuto
tacevi	tacesti	taccia	tacessi	taccia	etc.
etc.	etc.	taccia	etc.	taciamo	
		taciamo		tacete	
		taciate		tacciano	
		tacciano			
tenevo	tenni	tenga	tenessi		ho tenuto
tenevi	tenesti	tenga	tenessi	tieni	etc.
etc.	etc.	etc.	etc.	tenga	
				etc.	
toglievo	tolsi	tolga	togliessi	togli	ho tolto
toglievi	togliesti	tolga	togliessi	tolga	etc.
etc.	etc.	tolga	etc.	togliamo	
		togliamo		togliete	
		togliate		tolgano	
		tolgano			
traducevo	tradussi	traduca	traducessi		ho tradotto
traducevi	traducesti	traduca	traducessi	traduci	etc.
etc.	etc.	etc.	etc.	traduca	
				etc.	
traevo	trassi	tragga	traessi	trai	ho tratto
traevi	traesti	tragga	traessi	tragga	etc.
etc.	etc.	tragga	etc.	traiamo	
		traimo		traete	
		traite		traggano	
		traggano			
uscivo	uscii	esca	uscissi		sono uscito (a)
uscivi	uscisti	esca	uscissi	esci	etc.
etc.	etc.	etc.	etc.	esca	

Infinitive	Gerund and Past Participle	Present Indicative	Future	Conditional
VALERE* to be worth, be valid	valendo valso	valgo vali vale valiamo valete valgono	varrò varrai etc.	varrei varresti etc.
VEDERE to see	vedendo visto (or veduto)	vedo vedi etc.	vedrò vedrai etc.	vedrei vedresti etc.
VENIRE* to come	venendo venuto	vengo vieni viene veniamo venite vengono	verrò verrai etc.	verrei verresti etc.
VÍVERE* † to live	vivendo vissuto	vivo vivi etc.	vivrò vivrai etc.	vivrei vivresti etc.
VOLERE* † to want	volendo voluto	voglio vuoi vuole vogliamo volete vogliono	vorrò vorrai etc.	vorrei vorresti etc.
VOLGERE to turn, revolve	volgendo volto	volgo volgi volge volgiamo volgete volgono	volgerò volgerai etc.	volgerei volgeresti etc.

Imperfect	Past Definite	Present Subjunctive	Imperfect Subjunctive	Imperative	Present Perfect
valevo valevi *etc.*	valsi valesti *etc.*	valga valga valga valiamo valiate valgano	valessi valessi *etc.*		sono valso (a) *etc.*
vedevo vedevi *etc.*	vidi vedesti *etc.*	veda veda *etc.*	vedessi vedessi *etc.*	vedi veda *etc.*	ho visto *etc.*
venivo venivi *etc.*	venni venisti *etc.*	venga venga *etc.*	venissi venissi *etc.*	vieni venga *etc.*	sono venuto (a) *etc.*
vivevo vivevi *etc.*	vissi vivesti *etc.*	viva viva *etc.*	vivessi vivessi *etc.*	vivi viva *etc.*	ho vissuto/sono vissuto (a) *etc.*
volevo volevi *etc.*	volli volesti *etc.*	voglia voglia *etc.*	volessi volessi *etc.*	vogli voglia *etc.*	ho voluto/sono voluto (a) *etc.*
volgevo volgevi *etc.*	volsi volgesti *etc.*	volga volga volga volgiamo volgiate volgano	volgessi volgessi *etc.*	volgi volga volgiamo volgete volgano	ho volto *etc.*

VOCABULARIES††

†† *Reminder*: (a) Verbs marked * take e*ssere* in the compound tenses; those marked * † take *avere* or e*ssere* according to the construction (b) the Vocabularies which follow are by no means exhaustive, not even in terms of the exercises contained in the body of the book; the student is therefore reminded that the use of a good dictionary (such as the ones suggested in the Preface) is essential.

ITALIAN-ENGLISH VOCABULARY

A

a, ad, to, at, in
abbacchio, young lamb
abbronzato, sunburnt, tanned
abitante (*m.*), inhabitant
abitare (usually +**a**), to live, dwell
abito, dress, coat, clothes
aceto, vinegar
acqua, water
Adriatico, Adriatic
aeroplano, aeroplane
affittare, to let, hire, lease
agitato, agitated, troubled
agnello, lamb
agosto, August
aiutare, to help
albergo, hotel
albero, tree
albicocca, apricot
albicocco, apricot tree
alcuno, some, any
alfabeto, alphabet
allora, then
Alpi (*f. pl.*) Alps
alto, high, tall
altrimenti, otherwise
altro, other
alunno, pupil
alzare, to raise, lift
alzarsi, to get up
amare, to love
amaro, bitter
amica (*pl.* **amiche**) friend
amico (*pl.* **amici**), friend
ammalato sick, unwell
ammirare, to admire
amore (*m.*), love
anche, also, too, even
ancora, still, again, yet
andare (*irr.*), to go
Andrea, Andrew

anello, ring
anglicano, Anglican
angolo, corner
animale (*m.*), animal
anatra, duck
Anna, Ann, Anne
anno, year
anno bisestile, Leap Year
ansioso, anxious
antico, ancient
Antonio, Anthony
anzi, in fact, on the contrary
appetito, appetite
applicare, to apply
aprile, April
aprire, to open
altare (*m.*), altar
arancia, orange
aranciata, orangeade
argento, silver
aria, air
arido, dry
armadio, wardrobe, cupboard
arrivare*., to arrive
arrivo, arrival
arrosto, roast
arte (*f.*) art
articolo, article
ascensore (*m.*), lift, escalator
asciugamano, towel
ascoltare, to listen (to)
asino, donkey
aspettare, to wait (for)
assaggiare to taste
assai, quite, very
assegno, cheque
assegno turistico, tourist cheque
atrio, entrance hall, lobby
attentamente, attentively
audacia, audacity, daring
Austria, Austria

autista (*m.*), chauffeur, motor driver
automobile (*f.*), motor-car
autunno, autumn
avanti, before; forward!
avere (*irr.*) to have
azzurro, blue

B

babbo, daddy
baciare, to kiss
bacio, kiss
bagaglio, luggage
bagno, bath
balcone (*m.*), balcony
ballare, to dance
bambino, baby
bambola, doll
banana, banana
banca, bank
Banca Commerciale,
  Commercial Bank
banco, desk
bar (*m.*), bar
barca, boat, barge
barca a motore, motor-launch
barca a vela, sailing boat
basilica, basilica
basso, low
battistero, baptistry
bello, beautiful, fine
bene (*adv.*), well, good
benzina, petrol
bere (*irr.*), to drink
Berlino, Berlin
bevanda, drink
bianco, white
bibita, drink
biblioteca, library
bicchiere (*m.*), glass, tumbler
bicicletta, bicycle
biglietto, ticket
bigliettaio, guard, conductor
binario, railway line, track, platform
biondo, fair, blonde
birra, beer
biscotto, biscuit
bistecca, beefsteak

bizantino, Byzantine
bocca, mouth
borsa, purse
bosco, wood, forest
bottiglia, bottle
braccialetto, bracelet
braccio, arm
bravo, clever; good! splendid!
breve, brief, short
brillare, to shine
brodo, broth
bruno, (dark) brown.
brutto, ugly
bue (*m.—pl.* **buoi**), ox, oxen
buono, good
burro, butter
busta, envelope
buttare, to throw

C

cabina, cabin
cadere*, to fall
caffè (*m.*), coffee, café
caldo, hot
calendario, calendar
calmo, calm
calza, stocking
cambiare, to change
cambio, change
camera, bedroom
cameriera, maid, waitress
cameriere (*m.*), waiter
camicia, shirt
camminare, to walk
campagna, country
campana, bell
campanello, small bell, doorbell
campanile (*m.*), bell tower
campo, field
canale (*m.*), canal
Canal Grande, Grand Canal
cancellare, to erase
cane (*m.*), dog
cantare to sing
capelli (*m. pl.*), hair
capire, to understand
capitale (*f.*), capital

capitolo, chapter
capo, head
capolavoro (*pl.* **capolavori**), masterpiece
capostazione (*pl.* **capistazione**) (*m.*), stationmaster
cappella, chapel
cappello, hat
cappuccino, coffee (*with frothy milk*)
caramella, sweet
cardinale (*m.*), cardinal
Carlo, Charles
carne (*f.*) meat
caro, dear, expensive
carrozza, carriage
carta, paper
carta geografica, map
cartolina, postcard
casa, house
castello, castle
Caterina, Catherine
cattedrale (*f.*), cathedral (*generally*)
cattivo, bad, naughty
cattolico, Catholic
causa, cause
cavallo, horse
caviglia, ankle
cavolo, cabbage
celeste, pale blue
cena, supper
Il Cenacolo *or* **L'Ultima Cena** } The Last Supper
cenere (*f.*), ash
cento, one hundred
centrale, central
centuno, one hundred and one
cera, wax
cercare, to look for
cerino, wax match
certo, certain, sure
cestino, basket
cestino da viaggio, lunch-basket
che (*conj.*), that, than
che (*pron.*), who, whom, that, which
che cosa? what?
  ma che! of course not!
che c'e? what is the matter?
  che peccato! what a pity!

chi, who, whom, one who . . .
chiamare, to call
chiamarsi to be called
chiaramente, clearly
chiave (*f.*), key
chiedere (*irr.*), to ask
chiesa, church
chiudere (*irr.*), to close
chiuso, closed
ci (*adv.*), here, there; in it
ci (*pron.*), us, to us, ourselves, to ourselves; to each other
  c'è, there is; **ci sono,** there are
ciao, goodbye, hello (*colloq.*)
ciascuno, each, each one
cibo, food
cielo, sky
ciglio (**pl. le ciglia**), eyelash
ciliegia, cherry
cinquanta, fifty
cinquantuno, fifty-one
cinque, five
ciò, that,
cioccolata, chocolate
cioè, namely, that is
cipolla, onion
circa, about
città, town
classe (*f.*), class
clima (*m.*), climate
coccodrillo, crocodile
cocomero, watermelon
coda, queue, tail
  far la coda *or* **la fila,** to form a queue
cognato, brother-in-law
coincidenza, connection (*of trains*)
colazione (*f.*), breakfast
  prima colazione (*also* breakfast)
colonna, column
collega, (*m.* or *f.*), colleague
colletto, collar
collina, hill
collo, neck
colomba, dove
colore (*m.*), colour
Colosseo, Colosseum
coltello, knife

come, how, like, such as
  come sta(i)? how are you?
cominciare (+ a *before infinitive*), to begin
comunicazione (*f.*), communication
comodo, comfortable
compleanno, birthday
completare, to complete
compare, to buy
con, with
condire, to season
coniglio, rabbit
conoscere (*irr.*), to know (*be acquainted*)
conservare, to keep, to retain
consistere* (+ in), to consist (of)
contadino, peasant
contento, glad, satisfied
continente (*m.*), continent
continuamente, continually
conto, bill
controllo, inspection, check
controllore (*m.*), inspector
conversare, to converse
coperta, deck, blanket
corpo, body
corsa, race
corto, short
cosa, thing
così, so, as, thus
costa, coast
costare*, to cost
costruire, to build
costume (*m.*), costume
costume da bagno, swimsuit
cotone (*m.*), cotton
cotto, cooked
cravatta, tie
credenza, sideboard
credere, to believe
croce (*f*), cross
crudo, raw
cucchiano, teaspoon
cucchiaio, spoon
cucina, kitchen
cucinare, to cook
cugino, cousin

cui, whom, which
cuore (*m.*), heart
cupola, dome
curiosità, curiosity

D

da, from, by, at the house/shop of
dappertutto, everywhere
dare (*irr.*), to give
debole, weak
decidere (*irr.*), to decide
decimo, tenth
definito, definite
del (**di** + **il**), of the
delizioso, delightful, delicious
deluso, disappointed
denaro, money
dente (*m.*), tooth
dentro, inside
destro, a destra, right to the right
dettare, to dictate
dettato, dictation
devotissimo, *abb.* **devmo,** (yours) truly, faithfully
di, of
dicembre, December
diciannove, nineteen
diciassette, seventeen
diciotto, eighteen
dieci, ten
dietro, behind
differente, different
difficile, difficult
dimenticare, to forget
dire (*irr.*), to say
direzione (*f.*)m direction
distante, distant
distanza, distance
distinti saluti, kind regards
dito (*f. pl.* **dita**), finger
diventare, to become
divertirsi, to enjoy oneself
dividere (*irr.*), to divide
dizionario, dictionary
dodici, twelve
dogana, customs
doganiere (*m.*), customs officer

dolce, sweet
domanda, question
domandare, to ask
domani, tomorrow
domenica, Sunday
domestica, servant, maid
donna, woman
dopo, after
dormire, to sleep
dove, where
due, two
dunque, then, therefore
duomo, cathedral, (*i.e. the principal city-cathedral*)
durare*, to last

E

e, ed (*before vowel*), and
è, is
eccetera, etcetera
eccitato, excited
ecco, here is/are, there is/are
edificio (*pl.* **edifici**), building
egli, he
elegante, elegant
elettrico, electric
Elisabetta, Elizabeth
ella, she
Enrico, Henry
entrare* (**+in**), to enter
entrata, entrance
Epifania, Befana, Epiph'any
epoca, epoch, era
erba, grass, vegetable
esagerato, exaggerated
esempio, example
espresso, express
  (**caffè**) **espresso,** strong black coffee
essa, she, it
essere* (*irr.*), to be
esso, he, it
est (*m.*), east
estate (*f.*), summer (*noun*)
esterno, exterior
estero, foreign
estivo, summer (*adj.*)

età (*f.*), age
eterno, eternal
Europa, Europe
evitare, to avoid

F

fabbrica, factory
facchino, porter
faccia, face
facciata, façade, front
facile, easy
fagiolino, French bean
famiglia, family
fantastico, fantastic
fantino, jockey
fare (*irr.*), to make, to do
farfalla, butterfly
farmacia, chemist's shop
farmacista (*m. or f.*), chemist
fatto (*noun*), fact
fatto, *p.p. of* **fare,** done, made
favore (*m.*), favour, kindness
  per favore, please
fazzoletto, handkerchief
febbraio, February
fermare, to stop
fermarsi, to stop oneself
ferrovia, railway
fertile, fertile
festa, holiday, party, birthday (-party)
fiasco, flask
figlio, son
fila, queue, line
finale, final
fine (*f.*), end
finestra, window
finestrino, small window; carriage window
finire, to finish
fino, fine, thin
fino a, until, as far as
fiore (*m.*), flower
Firenze, Florence
fiume (*m.*), river
foglia, leaf
foglio, sheet of paper

fontana, fountain
forchetta, fork
formaggio, cheese
foro, Forum
forse (+indicative), perhaps
forte, strong
fotografia, photograph(y)
fra, between, in
fragola, strawberry
Francesco, Francis
francese, French
Francia, France
francobollo, stamp
frase (*f.*), phrase, sentence
fratellino, little brother
fratello, brother
freddo, cold
fresco, cool, fresh
frittata, omelet
fritto, fried
fronte (*f.*), forehead
frutta (*pl. le frutta*), fruit (*collective*)
fruttivendolo, fruiterer
fumare, to smoke
fuoco (*pl.* **fuochi**), fire
fuori, outside
futuro, future

G

gaio, gay
gamba, leg
galleria, gallery, arcade, tunnel
gallina, hen
gallo, cock
garofano, carnation
gatto, cat
gelato, ice-cream
generale, general
genero, son-in-law
generosità, generosity
genitore (*m.*), father, (*pl.*) parents
gennaio, January
Genova, Genoa
gente (*f.*), people
gentile, gentle, kind
Germania, Germany
gesso, chalk
ghiaccio, ice

già, already
giacca, jacket
Giacomo, James
giallo, yellow
giardino, garden
giglio, lily
ginocchio (*pl.* **le ginocchia**), knee
giocare, to play (*a game*)
gioielliere (*m.*), jeweller
gioiello, jewel
Giorgio, George
giornalaio, newsagent
giornale (*m.*), newspaper
giorno, day
 buon giorno, good day
giovane, young
Giovanni, John
giovanotto, youth
giovedì (*m.*), Thursday
girare, to tour, to turn
giro, tour
gita, excursion
giugno, June
Giuseppe, Joseph
giusto, just
gli, the (*def.art.m.pl.*); to him (*pron.*)
glielo, gliela, it to him, it to her
glieli, gliele, them to him, them to
 her
gnocco, dumpling
godere, to enjoy
gola, throat
gomito, elbow
gondola, gondola
gondoliere (*m.*), gondolier
gotico, Gothic
gradito, welcome
grammatica, grammar
grande, great, large, big
grazia, favour, grace
grazie, thank you
 grazie tante, many thanks
gridare, to shout
guancia, check
guanciale (*m.*), pillow
guanto, glove
guardare, to look at
guglia, spire

Guglielmo, William
guida, guide, guidebook
gusto, taste

I

idea, idea
ieri, yesterday
imitare, to imitate
immenso, immense
imparare (+a *before infinitive*), to learn
importanza, importance
impressione (*f.*), impression
in, in
incantevole, charming, enchanting
incerto, uncertain
inchiostro, ink
incitare (+a *before infinitive*), to incite
incitamento, incitement
incontrare, to meet
indicare, to point at
indirizzo, address
industria, industry
infanti, indeed, in fact
informazione (*f. pl.*), information
Inghilterra, England
inglese, English
ingrato, ungrateful
ingresso, entrance
insalata, salad
insegnare, to teach
insieme, together
installare, to install
intanto, meantime, meanwhile
interessante, interesting
interno, interior
intorno, around
inverno, winter
invitare, to invite
io, I
isola, island
Italia, Italy
italiano, Italian
itinerario, itinerary
Iugoslavia, Jugoslavia

L

la (*pron.*), her, it, you (*obj.*)

la (*art.*), the
là (*adv.*), there
labbro (*pl.* **le labbra**), lip
lacrima, tear
ladro, thief
laggiù, down there
lago (*pl.* **laghi**), lake
lampada, lamp
lampone (*m.*), raspberry
lana, wool
largo, wide
lasciare, to leave
latte (*m.*), milk
latteria, dairy
lavare, to wash
lavarsi, to wash oneself
lavorare, to work
lavoro, work
leggere, to read
legna, firewood
legno, wood
Lei, you (*sing. polite*)
lei, she, her
lento, slow
lenzuolo (*pl.* **le lenzuola**) sheet
lesso, boiled (*e.g. of potatoes, etc.*)
lettera, letter
letteratura, literature
letto, bed
lezione (*f.*), lesson
libero, free, vacant
libro, book
Liguria, Liguria
limonata, lemonade
limone (*m.*), lemon
limpido, limpid
lineetta, dash, hyphen
lingua, tongue, language
liquore (*m.*), liquor
lira, lira sterlina, lira (*Italian money*); English pound (*sterling*)
lo (*pl.* **gli**), the
lo (*pl.* **li**), him, it
locale, local
Londra, London
lontano, distant, far
loro, they
luce (*f.*), light

luglio, July
lui, him
Luigi, Louis
luminoso, luminous, clear
luna, moon
lunedì (*m.*), Monday
lungo (*pl.* **lunghi**), long
luogo (*pl.* **luoghi**), place

M

ma, but
macchina, machine
macchina fotografica, camera
macedonia di frutta, fruit salad
macellaio, butcher
macelleria, butcher's shop
madre, mother
maestro, master, teacher
maggio, May
maggiore, major
magnifico (*pl.* **magnifici**), magnificent
maiale (*m.*), pig
malato, sick
male, badly
mandare, to send
mangiare, to eat
Manica, English Channel
mano (*f.*), hand
manzo, beef
marciapiede (*m.*), platform
marco, mark
mare (*m.*), sea
Margherita, Margaret
margheritina, daisy
Maria, Mary
marina, seashore
Mario, Marius
marito, husband
marmellata, jam
marmo, marble
marrone, chestnut brown
martedì (*m.*), **Tuesday**
Martino, Martin
marzo, March
masticare, to chew

matita, pencil
mattina, morning
me, me
medicina, medicine
medico, doctor
medio, middle, average
medievale, medieval
Mediterraneo, Mediterranean
meglio, better
mela, apple
melodia, melody
melone (*m.*), melon
membro (*pl.* **membra**), limb
meno, less, minus
menta, mint
mento, chin
mentre, while
meraviglia, marvel
meraviglioso, marvellous, wonderful
mercato, market
mercoledì (*m.*), Wednesday
meridionale, southern
merluzzo, cod, codfish
mese (*m.*), month
messa, Mass
metà, half (*measure*)
metallo, metal
mettere, to place, put
mezzanotte (*f.*), midnight
mezzo, half
mezzogiorno, midday
  il mezzogiorno, the south
mi, me, to me, myself
Michele, Michael
miglio (*pl.* **miglia**) (*f.*), mile
migliore, better
Milano, Milan
millione, million
mille (*pl.* **mila**), thousand
minerale (*m.*), mineral
minuto, minute
mio, my, mine
miracolo, miracle
misterioso, mysterious
mite, mild
mobile (*adj.*), mobile, movable
mobile (*m.*), piece of furniture

moderno, modern
modo, way, manner
moglie (*f.*), wife
molo, pier, quay
molto, much
mondo, world
montagna, mountain
morire* (*irr.*), to die
mosaico, mosaic
mosca (pl. **mosche**), fly
mostra, exhibition
mostrare, to show
mucca (*pl.* **mucche**), cow
mulo, mule
municipio, Town Hall
muro (*f. pl.* **mura**), wall (*of a city*)
museo, museum
musicale, musical

N

nailon (*m.*), nylon
Napoli, Naples
narrare, to narrate
narrazione (*f.*) story, tale
nascere* (*irr.*), to be born
naso, nose
Natale (*m.*), Christmas
naturale, natural
nave (*f.*), ship
ne (*pron.*), of him, of it
ne (*partitive*), some, any
nebbia, fog
negozio (*pl.* **negozi**), shop
nemico, enemy
nero, black
neve (*f.*), snow
nevicare*, to snow
Niccolò, Nicholas
niente, nothing
nipote (*m. or f.*), nephew, niece
no, no, not
noce (*f.*), nut, walnut
noce di cocco, coconut
noi, we, us
nome (*m.*), name
non, not
nonno, grandfather

nono, ninth
nord (*m.*), north
nostro, our
notare, to note, notice
notte (*f.*), night
novanta, ninety
novantuno, ninety-one
nove, nine
novembre, November
nulla, nothing
numero, number
numeroso, numerous
nuotare, to swim
nuovo, new
nuvola, cloud

O

o, or; **o . . . o,** either . . . or
obbligato, obliged
oca (*pl.* **oche**), goose
occasione (*f.*), occasion
occhiali (*m. pl.*) spectacles
occhio (*pl.* **occhi**), eye
occidentale, western
occidente (*m.*), west
occupato, busy, occupied
odorare, to smell
odore (*m.*), smell, scent
offrire (*irr.*), to offer
oggetto, object
oggi, today
ogni, every
ogni tanto, now and again
oguno, everyone, each one
oleandro, oleander
olio, oil
oliva, olive
ombra, shade
ombrellone (*m.*), large umbrella
onda, wave
onesto, honest
opera, work, opera
operaio, workman
ora, hour, time
oramai, ormai, now, by this time
orario, timetable
orchestra, orchestra

ordinale, ordinal
ordinare, to order
orecchio, ear
orefice (m.), goldsmith
orientale, eastern
oriente (m.), East
originale, original
oro, gold
orologio, watch, clock
osare (+infinitive without **a**), to dare
osservare, to observe
osso pl. **gli ossi** when non-human, **le
   ossa** when human, bone
ottanta, eighty
ottantuno, eighty-one
ottavo, eight
ottenere, to obtain
ottimo, very good.
otto, eight
ottobre, October
ottone (**gli ottoni,** the brass section (of
   orchestra)) (m.), brass
ovest (m.), west
ozioso, idle, lazy

P

pacco, parcel
Padova, Padua
padre, father
paesaggio, landscape
pagare, to pay
pagina, page
paglia, straw
paio (f. pl. **paia**), pair
palazzo, palace, building, block of
   flats
palma, palm (hand, branch of tree)
pane (m.), bread
panettiere (m.), baker
panino, bread roll
panna, cream
panteon (m.), Pantheon, temple
Paolo, Paul
papavero, poppy
pappagallo, parrot
paradiso, paradise
parco, park

parecchio, some, considerable, a lot
parecchi (pl.), many
parente (m. or f.), relative
Parigi, Paris
parlare, to speak
parmigiano, Parmesan
parola, word
parte (f.), part
partenza, departure
particolarmente, particularly
partire*, to leave
Pasqua, Easter
passaporto, passport
passare* † , to pass; to spend (time)
passato, past
passeggiare, to stroll
passeggiata, walk
passeggiero, passenger
pasta, paste (dough)
patata, potato
paura, fear
pavimento, floor
paziente (adj.), patient
peggio, worse
pelle (f.), skin, leather
pena, sorrow, suffering
pendente, leaning
penisola, peninsula
penna, pen
pensare, to think
pensiero, thought
pepe (m.), pepper
per, for, through, by
pera, pear
perchè, why, because
perciò, therefore
pedere, to lose
perdita, loss
perfetto, perfect
perfino, even (emphasis)
permesso, permission
permesso! allow me! excuse me!
permettere, to allow, to permit
però, however
persona, person
personale, personal
pesante, heavy
pesca (pl. **pesche**), peach

pesce (*m.*), fish
pescivendolo, fishmonger
pesco (*pl.* **peschi**), peach tree
pezzo, piece
piacere* (*vb.*), to please
piacere (*m.*), pleasure
  per piacere, please
piacevole, pleasant
piangere, to weep, to cry
pianista (*m. of f.*), pianist
piano, floor, storey
pianoforte (*m.*), piano
pianta, plant
piattino, saucer, side-plate
piatto, plate, dish
piazza, square
piccolo, small, little
piede (*m.*), foot
pieno, full
pietra, stone
Pietro, Peter
pigliare (*popular*), to take, catch
pigro, lazy
pineta, pine wood
pioggia, rain
pipa, pipe
piramide (*f.*), pyramid
piroscafo, steamer
piscina, swimming pool
pisello, pea
pittore (*m.*), painter
pittura, painting (the art of)
più, more
placido, placid
poco(a), little, **pochi(e),** few; **un poco di** (or **un po' di**), a little, a few
podere (*m.*), farm
poeta (*m.*), **poetessa** (*f.*), poet
poi, then, afterwards, next
  pollo, chicken
polmone (*m.*), lung
polso, wrist
poltrona, armchair
pomeriggio, afternoon
pomodoro, tomato
ponte (*m.*), bridge
porcellana, porcelain, china

porta principale, main door
portare, to carry, to bring, to take
porto, harbour, port
porzione (*f.*), portion, share
posizione (*f.*), position
possibile, possible
posta, post
postino, postman
posto, place
potere*† (*irr.*), to be able
povero, poor
pranzare, to have lunch
pranzo, lunch
pratico, practical
prato, meadow, lawn
precedere, to precede
preciso, precise
preferire, to prefer
pregare, to pray
prego! don't mention it!
prendere, to catch, to take
preparare, prepararsi (+ **a** *before infinitive*), to prepare (*oneself*)
presentare, to present **presente** (*adj.*), present
prestare, to lend
presto, soon, quick
prezioso, precious
prezzo, price
primavera, spring
primo, first
principale, principal, main
probabile, probable
professore (*m.*), **professoressa** (*f.*), professor
profondo, deep, profound
profumo, perfume
programma (*m.*), programme
progresso, progress
fare dei progressi, to make progress
pronto, ready: hello (*telephone*)
pronunciare, to pronounce
proprio, own
prosciutto, ham
prossimo, next
provare, to prove
provincia, province
pubblico, public

pulcino, chick
pulire, to clean
pulpito, pulpit
può darsi (+ **che** + *subjunctive*), perhaps
pure, also, too
puro, pure

Q

quaderno, exercise book
quadrato, square
quadro, picture
qualche, some
quale, which, what
quanto? how much?
quaranta, forty
quarantuno, forty-one
quartiere (*m.*), district
quarto, fourth
quasi, almost
quattordici, fourteen
quattro, four
quello, that
quercia, oak, oak-tree
questo, this
qui, here
quindici, fifteen
quinto, fifth

R

raccontare, to relate, to tell (*a story*)
radio (*f.*), radio, wireless
ragazzo, -a, boy, girl
raggiungere (+ *obj.*), to reach
ragione (*f.*), reason
rallentare, to slow down
rapido, fast
rappresentare, to represent
raro, rare
re (*m.*), king
recente, recent
regalo, present, gift
regina, queen
regione (*f.*), region
remare, to row
resistere (+ **a**), to resist
respirare, to breathe

restare, to remain, to stay
rete (*f.*), net; luggage rack
ricchezza, wealth
ricco, rich
ricevere, to receive
riconoscere, to recognise
ricordo, souvenir
ridere (*irr.*), to laugh
ridicolo, ridiculous
rifiutare, to refuse
ringraziare, to thank
ripetere, to repeat
riservare, to reserve
riso (*pl.,* **risi**—*m.*), rice
riso (*pl.,* **risa**—*f.*), laughter
risotto, rice dish
rispondere, to answer, reply
  rispondere di, to answer for
risposta, answer
ristorante (*m.*), restaurant
riunire, to assemble
riva, shore
rivedere, to see again
La Riviera, riviera
Riviera di Levante, eastern Riviera
Riviera di Ponente, western Riviera
rivista, magazine
Roma, Rome
romanesco, Roman style
romano, Roman
romanzo, novel
rosa, rose
rosso, red
rotondo, round
rumore (*m.*), noise

S

sabato, Saturday
sabbia, sand
sala, room
sala d'aspetto (*or* **d'attesa**), waiting-room
sala da pranzo, dining-room
sale (*m.*), salt
salire, to ascend
salita, ascent
salotto, drawing-room, lounge

salsa, sauce
saltare*†, to leap, jump
salute (*f.*), health
salvare, to rescue, save
sangue (*m.*), blood
sano, sound, healthy
santo, saint, holy
sapere, to know (*a fact*)
sapone (*m.*), soap
sapore (*m.*), taste
Sardegna, Sardinia
sbaglio, mistake
sbarcare*†, to land
scala, stair
scarpa, shoe
scatola, box
scegliere (*irr.*), to choose, select
scena, scene, stage
scendere*, to descend
sciampagna, champagne
sciarpa, scarf
scivolare*†, to slide, to slip
scompartimento, compartment
  (*railway*)
scrittore (*m.*), writer
scrivere, to write
scultore (*f.* **-trice**), sculptor,
  sculptress
scuola, school
scuro, dark
scusare, to excuse
  mi scusi, excuse me
se, if
sè, himself, herself, itself, oneself, yourself (*polite*), yourselves (*polite*),
  themselves
  secolo, century
secondo, second
sedere, sedersi, to sit
sedia, chair
sedia a sdraio, deckchair
sedici, sixteen
segno, sign, mark
seguire, to follow
sei, six
sembrare* to seem, appear
semplice, simple
sempre, always

sentiero, footpath
sentimento, sentiment
senza, without
separare, to separate
sera, evening
  buona sera, good evening
servire, to serve, to be useful
sessanta, sixty
sessantuno, sixty-one
sesto, sixth
seta, silk
settanta, seventy
settantuno, seventy-one
sette, seven
settembre (*m.*), September
settentrionale, northern
settentrione (*m.*), north
settimana, week
settimo, seventh
sguardo, glance, look
si, (to/for) himself, herself, oneself,
  yourself (*polite*), yourselves (*polite*),
  themselves
sì, yes
Sicilia, Sicily
sicuro, safe, certain
sigaretta, cigarette
signor, Mr.
signora, madam, Mrs.; lady
signore, sir; gentleman
signorina, Miss
silenzio, silence
sinistro, left
  a sinistra, to the left
situato, situated
soffiare, to blow
sogliola, sole (*fish*)
sogno, dream
sole (*m.*), sun
solito, usual
soltanto, only
somaro, donkey
sonno, sleep
sopra, on, upon
sorbire, to sip
sorella, sister
sorellina, little sister
sorpresa, surprise

sotto, under
sottopassaggio, subway
Spagna, Spain
spagnolo, Spanish
spago, string
spalla, shoulder
spandere, to spread out
specchio, mirror
specialmente, especially
spendere, to spend
spesso, thick, frequent, often, frequently
spettacolo, show
spiaggia, beach
spillo, pin
spinaci (*m. pl.*), spinach
splendere*, to shine
sportello, ticket-window
stagione (*f.*), season
stanco, tired
stanza, room
stanza da bagno, bathroom
stare* (*irr.*), to stay, be
stato (*noun*), state
stato (*p.p.* **stare**), been
statua, statue
stazione (*f.*), station
Stefano, Stephen
stella, star
stesso (**a**), same
stile (*m.*), style
stirare, to press; to iron
strada, road
strega, witch
stretto, narrow
studente, studentessa, student
studiare, to study
su, on
sud, south
sugo, juice, gravy
suo, his, her
suonare, to sound, to play (*instrument*)
superbo, proud, superb
Svizzera, Switzerland

T

tappa, halting place

tappeto, carpet, rug
tardi, late
tassì (*m.*), taxi
tavolo, table
tazza, cup
tè (*m.*), tea
teatro, theatre
tedesco (*pl.* **tedeschi**), German
telefono, telephone
telegramma (*m.*), telegram
televisione (*f.*), television
temere, to fear
temperino, penknife
tempo, time
temporale (*m.*), storm
tenere, to hold, to keep
tenero, tender
terra, land
terzo, third
tesoro, treasure
testa, head
tetto, roof
ti, you
timido, timid
tirare, to draw, pull, shoot
tirreno, Tyrrhenian
Torino, Turin
torre (*f.*), tower
Torre Pendente, Leaning Tower (Pisa)
torta, cake
Toscana, Tuscany
toscano, Tuscan
tovaglia, tablecloth
tovagliolo, serviette, napkin
tramonto, sunset
tranquillo, tranquil, still, calm
traversata, crossing
tre, three
tredici, thirteen
treno, train
trenta, thirty
trentuno, thirty-one
triglia, mullet
triste, sad
troppo, too, too much
trovare, to find
tu, thou, you

tuffo, plunge, dive
tuo, thy, your
turista (*m.* or *f.*), tourist
tutto, all

U

uccello, bird
udito, hearing
ufficio, office
ultimamente, lately
ultimo, last
umano, human
umore (*m.*), humour
undicesimo, eleventh
undici, eleven
università (*f.*), university
uno, one
uomo (*pl.* **uomini**), man
uovo (*pl.* **uova**), egg
usanza, custom, usage
uscita, exit
utile, useful
uva (*f. sing.*), grapes (*collective*)

V

vacanza or **vacanze** (*f. pl.*), holiday(s)
vagone ristorante, dining car (*railway*)
valido, valid
valigia, suitcase
valle (*f.*), valley
vaporetto, steamer
varietà, variety
vario, various
vaso, vase
vecchio, old
vedere (*irr.*), to see
veduta, view, vista
vela, sail
velocità (*f.*), speed
vendere, to sell
venerdì (*m.*), Friday
Venezia, Venice
ventesimo, twentieth
venti, twenty

ventitreesimo, twenty-third
vento, wind
ventuno, twenty-one
veramente, really
verde, green
verità (*f*), truth
vero, true
versare, to pour
verso, toward
vestibolo, hall, vestibule
vestire: , to dress
vetrina, shop window
vetro, glass
vettura, carriage
vi, there; (*pers. pron.*) you, to you
via, street, road
viaggiare, to travel
viaggiatore (*m.*), passenger, traveller
viaggio, journey
viale (*m.*), avenue
vicino, near
vietato, forbidden
vigna, vineyard
villa, country house, villa
villaggio, village
vincere, to win, overcome
vino, wine
violetta, violet
violinista (*m.* or *f.*), violinist
violino, violin
virtù (*f.*), virtue
visibile, visible
visita, visit, medical examination
visitare, to visit
viso, face
vista, view, sight
vivace, lively
vivere*†, to live
vivo, alive, lively
voce (*f.*), voice
voglia, desire, longing
voi, you
volere*†, to want
volta, time, turn
   una volta, once
   due volte, twice
voltare, to turn
volume (*m.*), volume

vostro, your, yours
vuoto, empty

Z

zanzara, mosquito
zero, zero

zia, aunt
zio, uncle
zitto, silent
zoccolo, wooden shoe, clog, hoof
zucchero, sugar
zucchino, courgette

ENGLISH-ITALIAN VOCABULARY

A

able, to be, potere*†
about, circa
abroad, all'estero
address, indirizzo
admire, ammirare
Adriatic, Adriatico
aeroplane, aeroplano
after, dopo
afternoon, pomeriggio
afterwards, poi
again, di nuovo, ancora
age, età (f.)
agitated, agitato
air, aria
allow, permettere
almost, quasi
alphabet, alfabeto
Alps, Alpi (f. pl.)
already, già
also, anche, pure
always, sempre
amusement, divertimento
ancient, antico
and, e, ed (before vowel)
Andrew, Andrea
anglican, anglicano
animal, animale (m.)
ankle, caviglia
Ann, Anna
answer, rispondere (+a); risposta
  (noun)
answer for, rispondere di
Anthony, Antonio
anxious, ansioso
any, qualsiasi (+sing.)
appear, sembrare*
appetite, appetito
apple, mela
apply, applicare
apricot, albicocca

April, aprile (m.)
arcade, galleria
arm, braccio (f. pl. braccia)
armchair, poltrona
around, intorno (+a)
arrival, arrivo
arrive, arrivare*
art, arte (f.)
article, articolo
as, così
ascend, salire*
ascent, salita
ash, cenere (f.)
ask, domandare, chiedere (+a)
assemble, riunire
at, a, ad (before vowel)
attentively, attentamento
audacity, audacia
August, agosto
aunt, zia
Austria, Austria
autumn, autunno
avenue, viale (m.)
average, medio (adj.); la media (noun)
avoid, evitare

B

baby, bambino
bad, cattivo
badly, male
baker, panettiere, fornaio
balcony, balcone (m.)
banana, banana
bank, banca
baptistry, battistero
bar, bar (m.) (pl. i bar)
basilica, basilica
basket, cestino
bath, bagno
bathroom, stanza da bagno
be, essere*

beach, spiaggia
beautiful, bello
become, diventare*
bed, letto
bedroom, camera
beef, manzo
beefsteak, bistecca
beer, birra
begin, cominciare (+ a *before infinitive*)
behind, dietro
Belgium, Belgio
believe, credere
bell, campana
bell tower, campanile (*m.*)
Berlin, Berlino (*f.*)
better, migliore (*adj.*); meglio (*adv.*)
between, fra, tra
bicycle, bicicletta
big, grande
bill, conto
bird, uccello
birthday, compleanno
biscuit, biscotto
bitter, amaro
black, nero
blond, biondo
blood, sangue (*m.*)
blow (*vb.*), soffiare
blue, azzurro
blue (*pale*), celeste
boat, barca
boiled, boiled meat, lesso
bone, osso (*pl.* gli ossi *when non-human,* le ossa *when human*)
book, libro
born, to be, nascere*
borrow, prendere in prestito
both, tutti e due
bottle, bottiglia
box, scatola
boy, ragazzo
brass, ottone (*m.*);
gli ottoni (= *brass sechon of orchestra*)
bread, pane (m.)
bread-roll, panino
bracelet, braccialetto
breakfast, (prima) colazione
breathe, respirare

brick, mattone (*m.*)
bridge, ponte (*m.*)
Bridge of Sighs, Ponte dei Sospiri
brief, breve
bring, portare
broth, brodo
brother, fratello
brother-in-law, cognato
brown, bruno
build, costruire
building, edificio, palazzo
busy, occupato, indaffarato
but, ma, però
butcher, macellaio
butcher's shop, macelleria
butter, burro
butterfly, farfalla
buy, comprare
by, da
Byzantine, bizantino

C

cabbage, cavolo
cabin, cabina
café, caffè (*m.*) (*pl.* i caffè)
cake, torta
calendar, calendario
calf, vitello
call, chiamare
to be called, chiamarsi
calm, calmo, tranquillo
camera, macchina fotografica
canal, canale (*m.*)
capital, capitale (*f.*)
cardinal, cardinale
carnation, garofano
carpet, tappeto
carriage, carrozza
carry, portare
castle, castello
cat, gatto
catch, prendere, pigliare (*popular*)
cathedral, cattedrale (*f.*) (*in general*);
duomo (*the principal city cathedral*)
Catherine, Caterina
catholic, cattolico
cause, causa

central, centrale
century, secolo
certain, certo
chair, sedia
chalk, gesso
chambermaid, cameriera
champagne, sciampagna
change, cambiare (*vb.*); cambio (*noun*)
Channel (**English**), Manica
chapel, cappella
chapter, capitolo
Charles, Carlo
charming, incantevole
chat, chiacchierare
chauffeur, autista (*m.* and *f.*)
check, controllo
cheek, guancia
cheese, formaggio
chemist, farmacista (*m.* and *f.*)
chemist's shop, farmacia
cheque, assegno
traveller's cheque, assegno turistico
cherry, ciliegia
chestnut, castagna, marrone (*m.*)
chew, masticare
chick, pulcino
chicken, pollo
child, bambino, fanciullo
chin, mento
china, porcellana
chocolate, cioccolata
choose, scegliere
Christmas, Natale (*m.*)
church, chiesa
cigarette, sigaretta
cinema, cinema (*m.*)
class, classroom, classe (*f.*)
clean, pulire
clearly, chiaramente
climate, clima (*m.*)
clog (*wooden shoe*), zoccolo
close, chiudere (*vb*); vicino (*adv.*)
closed, chiuso
clothes, abiti, vestiti (*m. pl.*)
cloud, nuvola
coach, vagone (*m.*), carrozza
coast, costa
coat, abito, giacca
cock, gallo

coconut, noce (*f.*) di cocco
cod, merluzzo
coffee, caffè (*m.*) (*pl.* i caffè)
cold, freddo; (*noun and adj.*); raffreddore (*m.*)
collar, colletto
Colosseum, Colosseo
colour, colore (*m.*)
column, colonna
comfortable, comodo
commence, cominciare
communication, comunicazione(*f.*)
compartment, scompartimento
complete, completare
consist (**of**), consistere* (in)
continent, continente (*m.*)
continually, continuamente
contrary, on the, anzi
converse, conversare
cook (*vb.*), cucinare
cooked, cotto
cool, fresco
corner, angolo
cost, costare*
costume, costume (*m.*)
cotton, cotone (*m.*)
country, campagna
court, corte (*f.*), cortile (*m.*)
cousin, cugino
cover, coprire
cow, mucca
cream, panna, crema
cross, croce (*f.*); attraversare (*vb.*)
crossing, traversata
cry, piangere
cup, tazza
cupboard, armadio
custom, usanza
customs, dogana
customs officer, doganiere (*m.*)

D

daddy, babbo
dairy, latteria
daisy, margheritina

dance, ballare
dare, osare (*without a before infinitive*)
daring, audace
dark, scuro
daughter, figlia
daughter-in-law, nuora
day, giorno
dear, caro, costoso
December, dicembre (*m.*)
decide, decidere
deck, ponte (*m.*), coperta
deckchair, sedia a sdraio
deep, profondo
definite, definito
delicious, delightful, delizioso, incantevole
departure, partenza
descend, scendere*
desk, banco, scrivania
dictate, dettare
dictation, dettato
dictionary, dizionario
die, morire*
different, differente, direrso
difficult, difficile
dine, cenare
dining car, vagone ristorante (*m.*)
dining-room, sala da pranzo
dinner, cena
direction, direzione (*f.*)
disappointed, deluso
distance, distanza
distant, lontano, distante
district, quartiere (*m.*)
disturb, disturbare
disturbance, disturbo
divide, dividere
do, fare; see also Lesson V, Conjugation of Regular Verbs, Note
doctor, medico
dog, cane (*m.*)
doll, bambola
dome, cupola
donkey, ciuco, asino, somaro
door, porta
doorbell, campanello
down, giù
door (*carriage*), sportello
draw, tirare

dream, sogno
dress, vestire (*vb.*); abito (*noun*)
drink, bere (*vb.*); bibita, bevanda (*noun*)
dry, arido, secco
duck, anitra, anatra
dumpling, gnocco

E

each, ciascuno
each one, ognuno
ear, orecchio
early, presto
east, est, oriente (*m.*)
Easter, Pasqua
eastern, orientale
eastern Riviera, Riviera di Levante
easy, facile
eat, mangiare
egg, uovo (*pl.* le uova)
eight, otto
eighteen, diciotto
eighth, ottavo
eighty, ottanta
either, o
either...or, o...o
elbow, gomito
electric, elettrico
elegant, elegante
eleven, undici
eleventh, undicesimo
Elizabeth, Elisabetta
empty, vuotare (*vb.*); vuoto (*adj.*)
enchanting, incantevole
end, fine (*f.*)
enemy, nemico
England, Inghilterra
English, inglese
enjoy, godere
enter, entrare
enjoy oneself, divertirsi
enter, entrare* (+in)
entrance, entrata, ingresso
entrance hall, atrio
envelope, busta
Epiphany, Epifania
era, epoca, era
erase, cancellare
especially, specialmente

etcetera, eccetera (ecc.)
eternal, eterno
Europe, Europa
even, perfino (*emphatic*)
evening, sera
every, ogni
everyone, ognuno, tutti
everywhere, dappertutto
exaggerate, esagerare
examination, esame (*m*) **medical examination,** visita medica
example, esempio
excited, eccitato
excursion, gita, escursione (*f.*)
excuse, scusare
exercise book, quaderno
exihibition, mostra
exit, uscita
exterior, esterno
eye, occhio
eyelash, ciglio (*pl.* le ciglia)

F

façade, facciata
face, faccia, viso
factory, fabbrica
fall, cadere*
family, famiglia
fantastic, fantastico
far, lontano
farm, fattoria
fast, rapido
father, padre
favour, favore (*m.*)
fear, temere, aver paura (*vb.*); paura (*noun*)
feast, festa
feel, sentire (*trans.*), sentirsi (*intrans.*)
February, febbraio
fertile, fertile
few, pochi (e); **a few,** un po' di, qualche (+ *sing.*)
field, campo
fifteen, quindici
fifth, quinto
fifty, cinquanta
final, finale

find, trovare
finger, dito (*f.pl.*) le dita
finish, finire
fire, fuoco
first, primo
fish, pesce (*m.*)
fishmonger, pescivendolo
five, cinque
flask, fiasco, fiaschetto
floor, piano, pavimento
Florence, Firenze (*f.*)
flower, fiore (*m.*)
fly, mosca
fog, nebbia
follow, seguire
food, cibo
foot, piede (*m.*)
footpath, sentiero
for, per
forbidden, vietato
forehead, fronte (*f.*)
foreigner, forestiero, straniero
forest, bosco, foresta
forget, dimenticare
fork, forchetta
forty, quaranta
forum, foro
fountain, fontana
four, quattro
fourteen, quattordici
fourth, quarto
France, Francia
Francis, Francesco
free, libero
French, Francese (*noun*)
French bean, fagiolino
frequent, frequente
fresh, fresco
Friday, venerdì (*m.*)
fried, fritto
friend, amico
from, da
fruit (*collective*), frutta, (*pl.* le frutta)
fruiterer, fruttivendolo
fruit salad, macedonia di frutta
full, pieno
furniture (*collective*), mobilio
future, futuro, avvenire (*m.*)

G

gallery, galleria
garden, giardino
gay, gaio
general, generale
generosity, generosità (*m.*)
Genoa, Genova
gentle, gentile
George, Georgio
Germany, Germania
German, Tedesco (*noun*)
girl, ragazza
give, dare
glad, contento
glance, sguardo, occhiata
glass, vetro
glass (*drinking*), bicchiere (*m.*)
glide, scivolare*†
glove, guanto*†
go, andare*
gold, oro
goldsmith, orefice (*m.*)
gondola, gondola
gondolier, gondoliere (*m.*)
good, buono
good! splendid! bravo!
goodbye, arrivederci; ciào (*colloq.*)
goose, oca
Gothic, gotico
grammar, grammatica
Grand Canal, Canal Grande (*m.*)
grandfather, nonno
grandmother, nonna
grapes (*collective*), uva (*f. sing.*)
great, grande
green, verde
guard, bigliettaio
guide, guidare (*vb.*); guida (*f.*), cicerone (*m.*) (*noun*)

H

hair, capelli (*m. pl.*)
half, mezzo (*adj.*); metà (*f.*) (*noun*)
hall, vestibolo
ham, prosciutto
hand, mano (*f.*) (*pl.* le mani)
handkerchief, fazzoletto

harbour, porto
hat, cappello
have, avere
he, egli, lui, esso
head, capo, testa
health, salute (*f.*)
hear, sentire
hearing, udito
heart, cuore (*m.*)
heavy, pesante
help, aiutare
hen, gallina
Henry, Enrico
her, lei, la, (*pron.*); suo (sua, sue, suoi) (*adj.*)
here, qui, qua,
here is, here are, ecco
herself, se, se stessa, lei stessa
high, alto
hill, collina
him, lo, lui
himself, sè, egli stesso, lui stesso
his, suo (sua, suoi, sue)
hold, tenere
holiday, festa, vacanza
holy, santo
honest, onesto
hoof, zoccolo
hope, sperare (*vb.*); speranza (*noun*)
horse, cavallo
hot, caldo
hotel, albergo
hour, ora
house, casa
house (*country*), villa
how, come
however, però, comunque
how much (many)? quanto (a) (quanti, -e)?
human, umano
humour, umore (*m.*)
hundred, cento
hungry, to be, aver fame, appetito
husband, marito

I

I, io
ice, ghiaccio

ice-cream, gelato
idea, idea
idle, ozioso
if, se
illuminated, illuminato
imagine, immaginare, immaginarsi
  imagination, fantasia
imitate, imitare
immense, immenso
important, importante
impression, impressione (*m.*)
in, in
in fact, difatti, anzi
incite, incitare (+**a** *before infinitive*)
incitement, incitamento
indeed, infatti
industry, industria
inform, informare
information, informazioni (*f.pl.*)
inhabitant, abitante (*m.* and *f.*)
ink, inchiostro
inside, dentro
inspection, controllo
inspector, controllore (*m.*)
install, installare
interesting, interessante
interior, interno
invite, invitare (+**a** *before infinitive*)
iron, stirare
is, è
island, isola
it, esso, essa, lo, la, lui, lei
  of it, ne
Italian, Italiano (*noun*); italiano (*adj.*)
Italy, Italia
itinerary, itinerario
itself, si, se, se stesso, se stessa

J

jacket, giacca
jam, marmellata
James, Giacomo
January, gennaio
jeweller, gioielliere (*m.*)
jockey, fantino
John, Giovanni
Joseph, Giuseppe

journey, viaggio
joy, gioia
Jugoslavia, Iugoslavia
juice, sugo
July, luglio
jump, saltare*†
June, giugno
just, giusto

K

keep, conservare, tenere
key, chiave (*f.*)
kind, gentile
king, re (*m.*) (*pl.* i re)
kiss, baciare (*vb.*); bacio (*noun*)
kitchen, cucina
knee, ginocchio (*pl.* le ginocchia)
knife, coltello
know (*fact*), sapere
know (*acquaintance*), conoscere

L

lake, lago
lamb, agnello
lamp, lampada
land, sbarcare*† (*vb.*); terra (*noun*)
landscape, paesaggio
language, lingua
large, grande
last, durare* (*vb.*); ultimo (*adj.*)
late, tardi
lately, ultimamente
laugh, ridere
lazy, ozioso, pigro
leaf, foglia
leaning, pendente
leap, saltare*†
learn, imparare (+**a** *before infinitive*)
leather, pelle (*f.*), cuoio
leave, lasciare, partire*
left, sinistro (*adj.*); la sinistra (*noun*)
  on the left, a sinistra, sulla sinistra
leg, gamba
lemon, limone (*m.*)
lemonade, limonata
lemon juice (una) spremuta di
  limone

lend, prestare
less, meno
lesson, lezione (*f.*)
let, affittare (*lease*), lásciare (*allow*)
letter, lettera
library, biblioteca
life, vita
lift, ascensore (*m.*)
light, luce (*f.*), lume (*m.*) (*noun*); leggero (*adj.*)
lily, giglio
limb, membro (*pl.* le membra)
limpid, límpido
lip, labbro (*pl.* labbra)
liquor, liquore (*m.*)
listen (to) ascoltare
literature, letteratura
little, piccolo (*adj.*); poco (*adv.*)
a little, un poco di, un po'di
live (*dwell*), abitare (*usually* +**a**)
live (*noun*), to be alive, vivere*
local, local
London, Londra
long, lungo
look (at), guardare
look (*for*), cercare
look (*noun*), sguardo
lose, perdere
loss, perdita
Louis, Luigi
lounge, salotto
love, amare (*vb.*); amore (*m.*) (*noun*)
low, basso
luggage, bagaglio
luggage rack, rete (*f.*)
lunch, pranzo
   to have lunch, pranzare
lung, polmone (*m.*)

M

machine, macchina
Madam (Mrs.), signora
magazine, rivista
magnificent, magnifico
main, principale
major, maggiore
make, fare

Mamma, mamma
man, uomo
manner, modo
map, carta geografica
marble, marmo
March, marzo
Margaret, Margherita
Marius, Mario
mark (*sign*), segno
Mark, Marco
market, mercato
marmalade, marmellata d'arance
marrow (*vegetable*), zucca
Martin, Martino
marvel, meraviglia
Mary, Maria
mass, messa
master, maestro
masterpiece, capolavoro (*pl.* capolavori)
match, cerino
May, maggio
me, mi, me
meadow, prato
meantime, meanwhile, intanto
meat, carne (*f.*)
medicine, medicina
medieval, medievale
Mediterranean, Mediterraneo
meet, incontrare
melody, melodia
melon, melone (*m.*)
metal, metallo
Michael, Michele
midday, mezzogiorno
middle, mezzo
midnight, mezzanotte (*f.*)
Milan, Milano (*f.*)
mild, mite
mile, miglio (*pl.* le miglia)
milk, latte (*m.*)
million, milione (*m.*)
mine, mio (mia, miei, mie)
mint, menta
minute, minuto
miracle, miracolo
mirror, specchio
Miss, signorina

mistake, sbaglio
mobile, mobile
modern, moderno
Monday, lunedì (m.)
money, denaro, soldi (m.pl. pop.)
month, mese (m.)
moon, luna
more, più
morning, mattina
mosaic, mosaico
mosquito, zanzara
mother, madre (f.)
motorboat, motoscafo
mountain, montagna
mouth, bocca
Mr., Signor, il signor . . .
much, molto
mule, mulo
mullet, triglia
museum, museo
musical, musicale
my, mio (mia, miei, mie)
myself, mi, me stesso (-a)
mysterious, misterioso

N

name, nome (m.)
namely, cioè
Naples, Napoli
narrate, narrare
narrow, stretto
natural, naturale
naughty, cattivo
near, vicino
neck, collo
need, aver bisogno di (vb.); bisogno (noun)
net, rete (f.)
new, nuovo
newsagent, giornalaio
newspaper, giornale (m.)
next, venturo, prossimo (adj.); poi (adv.)
night, notte (f.)
nine, nove
nineteen, diciannove
ninety, novanta

ninth, nono
no, no
noise, rumore (m.)
north, nord, settentrione (m.)
northern, settentrionale
nose, naso
not, non; **not any,** nessuno (-a)
note, notare
nothing, niente, nulla (m.)
notice, notare (verb); avviso (noun)
novel, romanzo
November, novembre (m.)
now, ora, adesso
  by now, ormai, oramai
number, numero
numerous, numeroso
nut, noce (f.)
nylon, nailon (m.)

O

oak, quercia
object, oggetto
observe, osservare
obtain, ottenere
occasion, occasione (f.)
October, ottobre (m.)
of, di
offer, offrire
office, ufficio
often, spesso, frequentemente
oil, olio
old, vecchio
oleander, oleandro
olive, olivo
omelette, frittata
on, sopra, su; see also Lesson VIII, Dates
one, uno, una
oneself, si, se stesso, se stessa
onion, cipolla
only, soltanto, solo, solamente, non . . . che
open, aprire
or, o; **either . . . or,** o . . . o
orange, arancia
orangeade, aranciata
orchestra, orchestra

order, ordinare
ordinal, ordinale
original, originale
other, altro
otherwise, altrimenti
our, nostro
outside, fuori
own, proprio
ox, bue (*m.*)
oxen, buoi (*m. pl.*)

P

Padua, Padova
page, pagina
pain, dolore (*m.*)
painter, pittore (*m.*)
painting (the art of), pittura
pair, paio (*pl.* le paia)
palace, palazzo
palm, palma
panorama, panorama
paper, carta
paradise, paradiso
parcel, pacco
parent, genitore (*m.*)
Paris, Parigi (*f.*)
park, parco
Parmesan, parmigiano
parrot, pappagallo
part, parte (*f.*)
particular, particolare
party, festa
pass, passare* †
passage, corridoio
passenger, passeggiero, viaggiatore (*m.*)
passport, passaporto
past, passato, scorso
paste (*dough*), pasta
patient, paziente
Paul, Paolo
pavement, marciapiede (*m.*) (*pl.* i marciapiedi)
paw, zampa
pay, pagare
pea, pisello
peach, pesca

pear, pera
peasant, contadino
pen, penna
pencil, matita
peninsula, penisola
penknife, temperino
people, gente (*f.*)
pepper, pepe (*m.*)
perfect, perfetto
perfume, profumo
perhaps, forse (+*indicative*), puo darsi che (+*subjunctive*)
permission, permesso
permit, permettere
person, persona
personal, personale
Peter, Pietro
petrol, benzina
photograph(y), fotografia
piano, pianoforte (*m.*)
pianist, pianista (*m.* and *f.*)
picture, quadro
piece, pezzo
pier, molo
pig, maiale
pillow, guanciale (*m.*)
pin, spillo
pinewood, pineta
pipe, pipa
place, mettere (*vb.*); luogo, posto (*noun*)
placid, placido
plant, pianta
plate, piatto
platform, marciapiede (*m.*) (*pl.* i marciapiedi); (*railway*) binario
play (*games*), giocare
pleasant piacevole
please (*vb.*), piacere*
please, per piacere, per favore
pleased (*with*), contento (di)
poet, poeta (*m.*)
poor, povero
poppy, papavero
porcelain, porcellana
porter, facchino
portion, porzione (*f.*)
position, posizione (*f.*)

possible, possibile
post, posta
postcard, cartolina
potato, patata
pour, versare
practical, pratico
precious, prezioso
precise, preciso
prefer, preferire
prepare, preparare; (*get ready*) prepararsi (+ **a** *before infinitive*)
present, presentare (*vb.*); presente (*adj.*)
present (*gift*), regalo, dono
press, stirare
price, prezzo
principal, principale
probable, probabile
proceed, procedere
professor,   professore (*m.*),professoressa (*f.*)
profound, profondo
programme, programma (*m.*) (*pl.* i programmi)
progress, progresso
     to make progress, far dei progressi
pronounce, pronunciare
pronunciation, pronuncia
proud, superbo
prove, provare
proverb, proverbio
province, provincia
public, pubblico
pull, tirare
pulpit, pulpito
pupil, alunno (-a), allievo
put, mettere
pyramid, piramide (*f.*)

Q

quay, molo
queen, regina
question, domanda
queue, fila, coda
queue (*vb.*), far la coda, fila
quick, presto

quiet, zitto, tranquillo, silenzioso
quite, assai

R

rabbit, coniglio
race, gara
radio, radio (*f.*) (*pl.* le radio)
railway, ferrovia
railway-line, binario
rain, pioggia
raise, alzare; (*get up*) alzarsi
rare, raro
raspberry, lampone (*m.*)
raw, crudo
reach, raggiungere (+ *direct obj.*)
read, leggere
ready, pronto
really, veramente
reason, ragione (*f.*)
receive, ricevere
recognise, riconoscere
red, rosso
refuse, rifiutare
     refuse to do something, rifiutarsi di fare qualcosa
region, regione (*f.*)
relate (*a story, etc.*), raccontare
relative, parente (*m.* and *f.*)
remain, restare*, rimanere*
repeat, ripetere
reply, rispondere
represent, rappresentare
rescue, salvare
reserve, riservare
resist, resistere (**ta**)
rest, riposarsi
restaurant, ristorante (*m.*)
retain, conservare
return, (ri) tornare*
Rialto Bridge (Venice), Ponte di Rialto
rice, riso
rich, ricco
right, destro
ring, suonare (*vb.*); anello (*noun*)
river, fiume (*m.*)
road, via, strada

roast, arrosto
Robert, Roberto
Roman, romano
Rome, Roma
roof, tetto
room, sala, stanza
rose, rosa
rough (*of sea*), mosso
round, rotondo
row, remare (*vb.*); fila (*noun*)
rug, tappeto

S

sad, triste
safe, sicuro
sail, vela
saint, santo
salad, insalata
salt, sale (*m.*)
same, stesso
sand, sabbia
Sardinia, Sardegna
satisfied, soddisfatto
Saturday, sabato
sauce, salsa
saucer, piattino
save, salvare
say, dire
scarf, sciarpa
scene, scena
school, scuola
sculptor, scultore (*m.*)
sea, mare (*m.*)
seashore, marina
season, condire (*vb.*); stagione (*f.*, *noun*)
second, secondo
second-hand, di seconda mano
see, vedere
seem, sembrare
select, scegliere
sell, vendere
send, mandare, spedire
sentence, frase (*f.*)
sentiment, sentimento
separate, separare
September, settembre (*m.*)

servant, domestico
serve, servire
serviette, tovagliolo
seven, sette
seventeen, diciassette
seventh, settimo
seventy, settanta
several, alcuni (e)
shade, ombra
she, ella, essa, lei
sheet, lenzuolo
sheet of paper, foglio
shine, splendere*†
ship, nave (*f.*)
shoe, scarpa
shoot, tirare (*intrans.*), sparare (+ **a**)
shop, negozio, bottega
shore, riva
short, corto, breve
shoulder, spalla
shout, gridare
show, mostrare (*vb.*): spettacolo (*noun*)
Sicily, Sicilia
sick, ammalato, malato
sideboard, credenza
side-plate, piattino
sigh, sospiro
sign, segno
silence, silenzio
silk, seta
silver, argento
simple, semplice
sing, cantare
sip, sorbire
sister, sorella
sister-in-law, cognata
sit, sedere, sedersi
situated, situato
six, sei
sixteen, sedici
sixth, sesto
sixty, sessanta
skin, pelle (*f.*)
sky, cielo
sleep, dormire (*vb.*); sonno (*noun*)
slide, slip, scivolare*†
slow, lento
slow down, rallentare

small, piccolo
smell, odorare (*vb.*); odore (*noun*)
smoke, fumare
snow, nevicare (*vb.*); neve (*f., noun*)
so, così
soap, sapone (*m.*)
sole (*fish*), sogliola
some, alcuno(-a,-i,-e); qualche (+ *sing.*)
sometimes, qualche volta
son, figlio
son-in-law, genero
soon, presto
sound, suono
south, sud, mezzogiorno
southern, meridionale
souvenir, ricordo
Spain, Spagna
Spanish, spagnolo
speak, parlare
spectacles, occhiali (*m.pl.*)
speed, velocità (*f.*)
spend, spendere (*money*); passare (+ avere) (*time*)
spinach, spinaci (*m. pl.*)
spire, guglia
splendid! bravo!
spoon, cucchiaio
spring, primavera
square (*geometrical*), quadrato
square, piazza
stage, scena
stair, scala
stamp, francobollo
star, stella
state, stato
station, stazione (*f.*)
station master, capostazione (*m.*) (*pl.* capistazione)
statue, statua
stay, (re) stare*, trattenersi (*vb.*); soggiorno (*noun*)
steamer, vaporetto, piroscafo
Stephen, Stefano
still, ancora (*adv.*); tranquillo (*adj.*)
stocking, calza
stone, pietra
stop, fermare, fermarsi (*vb.*); fermata (*noun*)

storey, piano
storm, temporale (*m.*)
story, racconto, storia
straw, paglia
strawberry, fragola
street, via
string, spago
strong, forte
student, studente (*m.*), studentessa (*f.*)
study, studiare (*vb.*); studio (noun)
style, stile (*m.*), moda (*dress*)
subway, sottopassaggio
sugar, zucchero
suitcase, valigia
summer, estate (*f., noun*); estivo (*adj.*)
sun, sole
suntanned, abbronzato
Sunday, domenica
sunset, tramonto
supper, cena
sure, certo
surprise, sorpresa
sweet, dolce (*adj.*); caramella (*noun*)
swim, nuotare (*vb.*); nuotata (*noun*)
swimming pool, piscina
swimsuit, costume (*m.*) da bagno
Switzerland, Svizzera

T

table, tavolo, tavola
tablecloth, tovaglia
tail, coda
take, prendere, pigliare (*popular*), portare
tale, racconto
tall, alto
tanned, abbronzato
taste, sapore (*m.*), gusto
taxi, tassì (*m.*)
tea, tè (*m.*)
teach, insegnare
tear, lacrima
teaspoon, cucchiaino
telegram, telegramma (*m.*)
telephone, telefono (*noun*); telefonare (+ a) (*vb.*)

television, televisione (*f.*)
tell, dire, raccontare
ten, dieci
tender, tenero
tenth, decimo
thank, ringraziare
thanks, ringraziamenti (*m. pl.*)
that, che, ciò, quello
that is to say, cioè
the, l', il, la, lo, i, le, gli
theatre, teatro
themselves, si, sè, se stessi, se stesse
then, allora, poi, dunque
there, là, lì, vi
therefore, dunque, perciò
they, loro, essi (-e)
thick, spesso, denso
thief, ladro
thing, cosa
think, pensare
third, terzo
thirteen, tredici
thirty, trenta
this, questo (*adj.*)
thou, tu
thought, pensiero
thousand, mille (*m.*) (*pl.* mila)
thread, filo
three, tre
throat, gola
through, per, attraverso
throw, buttare
Thursday, giovedì (*m.*)
thus, così
thy, tuo (tua, tue, tuoi)
ticket, biglietto
ticket-window, sportello
tie, cravatta
time, tempo, volta
timetable, orario
timid, timido
tired, stanco
to, a, ad
toast, brindare (*vb.*); brindisi (*m.*) (*noun*)
today, oggi
toffee, caramella
together, insieme

tomato, pomodoro (*pl.* pomodori *or* pomidoro)
tomorrow, domani
tongue, lingua
too anche
tooth, dente (*m.*)
tour, girare (*vb.*); giro, gita (*noun*)
touring car, pullman (*m.*)
tourist, turista (*m. and f.*)
toward, verso
towel, asciugamano
tower, torre (*f.*)
town, città (*f.*)
town hall, municipio, comune (*m.*)
train, treno
tranquil, tranquillo
traveller, viaggiatore (*m.*); (*f.* -trice)
treasure, tesoro
tree, albero
true, vero
truth, verità (*f.*)
try cercare (+ **di**), provare (+ **a**)
Tuesday, martedì (*m.*)
tumbler, bicchiere (*m.*)
tunnel, galleria
Turin, Torino
turn, girare
Tuscan, toscano
Tuscany, Toscana
twelve, dodici
twentieth, ventesimo
twenty, venti
two, due
Tyrrhenian, Tirreno

U

ugly, brutto
umbrella (*large*), ombrellone (*m.*)
uncertain, incerto
uncle, zio
under, sotto
understand, capire
ungrateful, ingrato
university, università (*f.*)
upon, sopra
us, ci, noi
useful, utile

useful, to be, servirè*, essere utili:
usual, solito
usually, di solito

V

vacant, libero
vacation, vacanza
valid, valido
valley, valle (f.)
variety, varietà (f.)
various, vario
vase, vaso
veal, vitello
vegetables (collective), verdura
Venice, Venezia
very, molto, assai
very good, ottimo
vestibule, vestibolo
Victor, Vittorio
view, veduta, vista
village, villaggio
vinegar, aceto
vineyard, vigna
violet, violetta
violinist, violinista (m. and f.)
visible, visibile
visit, visitare (vb.); visita (noun)
vivid, vivo
voice, coce (f.)
volume, volume (m.)

W

wait (for), aspettare
waiter, cameriere (m.)
waiting room, sala d'aspetto, sala d'attesa
waitress (maid), cameriera
walk, camminare, passeggiare (vb.); passeggiata (noun)
wall, muro, parete (f.)
want, volere*†, desiderare (vb.); bisogno (noun)
wardrobe, armadio
wash, lavare, lavarsi
watch, orologio
water, acqua

watermelon, cocomero
wave, onda
wax, cera
way, modo
we, noi
weak, debole
wealth, ricchezza
Wednesday, mercoledì (m.)
week, settimana
weep, piangere
welcome, gradito (adj.); benvenuto (noun and adj.)
well, pozzo (noun); bene, (adv. and noun)
west ovest (m.); occidente (m.); ponente (m.)
western, occidentale
western Riviera, Riviera di Ponente
what, che cosa, che, quale, quello che, ciò che
where, dove
which, che, quale?
while, mentre
white, bianco
who, chi? che, cui
whom, chi? che
whose, di chi?
why, perchè
wide, largo
wife, moglie (pl.le mogli)
william, Guglielmo
wind, vento
window, finestra
window (small), finestrino
wine, vino
winter, inverno
wish, augurare (vb.); augurio (pl. auguri) (noun)
witch, strega
with, con
within, dentro
without, senza
woman, donna
wonderful, meraviglioso
wood (forest), bosco, foresta
wood (firewood), legno, (legna)
wool, lana

word, parola
work, lavorare (*vb.*); *o*pera, lavoro (*noun*)
workman, oper*a*io
world, mondo
wrist, polso
write, scrivere
writer, scrittore (*m.*)

Y

year, anno
yellow, giallo
yes, sì

yesterday, ieri
yet, ancora
you, Lei (*polite sing.*), Loro (*polite pl.*), tu, ti, te, vi, voi
young, gi*o*vane
your, Suo, tuo, vostro, Loro
yours truly, vostro (Suo) devot*i*ssimo (*abb.*devmo)
youth, gi*o*vane (*m.*); giovanotto, gioventù (*f.*)

Z

zero, zero
zone, zona

INDEX

a, idiomatic use of 169–70

-*a*, masculine nouns ending in 114

Abbreviations 10

Absolute, superlative 174, 176, 177

Accent
stress or tonic 20
written 19, 20

Address, forms of 39

Adjectives
agreement of 33
comparison 174–7
demonstrative 97
irregular 92–3
position of 34, 91–2
possessive 73–4

Adverbs 131
combination with pronouns 260–3
comparison 177
conjunctive 197
formation of 131

Age 63

Agreement
participles 89–91
in reflexive verbs 90–1, 256

Alphabet 13

Any 56–7

Article
definite 24, 154
indefinite 29
omission of definite 74, 154–5
omission of indefinite 155
plural of definite 33
with possessives 73–4

Auxiliaries 40, 84, 90–1, 264–5
perfect tense 90
future tense 103
present subjunctive 182
imperfect subjunctive 203

avere
as auxiliary (see Auxiliaries)
conjugation 264–5
with age 63
expressions with 144, 214

bello, forms of 92–3

buono, forms of 92

-*ca*, -*ga*, nouns and adjectives ending in 44

Capitals
geographical 109
letters 21

Cardinal numbers 29, 61–2

-*care*, -*gare*, verbs ending in 122

-*cere*, past participle of verbs ending in 123

che
exclamations (see Vocabulary, page 99)
interrogative pronoun 43
relative pronoun 74–5
used in comparisons 175

-*cia*, -*gia*, nouns ending in 118

-*ciare*, -*giare*, verbs ending in 104–5

-*co*, -*go*, nouns and adjectives ending in 44

Comparison
equality and inequality 174–7
adverbs 177
irregular adjectives and adverbs 176–7

Compound tenses 204–6, 207–9

Conditional clauses 203–4

Conditional tenses 108, 205, 206

Conjugations 44–5, 49, 207–9, 264–83
irregular verbs 266–83
reflexive verbs 68, 90–1
regular verbs 44–6, 49–50, 264–5

Conjunctions governing subjunctive 182–3

Conjunctive adverbs 197
appended to verb 194–6
combination with adverbs 260–3
double 196–7
ne 68
table of 196
use of 133–4, 260–3

conoscere 127–8, 268–9

Consonants 14–17

così . . . come 175